Friedrich Weckerlein (Hg.)
FREISTAAT!

SERIE PIPER
Band 2126

Zu diesem Buch:

Geschichte ist reich an schwarzen Legenden und weißen Flekken. Auch die weiß-blaue Geschichte. So unumstritten die rote Gründung »Freistaat Bayern« heute als ein identitätsstiftendes Markenzeichen auch bei Konservativen ist und als geographischer, kultureller und politischer Begriff für wohlverstandene »Heimat« steht, so sehr wird er von kühl kalkulierenden Strategen und falschen (Volks-)Tümlern strapaziert und verbogen. Und so sehr liegen seine geschichtlichen Ursprünge auch für die allermeisten Bayern im Dunkeln. Das ist zwar merkwürdig, aber kein Zufall. Der »Freistaat Bayern« ist älter, als manche glauben (machen) wollen. Und er hat Väter, Mütter und Paten (und Totengräber!), die manche vergessen und verdrängen (lassen) wollen. Dieser aufregenden Geschichte will dieses patriotische Buch entgegenarbeiten, indem es zum Nach-Denken über den »Freistaat« einlädt und die wahre Geschichte von den Anfängen des demokratischen Bayern vor über einem dreiviertel Jahrhundert von Historikern so erzählen läßt, wie es wirklich gewesen ist.

Friedrich Weckerlein, Dr. phil., geboren 1953 in Franken, lebt in München. Studium der Geschichte und Englischen Literatur in Würzburg, Oxford, München und London. Von 1986 bis 1988 bei der »Frankfurter Rundschau«. Seit 1988 Pressesprecher der BayernSPD. Veröffentlichung: Streitfall Deutschland. Die britische Linke und die ›Demokratisierung‹ des Deutschen Reiches, 1900–1918.

FREISTAAT!

Die Anfänge des demokratischen Bayern 1918/19

Herausgegeben von
Friedrich Weckerlein

Piper
München Zürich

ISBN 3-492-12126-8
Originalausgabe
September 1994

Umschlag: Federico Luci
Gesamtherstellung: Clausen & Bosse, Leck
Printed in Germany

INHALT

IV. Zwischenspiel: Die Räterepubliken

V. Die Reaktion erstickt die Revolution – ein bayerisches Schicksal

Anhang:

Einleitung

München, 7. November 1998. Die Bayerische Ministerpräsidentin empfängt den Präsidenten der Europäischen Union auf dem Kurt-Eisner-Flughafen bei Freising zu seinem Antrittsbesuch. Sie sind alte Bekannte, der neue EU-Chef war ihr Amtsvorgänger in der Staatskanzlei am Ludwig-Gandorfer-Ring beim Hofgarten. Es ist kein gewöhnlicher Tag an der Isar. Am Nachmittag wollen sie gemeinsam zu Füßen der Bavaria ein Denkmal für einen langen verkannten ehemaligen Ministerpräsidenten enthüllen: Franz-Josef Strauß. Auf den Tag genau 80 Jahre nach seiner Gründung will sich der ebenso geschichts- wie selbstbewußte »Freistaat Bayern« an diesem Staatsfeiertage endlich zu seiner ganzen Geschichte bekennen.

Wäre das vorstellbar?

Am Anfang war das Wort: »Bayern ist fortan ein Freistaat.« Mit diesem zukunftsweisenden Satz begann eine neue Zeit. Er entstammt dem Aufruf »An die Bevölkerung Münchens«, den die Leser der *Münchner Neuesten Nachrichten* am Morgen des 8. November 1918 auf der ersten Zeitungsseite fanden. Verfaßt hatte ihn Kurt Eisner. Die von ihm geführte unblutige Revolution hatte am Vortag mit einer Friedenskundgebung auf der Theresienwiese ihren Ausgang genommen. Wenige Stunden später war König Ludwig III. außer Landes und die 800 Jahre dauernde Herrschaft der Wittelsbacher zu Ende. Alle Staatsbürger über 20 Jahre erhielten das allgemeine, gleiche Wahlrecht, erstmals in Deutschland auch die Frauen. Bayern war eine demokratische Republik geworden: ein »Freistaat«.

Die Uhren gingen in Bayern vor, denn in Berlin folgte die Umwälzung vom Kaiserreich zur (Weimarer) Republik erst zwei Tage später. Die neue Reichsverfassung vom 11. August 1919 legte fest, daß jedes deutsche Land eine »freistaatliche Verfassung« haben müsse.

Jeder kennt den heute etwas kurios anmutenden Namen für das Bundesland Bayern. Wenige sind sich ganz sicher, was der Begriff eigentlich bedeutet. Kaum jemand weiß, wann und wie der demokratische Freistaat entstanden ist. Er ist älter, als manche glauben machen wollen. Und vor allem ist er kein weißblauer Folklorebegriff, sondern ein revolutionärer Anspruch.

Tatsächlich werden seine Ursprünge bis heute verdrängt, als Ausrufung der Räterepublik verfälscht und in den blutigsten Farben verzeichnet: als grotesker Revolutionsfasching landfremder Elemente. Seine Paten wurden vergessen oder als Strizzis, Anarchisten, Bohemiens und Novemberverbrecher verketzert und verleumdet. Zuvörderst der Revolutionär Kurt Eisner von der Unabhängigen Sozialdemokratischen Partei, aber auch sein reformerischer Gegenspieler, der königlich-bayerische Sozialdemokrat Erhard Auer, die niederbayerischen Bauernführer Ludwig und Carl Gandorfer und die radikal-feministische Frauenrechtlerin Anita Augspurg.

So unumstritten heute der »Freistaat Bayern« als geographisch, kulturell und politisch identitätsstiftendes Markenzeichen sogar bei Konservativen ist, die ihn 1918 nicht wollten, so sehr wird der weiß-blaue Rautenstaat mit den Löwen im Landeswappen mit Kalkül, strategischem Geschick und profitabler, auch politischer Bayerntümelei strapaziert und verbogen: als Postkarten-Kuriosum, als Volksstamm mit eigenbrötlerischen, ja separatistischen Neigungen, als bundesdeutscher Sonderfall mit wortmächtigem Drohpotential, als konservative Alpenfestung der letzten wahren Preußen ... Merkwürdig?

Denkwürdig! Die geschichtliche Wahrheit paßt nicht immer zur herrschenden politischen Farbenlehre. Denn der »Freistaat« als demokratischer Fortschritt ist eine historische Leistung der Linken. Er ist auch älter als die Wiedergründung nach dem Zweiten Weltkrieg. Nach dem »Tausendjährigen Reich« der Nazis, die am 29. April 1933 im Landtag Kernelemente der 1919er Freistaatsverfassung mit einem Ermächtigungsgesetz außer Kraft gesetzt hatten, wurde vor allem auf Betreiben des Sozialdemokraten Wilhelm Hoegner in Artikel 1 der neuen Bayerischen Verfassung vom 2. Dezember 1946

Bayern wiederum als »Freistaat« und in Artikel 2 zusätzlich als »Volksstaat« bestimmt.

All das ist, die Kenntnis der Landesgeschichte vorausgesetzt, leicht zu begreifen. Für zeitgenössische »Usurpatoren« des Freistaatsbegriffs dagegen ist ein interessenfreier Umgang mit der ganzen Geschichte offenbar schwer zu akzeptieren. Anders lassen sich die Polit-Possen über die Urheberschaft des Freistaats nicht erklären.

Etliche davon wurden im Münchner Stadtrat aufgeführt. Am 14. Januar 1969, immerhin 50 Jahre nach den Ereignissen, sollte eine Münchner Straße nach Kurt Eisner benannt werden. Nicht im Zentrum der Landeshauptstadt, wo das Geschehen spielt, sondern weit draußen, in der neuen Trabantenstadt Neuperlach. Selbst dagegen waren die Konservativen: »als Akt der Zurückhaltung und des Respekts vor den noch lebenden Opfern jener Zeit«, wie der Münchner Stadtanzeiger vom 17. Juni 1993 die damalige Begründung wiedergibt. Sie ist an Dreistigkeit, verquerer Logik und Tatsachenverdrehung kaum mehr zu überbieten. Denn mit den »noch lebenden Opfern« waren nicht etwa Nachkommen des ermordeten ersten Ministerpräsidenten oder anderer Opfer gemeint, sondern ausgerechnet die Witwe des Eisner-Mörders Anton Graf Arco auf Valley.

Weitere Akte spielten in den 70er und 80er Jahren. Streitobjekt war diesmal ein Denkmal. Bis 1933 hatte ein solches am Ostfriedhof an den ersten Ministerpräsidenten erinnert, bevor am 22. Juni 1933 die Nazis seine Beseitigung veranlaßten. Die Begründung damals: »Wir haben keinen Anlaß, daß das Andenken an Kurt Eisner im Volk erhalten bleibt, möchten aber wünschen, daß dieser Name im Volk fortlebt, als abschreckendes Beispiel für solche, die gesonnen sind, dem Staat zu schaden und ihn zu erschüttern.« Jetzt, Jahrzehnte nach den Nazis, ging der Streit um ein Denkmal an der Mordstelle in der Kardinal-Faulhaber-Straße, ehemals Promenadestraße. Gegen ein *oberirdisches* Mahnmal an der Fassade des Palais Montgelas wußte der Hausherr, ein bekanntes deutsches Großunternehmen, 1976 ins Feld zu führen, dies könne Anschläge provozieren.

Im Februar 1989 ging es schließlich aus Anlaß des 70. Jahrestages des Attentats im Münchner Stadtparlament auf Betreiben von Stadtrat Alfred Lottmann wieder um ein Denkmal. Prinzipielle Bedenken gegen ein »Denkmal für einen Bürgerschreck«, wie der Tagesordnungspunkt im Bezirksausschuß Altstadt noch gelautet hatte, waren in der Zwischenzeit offenbar durch einen politischen Kuhhandel revolutionär bayerischer Art überwunden: Ein *ebenerdiges* »Bodendenkmal« sollte es sein! Eine lebensgroße, in Bronze gegossene Umrißzeichnung des Erschossenen auf dem Gehsteig. Sie hatte den Vorteil, daß sie keine Parkplätze wegnahm, wie ein Gegenargument gelautet hatte. Und die Bürger konnten Eisner mit Füßen treten oder ihn übergehen. Folglich ging es am 22. Februar 1989 den versammelten Räten der Stadt nur noch um die richtige Inschrift. Welche Wahrheit würde der Nachwelt durch Abstimmung zugemutet werden: die historische oder die politische?

Zwei Inschriften standen zur Auswahl. Die eine: »Kurt Eisner. 1867–1919. *Begründer des Freistaats Bayern und Ministerpräsident* wurde am 21. Februar 1919 hier vor seinem Amtssitz ermordet«. Die andere vermied peinlich das Reizwort »Freistaat« und obsiegte deshalb: »Kurt Eisner, der am 8. November 1918 die Bayerische Republik ausrief, nachmaliger *Ministerpräsident des Volksstaats Bayern*, wurde an dieser Stelle am 21. Februar 1919 ermordet«.

Die Mehrheit bestimmte, was offizielle Wahrheit ist. Und so verhinderte 1989 ein Zusammenspiel von Schwarzen und Grünen, daß die Urheberschaft des »Freistaats« einem Linken zuerkannt wurde.

Offenkundig hat dieses »Bodendenkmal« nicht alle zum Denken bewogen. Als 1993 erstmals der Geburtstag des Freistaats mit einem Festakt in der Münchner Residenz gefeiert werden sollte und dazu alle im Landtag vertretenen Parteien sowie die Staatsregierung eingeladen wurden, sagte der Vorsitzende der bayerischen Konservativen ab: »Sie werden verstehen, daß ich die Geburtsstunde des demokratisch verfaßten Bayern nicht mit der Ausrufung der Räterepublik durch

Kurt Eisner in Verbindung zu bringen vermag.« Und auch der Ministerpräsident des Freistaats, aus dessen Kabinett kein einziger den Geburtstag in der Residenz mitfeiern mochte, quälte sich sichtlich, als er am selben Tag in einer Rede fand, mit der »sogenannten Revolution« und der Proklamation des Freistaats sei »eine große Leere« auf die gute alte Zeit gefolgt.

Der ermordete Eisner hatte noch Glück: Die Erinnerung an ihn konnte nicht ausgelöscht werden. Andere Väter und Mütter des Freistaats sind dagegen so gut wie ganz vergessen. Beispielsweise die Großbauern Ludwig und Carl Gandorfer aus Mallersdorf-Pfaffenberg im Landkreis Straubing-Bogen. Wäre nicht ein Japaner namens Tatsuru Miyake gekommen und hätte 1978 auf japanisch in dem in Bayern relativ wenig gelesenen *Journal of the Historical Association of Maiji University*, No. 45, einen Forschungsaufsatz über die politische Tätigkeit dieser beiden gestandenen niederbayerischen Bauernbrüder veröffentlicht, wären heute noch viele ein Opfer des Propagandaklischees, an der Wiege des Freistaats hätten »landfremde jüdische« und kommunistische Preußen oder gar Schwabinger Bohemiens gestanden. In *Bosls Bayerischer Biographie*, einem Standardwerk mit immerhin 9000 Einträgen wichtiger Namen aus der bayerischen Geschichte, findet der Interessierte jedenfalls kein Wort über die Bauernpolitiker. Auch nicht über Anita Augspurg, die Pionierin des Frauenwahlrechts, das in Deutschland erstmals in Bayern eingeführt wurde. Sie wird nicht einmal einer negativen Erwähnung in Spindlers *Handbuch der bayerischen Geschichte* für wert befunden.

Dieses Buch möchte mit – durchaus nicht deckungsgleichen – Aufsätzen helfen, die weißen Flecken und schwarzen Legenden im Zusammenhang mit den Anfängen des demokratischen Bayern zu tilgen bzw. zu erschüttern.

Im ersten Kapitel dokumentiert es zwei politische Reden Renate Schmidts und Carl Amerys, die sich aus Anlaß seines 75. Gründungstages 1993 mit dem Freistaat aus zeitgenössischer Sicht auseinandersetzten.

Ziel des »historischen« Teils ist erstens, die Chronologie der Ereignisse in den verschiedenen Phasen der Revolution von 1918/19 nachzuzeichnen, nicht zuletzt um zu zeigen, daß die fünf Monate auseinanderliegende Gründung des »Freistaats« und das Intermezzo der »Räterepubliken« begrifflich wie politisch auseinandergehalten werden müssen. Auch die Vorgeschichte des gar nicht so abrupten Umbruchs wird dargestellt. Der Rundfunkjournalist Holger Goblirsch beschreibt den bayerischen Weg vom Königreich zur Republik, der Nestor der bayerischen Landesgeschichte, Prof. Karl Bosl, analysiert in einem (kurz vor seinem Tod gehaltenen) Vortrag die oft verklärte »gute alte« Prinzregentenzeit als vorrevolutionäre Periode.

Ein zweites Anliegen ist, erstmals in einer Gesamtdarstellung überhaupt, wichtige Akteure aus dem breiten politischen Spektrum der Freistaatsgründung vorzustellen, ihre Lebenswege zu erzählen und ihren spezifischen Beitrag zum Werden der neuen Staatsform zu benennen. Da die etablierte Geschichtswissenschaft bislang keine einzige Biographie hierzu vorgelegt hat, sind die biographischen Aufsätze von Universitätshistorikern wie Prof. Karl-Otmar Freiherr von Aretin und Dr. habil. Hartmut Mehringer vom Institut für Zeitgeschichte (zusammen mit Michael Lotterschmid) über Kurt Eisner und den MSPD-Führer Erhard Auer sowie von engagierten freien Historikern bzw. Lokalhistorikern und Publizisten wie Ellen Beumelburg über die Frauenrechtlerin Anita Augspurg, Dr. Freya Eisner über den »Dritten Weg« des ersten Ministerpräsidenten, Max Huber und Dr. Richard Dill über die Bauernpolitiker Gandorfer um so wertvoller.

Zwei Aufsätze von Hans-Günter Richardi (Süddeutsche Zeitung) und dem Publizisten Dr. Ernst Piper gelten schließlich den kurzlebigen Räterepubliken. Insbesondere deren blutige Niederwerfung durch die Weißen Truppen der Gegenrevolution hat die junge Republik mit dauerhaften Hypotheken belastet und der Agitation Stoff für Generationen geliefert.

Eine wissenschaftliche Gesamtbewertung der staatsrechtlichen und politischen Umbruchphase von 1918/19, ihrer Chancen, Versäumnisse und Langzeitwirkung, von Prof. Klaus Schönhoven, Universität Mannheim, schließt das Buch ab.

Ich danke allen Autoren für ihre Beiträge, dem Badenser Bayern Bernd Eichhorn für seine Hilfe und dem Piper Verlag, insbesondere Ulrich Wank, für die rasche Materialisierung in einem Taschenbuch.

Gegen Haß und Hetze, Verteufelung, Verdrängung und Vereinnahmung, Geschichtslosigkeit und Geschichtsverfälschung, hilft nur eines: Erinnerung und Aufklärung. Dazu will dieses patriotische Bayernbuch beitragen, indem es zum Nach-Denken und Um-Denken einlädt: nicht über »das andere Bayern«, sondern über das tatsächlich freistaatliche Bayern und die Ursprünge der »bayerischen Art« von Republik. Seine Absicht ist nicht keimfrei unparteiisch, sondern engagiert: *gegen* Legenden und Zerrbilder und *für* die ganze Geschichte. Es erzählt deshalb, wie es wirklich gewesen und was daraus geworden ist.

München, 26. Juni 1994 — Friedrich Weckerlein

I. Patriotische Ortsbestimmung

An die Bevölkerung Münchens!

Das furchtbare Schicksal, das über das deutsche Volk hereingebrochen, hat zu einer elementaren Bewegung der Münchner Arbeiter und Soldaten geführt. Ein provisorischer Arbeiter-, Soldaten- und Bauernrat hat sich in der Nacht zum 8. November im Landtag konstituiert.

Bayern ist fortan ein Freistaat.

Eine Volksregierung, die von dem Vertrauen der Massen getragen wird, soll unverzüglich eingesetzt werden.

Eine konstituierende Nationalversammlung, zu der alle mündigen Männer und Frauen das Wahlrecht haben, wird so schnell wie möglich einberufen werden.

Eine neue Zeit hebt an!

Bayern will Deutschland für den Völkerbund rüsten.

Die demokratische und soziale Republik Bayern hat die moralische Kraft, für Deutschland einen Frieden zu erwirken, der es vor dem Schlimmsten bewahrt. Die jetzige Umwälzung war notwendig, um im letzten Augenblick durch die Selbstregierung des Volkes die Entwicklung der Zustände ohne allzuschwere Erschütterung zu ermöglichen, bevor die feindlichen Heere die Grenzen überfluten oder nach dem Waffenstillstand die demobilisierten deutschen Truppen das Chaos herbeiführen.

Der Arbeiter-, Soldaten- und Bauernrat wird strengste Ordnung sichern. Ausschreitungen werden rücksichtslos unterdrückt. Die Sicherheit der Person und des Eigentums wird verbürgt.

Die Soldaten in den Kasernen werden durch Soldatenräte sich selbst regieren und Disziplin aufrecht erhalten. Offiziere, die sich den Forderungen der veränderten Zeit nicht widersetzen, sollen unangetastet ihren Dienst versehen.

Wir rechnen auf die schaffende Mithilfe der gesamten Bevölkerung. Jeder Arbeiter an der neuen Freiheit ist willkommen! Alle Beamte bleiben in ihren Stellungen. Grundlegende soziale und politische Reformen werden unverzüglich ins Werk gesetzt.

Die Bauern verbürgen sich für die Versorgung der Städte mit Lebensmitteln. Der alte Gegensatz zwischen Land und Stadt wird verschwinden. Der Austausch der Lebensmittel wird rationell organisiert werden.

Arbeiter, Bürger Münchens! Vertraut dem Großen und Gewaltigen, das in diesen schicksalschweren Tagen sich vorbereitet!

Helft alle mit, daß sich die unvermeidliche Umwandlung rasch, leicht und friedlich vollzieht.

In dieser Zeit des sinnlos wilden Mordens verabscheuen wir alles Blutvergießen. Jedes Menschenleben soll heilig sein.

Bewahrt die Ruhe und wirkt mit an dem Aufbau der neuen Welt!

Der Bruderkrieg der Sozialisten ist für Bayern beendet. Auf der revolutionären Grundlage, die jetzt gegeben ist, werden die Arbeitermassen zur Einheit zurückgeführt.

Es lebe die bayerische Republik!

Es lebe der Frieden!

Es lebe die schaffende Arbeit aller Werktätigen!

München, Landtag, in der Nacht zum 8. November 1918.

Der Rat der Arbeiter, Soldaten und Bauern:

Der erste Vorsitzende: **Kurt Eisner.**

Aufruf vom 7./8. November 1918, erschienen in den *Münchner Neuesten Nachrichten*

Renate Schmidt
»Freistaat Bayern« – eine historische Leistung der Linken!

75 Jahre hat der Jubilar warten müssen, bis endlich und zum erstenmal sein Geburtstag gebührend gefeiert wird. Jetzt sind wir so frei und feiern ihn. Wir feiern keinen Potentaten, auch kein abstraktes, seelenloses Staatsgebilde. Nein, der Souverän, das Volk, feiert sich selbst. Wir altbayerischen, fränkischen, schwäbischen, Oberpfälzer und »zuagroasten« Bayern feiern den Freistaat und die ihm zugrundeliegende sowie durch ihn verkörperte Idee republikanischer Freiheit.

Wir feiern dabei nicht nur unsere geographische, sondern auch unsere politische Heimat. Nicht mit Gaudi und Getöse, nicht mit Pomp und Protzerei, sondern nachdenklich und zum Nachdenken anregend. Wer könnte dafür bessere Gewähr bieten als der kantige bayerische Patriot und Querdenker Carl Amery (s. S. 20ff.). Er wird es mir verzeihen: aber ich freue mich, daß er doch noch unrecht behalten hat. Vor zwölf Jahren, 1981, hat Carl Amery in seinem wunderbaren Buch »Leb wohl, geliebtes Volk der Bayern« eine ebenso auffällige wie unverständliche Unterlassungssünde beklagt. Er schrieb damals, es gehöre zu den »Merkwürdigkeiten Bayerns (wohl aber ganz Deutschlands), daß dieser Geburtstag eines Staatsnamens (Freistaat), dessen sich die weiß-blauen Regierenden bis zum absoluten Überdruß bedienen, niemals festlich begangen wurde – und«, fügte Amery damals hinzu, »wohl auch niemals begangen werden wird.«

Als Historiker hatte Carl Amery recht, als Prophet hat er sich zum Glück geirrt. Denn genau dies haben wir bei dem Festakt am 7. November 1993 in der Münchner Residenz der Könige und Kurfürsten im Sinn gehabt – mit ihm als ebenso kundigem wie kritischem Begleiter durch unsere Geschichte.

Die bayerischen Sozialdemokraten haben zum 75. Jahrestag der unblutigen »Freistaats-Revolution« vom 7. November 1918 geladen. Sie wollen damit an eben jene historische Geburtsstunde erinnern, deren Schauplatz nicht hinter verschlossenen Palasttoren oder Kabinettstüren lag, sondern mitten unterm Volk und unter bayerischem Himmel: auf der Theresienwiese, zu Füßen der Bavaria.

Wir tun dies mit Stolz. Denn – trotz mancher Irrtümer, vor denen auch diese Partei in ihrer über 100jährigen Geschichte nicht gefeit war, sind wir Sozialdemokraten nicht das *andere* Bayern. Nein, wir stehen – zwar nicht allein, aber doch ganz wesentlich – in der Tradition des auf 1918 zurückgehenden fortschrittlichen Bayern. Wir sind politische Nachfahren und ideelle Erben der Väter und Mütter des Freistaats:

- KURT EISNERs, ja Kurt Eisners, des Unabhängigen Sozialdemokraten und ersten Ministerpräsidenten dieses Freistaats,
- ERHARD AUERs, seines mehrheitssozialdemokratischen Konkurrenten und Partners bei der Grundsteinlegung,
- JOHANN HOFFMANNs, des zweiten Ministerpräsidenten und Verteidigers der parlamentarischen Republik gegen die radikalen Räterepublikaner,
- der Bauernführer LUDWIG und CARL GANDORFER vom Bayerischen Bauernbund
- und der radikal-feministischen Streiterin für das Frauenwahlrecht, ANITA AUGSPURG.

Dieses Land ist kein Erbhof, es gehört nicht mehr einer Dynastie, nicht einer Partei, auch nicht den Partei*en*, es gehört seit 1918 dem bayerischen Volk. Denn durch die Revolution sind die Untertanen zum Souverän geworden, egal ob sie links, in der Mitte oder rechts stehen.

Kurt Eisner sah den Staat nicht als Interessenvertretung *einer* Gruppe der Bevölkerung, er wollte einen Freistaat für das *gesamte* Volk. Und dies sei uns – den heute Verantwortung Tragenden – ins Stammbuch geschrieben: Unser Land kann nicht aus seinen Schwierigkeiten herauskommen, wenn sich die einen in der Politik immer nur als Interessenvertretung der Unternehmer, die zweiten als die der Gewerkschaften, die dritten als die der Zahnärzte und die vierten als die der Bürgerinitiativen betrachten. Wir brauchen keine Politik, die die Gesellschaft in Interessengruppen spaltet. Wir brauchen eine Politik, die zusammenführt, eine Politik für das gesamte Volk.

Wider alle geschichtliche Wahrheit behaupten führende Konservative immer noch, Kurt Eisner habe am 7. November die Räterepublik ausgerufen. Dabei müßte eigentlich jedes Schulkind wissen, wenn es nur richtig über die geschichtlichen Anfänge unseres Freistaats aufgeklärt würde, daß es zu den Räterepubliken erst *nach* der Ermordung Eisners kam. Die Räterepubliken waren eine *Folge* der Radikalisierung, die durch diesen feigen Mord beschleunigt und verstärkt wurde.

Wer von der Tatsache, daß sich die Regierung Eisner/Auer revolutionsbedingt »Rat der Arbeiter, Soldaten und Bauern« nannte, die Behauptung ableitet, es habe sich am 7. November um die Ausrufung einer »Räterepublik« und nicht um die des »Freistaats Bayern« gehandelt, weiß entweder nicht, wovon er oder sie redet – oder betreibt ideologisch motivierte Geschichtsklitterung. Eine solche Etikettierung ist schlicht falsch. Kein vernünftiger Mensch käme auf die Idee, den Bayerischen Rundfunk als »Bayerischen Rätefunk« zu schmähen, nur weil über dessen Programm ein »Rundfunkrat« wacht.

An die wirklichen Ursprünge des demokratischen Bayern zu *erinnern*, über unseren Freistaat *nachzudenken* und ideologischer Geschichtsklitterung *entgegenzutreten* sind die drei zentralen Anliegen dieser Ausführungen.

Wahr ist, daß nach vier mörderischen Kriegsjahren das Volk den Wahnsinn nicht länger mitmachen wollte und sich angesichts des Hungers und Elends nach Brot und Frieden sehnte. Wahr ist, daß Eisners Revolution Erfolg hatte, weil das alte Regime politisch wie moralisch abgewirtschaftet hatte, die morsche Welt der gekrönten Häupter und ihrer Generäle wie ein Kartenhaus in sich zusammenstürzte und das Volk nicht mehr länger mitmachte.

»Bayern ist fortan ein Freistaat.« So lautete der Schlüsselsatz, mit dem alles begann und der in Bayern Geschichte machte. Er entstammt dem Aufruf »An die Bevölkerung Münchens«, den die »Münchner Neuesten Nachrichten« am Morgen des 8. Novembers veröffentlichten. Mit dieser Proklamation des Freistaats war, wie es der unvergessene große Historiker Karl Bosl ausdrückte (S. 64), »*erstmals* in Bayern die ›Volkssouveränität‹ allein gültiges Staats- und Verfassungsprinzip und das Land eine *parlamentarische Demokratie* mit Repräsentation geworden«.

Erstmals wurden in diesem neuen Gemeinwesen auch die lange ausgegrenzten Arbeiter Träger des Staates, zusammen mit den Bürgern und Bauern. Seinem Verfassungstext nach war Bayern fortan also *kein* Klassenstaat mehr, sondern eine Republik, ein *Frei*staat, ein Staat *freier* Bürger, ein »Freier *Volks*staat«, wie er auch genannt wurde. Übrigens bestimmt auch die heutige gültige, zweite Bayerische Verfassung aus dem Jahr 1946 Bayern nicht nur als »Freistaat«, sondern in Artikel 2 ausdrücklich auch als »Volksstaat«. Ich erwähne das nicht zufällig.

Der freie Staat gleichberechtigter Bürger – egal ob sie zum Bürgertum, zur Arbeiterschaft oder zur Bauernschaft gehören – ist der *epochale Fortschritt* des Umbruchs von 1918/19. Eines Umbruchs, der viele Ursachen hatte und der lange vor der Revolution seinen Ausgang nahm, eines Umbruchs, der an diesem historischen 7. November 1918 aber einen Kulminationspunkt erreichte und nach teilweise turbulenten Monaten mit der Verfassung des Freistaats Bayern vom 14. August 1919 seinen Endpunkt fand.

Ich will an einige bleibende Ergebnisse der Revolution von 1918 erinnern und dabei zugleich deutlich machen, daß wir uns heute nicht auf ihnen ausruhen dürfen, wollen wir das demokratische Erbe nicht verspielen:

1. Mit der Proklamation des »Freistaats Bayern« im November 1918 erhielten – erstmals auf deutschem Boden – die Frauen das Wahlrecht. Auch heute sind viele Mitbürger, nämlich ausländische Mitbürger, obwohl sie sehr lange bei uns leben, mit uns arbeiten und für unseren Staat Steuern

zahlen, noch immer von einer Teilhabe an der politischen Willensbildung ausgeschlossen. Ihnen wird das Wahlrecht vorenthalten. Das kann nicht so bleiben.

2. Mit dem Freistaat 1918 kam der Acht-Stunden-Arbeitstag. Auch heute muß wieder über Arbeitszeitverkürzung geredet werden.
3. Mit dem Freistaat kam die Arbeitslosenhilfe. Bei aller Notwendigkeit eines Umbaues unseres Sozialstaats dürfen wir heute seinen Abbau nicht zulassen.
4. Mit der Bamberger Freistaatsverfassung von 1919 kamen erstmals auch Volksbegehren und Volksentscheide. Damit war sie in diesem Punkt moderner und fortschrittlicher als unser Grundgesetz. Heute müssen die Mitwirkungsrechte der Bürgerinnen und Bürger weiterentwickelt und zu einer lebendigen, zeitgenössischen »Mitmach-Demokratie« ausgebaut werden. Wir brauchen mehr Bürgerbeteiligung, auf allen Ebenen.
5. Mit dem Freistaat entstand schließlich ein Bollwerk des Föderalismus gegen den zentralistischen Einheitsstaat. Wir müssen auch diese Tradition weiter ausbauen; wir müssen die Regionen stärken, innerhalb Bayerns *und* innerhalb des zusammenwachsenden Europa.

Die Freistaatsgründer von 1918 hatten nicht zuletzt einen hohen internationalen, einen europäischen Anspruch. Das neue Bayern sollte das Gegenmodell zum diskreditierten Preußentum der Pickelhauben werden. Von ihm sollte an unsere Nachbarn ein Signal zur Verständigung und zur Versöhnung ausgehen, ein Signal der Friedfertigkeit, ein Signal für eine dauerhafte europäische Friedensordnung, ein Signal für ein Europa, das den verheerenden Nationalismus der alten, unfriedlichen Nationalstaaten überwinden und Kriege für immer unmöglich machen würde.

Wenige Jahre nach der Vereinigung Deutschlands regen sich heute auch in unserem Freistaat wieder Stimmen, die mit Stoßrichtung gegen Europa auf unverantwortliche Weise einem ordinären, vulgären Nationalismus den Weg bereiten und so im Ausland böse Ressentiments gegen uns Deutsche schüren.

Als bayerische Patriotin warne ich vor einem Rückfall in einen nationalen, insbesondere einen deutschnationalen Provinzialismus, der diesem Freistaat Bayern nicht gerecht wird, weder seiner Idee noch seiner Tradition, noch seiner Zukunft.

Dies alles ist Erbe und Auftrag. Daran gilt es sich zu erinnern. Nicht nur aus historischen Gründen, sondern auch aus aktuellen.

Demokratie, das größtmögliche Einvernehmen zwischen Regierenden und Regierten, die Unverzichtbarkeit moralischer Legitimität der immer nur auf Zeit gewählten Regierungen, Friedfertigkeit gegenüber unseren europäischen Nachbarn, Europäertum – all dies ist in der Gründung des »Freistaats Bayern« als Versprechen angelegt.

Das Versprechen ist nicht durchgängig erfüllt worden. Es ist sogar verraten worden. In der Geschichte des »Freistaats Bayern« gab es Licht und Schatten. Sie war keineswegs frei von Widersprüchen, Verirrungen, Rückschlägen, ja Katastrophen.

Auf den 7. November 1918 folgten auch rabenschwarze Tage. Ich erinnere besonders an drei Schand-Daten:

- an den 9. November 1923 (den Tag des Hitlerputsches),
- an den 29. April 1933 (als im Bayerischen Landtag Nazis, Deutschnationale, Bayerische Volkspartei und Bauernbündler für das Ermächtigungsgesetz stimmten und wesentliche Elemente der Freistaatsverfassung von 1919 außer Kraft setzten),
- an den 9. November 1938 (als braune Horden in der Reichspogromnacht jüdischen Mitbürgern auch in Bayern das Leben zur Hölle machten).

Der Ernstfall für den richtig verstandenen »Freistaat« ist nicht der Geburtstag und auch nicht der Sonntag. Der Ernstfall ist der Alltag, der Werktag.

Die Bayern, so schrieb 1918 ein monarchistischer Gegner des neuen Staates, sind für die Republik nicht geschaffen.

Unsere politischen Vorfahren haben dies schon 1918/19 anders gesehen. Der Freistaat ist eine historische Leistung der *Linken*. Sie haben ihn vor einem Dreivierteljahrhundert ausgerufen und sich 1933 gegen seine Zerstörung durch die Nazis gewehrt.

Heute ist er – bei allem notwendigen Streit um seine weitere Ausgestaltung – längst der Freistaat *aller* Demokraten. Das ist gut so.

Wir dürfen deshalb nicht zulassen, daß der Begriff weiter zur leeren Worthülse und zur nichtssagenden Sprechblase inhaltsloser Politfolklore verkommt.

Wenn wir der Idee eines wahren Freistaats gerecht werden wollen und wenn wir die wertvolle identitätsstiftende Funktion dieses Wortes – als Begriff für »Demokratie« *und* als Begriff für »Heimat« – befördern wollen, dann kann uns die selbstbewußte Erinnerung an die emanzipatorischen Ursprünge des »Freistaats Bayern« und seine patriotisch-kritische Betrachtung nur zum Segen gereichen.

Carl Amery
Freistaat – oder (noch) nicht?

Ein dreiviertel Jahrhundert ist es nun her, seit der »Freistaat Bayern« ausgerufen wurde – endlich Grund genug, des Datums festlich zu gedenken.

Festlich zu gedenken? Jawohl, darauf bestehen wir. Wir scheuen uns nicht davor, ins vieldeutige Antlitz des deutschen und bayerischen November-Datums zu blicken, hineinzublikken in unerträgliche Feindschaften, die um und durch den Charakter dieser Tage in unserer Geschichte entstanden. Und wir reklamieren als Bayern für uns das Recht, die Gründung unserer Republik an einem, an diesem bestimmten Geburtstag zu feiern, wie dies alle freien Republiken auf Erden tun, die diesen Namen verdienen.

Bisher, das heißt im Laufe der letzten 75 Jahre, ist uns das etwas schwer gemacht worden. Der nüchterne Beobachter könnte schon die festlich umkränzte Dreivierteljahrhundert-Zahl anzweifeln; könnte sie etwa vergleichen mit dem leicht betrügerischen Etikett der Staatsbrauerei Weihenstephan, welches kontinuierliche Brautradition seit dem zwölften Jahrhundert postuliert, während in Wahrheit dazwischen immerhin einige Jahrhunderte ohne jede Sudpfanne auf dem heiligen Hügel auskommen mußten.

Angewandt auf den Freistaat, ergibt dies die Frage: Wann war er schon wirklich frei? Schon ab Ende Februar 1919, mit dem Beginn der Räte-Republiken, war er es nicht mehr – ganz zu schweigen von der Ära des Generalstaatskommissars von Kahr, zu schweigen von den Jahren der Regierung Held, die ohne parlamentarische Deckung reinen Machterhalt übte – und erst recht zu schweigen von den Jahren 1933 bis 1945, wo Bayern als Freistaat wahrhaftig in jeder Beziehung (existentiell, politisch und sogar juristisch) von der mitteleuropäischen Landkarte verschwunden war.

Nun, diesem Einwand kann der Freistaatler frohgemut antworten, daß es anderen Republiken, anderen Freiheitstraditionen nicht eben besser ging. Blicken wir nur auf den archetypischen Freiheitsstaat, auf Frankreich: 1789 war eigentlich ein recht einsames Datum in seiner Geschichte. Unmittelbar gefolgt und verfolgt war es von der *Terreur*, vom schweinischen Régime des *Directoire*, von Napoleons Alleinherrschaft, vom restaurativen Königtum – und so weiter. Noch in der zweiten Hälfte des 19. Jahrhunderts wurde die *gloire* der Freiheit recht unliebsam durch das *Deuxième Empire* und die Dunkelwolken des Boulangismus und der Dreyfus-Affäre verdüstert. Und vergessen wir nicht die Vichy-Republik im Zweiten Weltkrieg! Aber dennoch begeht und beging jede Republik von der Ersten bis zur Fünften den Bastille-Tag 14. Juli als ihren Geburtstag, beruft sich ohne Zögern auf das damals gepflanzte Reis der Freiheit.

Nun, der nüchterne Kontinuitäts-Zweifel ist gar nicht die entscheidende Gefahr für unseren Gedenktag. Ich bin fast so alt wie dieser Freistaat, und mindestens das erste Drittel meines Lebens war beherrscht von der Vorstellung des Großen November-Verbrechens, vom Bild der schauerlichen Roten Horden, die über Recht und Zucht und heiligste Güter herfielen, edle Frauen und Männer als Geiseln hinschlachteten, der Anarchie und dem Sowjet-System zum Durchbruch verhalfen, bis die bestahlhelmten Recken der Freikorps und die Oberländler-Schützen mit ihren kühnen Wetterhütlein endlich, im Mai 1919, erträgliche Ordnung wiederherstellten. Meineid! Treubruch! Plünderung! Geiselmorde! Die Farben der Palette sind bekannt. Gegen solche rote Feuerwand nahmen und nehmen sich die weißen Massaker von 1919 geradezu putzig aus, als eine Art Naturschauspiel, dem der Regenbogen folgte.

Nun, dieses Bild bzw. diese Bilderfolge ist heute doch schon recht gründlich korrigiert – besonders dank der Arbeit einer ganzen Generation von bayerischen Historikern, welche sich nicht in den Dienst alter Vorurteile stellen wollten. Ich unterlasse es bewußt, hier Namen zu nennen – meiner Ignoranz würde es sicher zustoßen, den einen oder anderen wahrhaft wichtigen dabei zu vergessen oder nicht zu kennen. Ihnen allen aber gilt unser Dank – es ist selbst heute noch nicht einfach, den alten Verdrängungs-Konventionen zu entrinnen.

Ein anderer, etwas pfiffigerer Einwand kann gegen unser Geburtstagsdatum erhoben werden (und ist ja auch erhoben worden): Dieser 7. November ist gar nicht die Geburt unseres Freistaats. Seine Entstehung verlangte einen ordentlichen Geschäftsgang, eine gewissenhafte Prüfung der Wahlkarten, eine solide Abstimmung über die gesamte Verfassung und ihre Artikel – und all dies fand erst im August 1919 statt. Was da mit und unter Eisner entstanden sei, war letzten Endes ein dürftig zusammengenageltes Provisorium, von höchst mangelhafter Legitimation.

Eine Regelverletzung mit Folgen

Solches Argument ist so recht nach dem Herzen unserer konservativen Geschäftsträger. Hinter ihm steht eine nur allzu bekannte Furcht: die Furcht nämlich, daß sich eine Regelverletzung, zumindest eine schwere Regelverletzung, als geschichtsträchtig erweisen könnte. (Dies unterscheidet übrigens grundsätzlich angelsächsischen und kontinentalen Staatsverstand, siehe Thomas Jefferson und andere.)

Aber blicken wir uns doch um in der Geschichte der freien Gründungen: Seit der Antike haftet ihnen ein Element der Unordnung, ja der Gewalt an – vom Tyrannenmord des Harmodios und Aristogeiton in Athen bis zu den Königs-Hinrichtungen der englischen Puritaner und der französischen Jakobiner. Dies muß nicht bedeuten (ich sage das ausdrücklich), daß in jede Zukunftsbrücke menschliches Leben eingemauert werden muß – im Gegenteil. Profunde Denker unserer Gegenwart haben gezeigt, daß die jüdisch-christliche Tradition von diesen mythischen Lynchmorden schnurstracks wegführt. Aber, und das ist dann erst recht wichtig: Der Gott des Alten Testaments, der letzten Endes ja auch der unsere ist, setzt von Anfang an, vom Mord Kains an, seine Gerechtigkeit als Parteilichkeit, als Championat für die Schwachen, die Witwen und Waisen, die Fremden und die Auswärtigen. Wirklich Äonen ist das entfernt von den ehernen Waagschalen der griechischen Dike oder der römischen Justitia. Das heißt: Regelverletzung, welche die Grenzen des Blutvergießens ehrfürchtig anerkennt, ist unabdingbares Instrument geschichtlicher Weiterentwicklung. (Ich bin stolz, zusammen mit vielen Freunden an solchen Regelverletzungen beteiligt gewesen zu sein.)

Zwei Kriterien, so scheint mir, sind anzuwenden, will man den gewissermaßen ursprünglichen Beginn einer radikalen Neuerung, sagen wir ruhig einer Revolution, genauer datieren – wobei es natürlich den Historikern überlassen bleiben muß, dieses Datum so gründlich wie möglich zu überprüfen. Die Kriterien, die ich nennen möchte, sind: erstens – die Irreversibilität, die Unumkehrbarkeit der Entwicklung, die durch das Schlüsselereignis ausgelöst wurde, und zweitens – die Bildkraft des Ereignisses, sein Haftenbleiben im kollektiven Gedächtnis bzw. sein ärgerniserregender Widerstand gegen die Verdrängungen in diesem kollektiven Gedächtnis.

Ich postuliere, daß beide Kriterien für die bayerische Revolution von 1918 und insbesondere für diese Nacht des Gedächtnisses angewendet werden können und müssen.

Erstens – die Unumkehrbarkeit. Es ist etwas geschehen in dieser Nacht, was heute fast banal erscheint: die Dynastie Wittelsbach wurde gestürzt und kam nie wieder. Keine Volks-Sympathie für das angestammte Haus (die es zweifellos gab und gibt), keine postkartenselige Verklärung brachten es fertig, diesen Sturz rückgängig zu machen. Und dieser Sturz verlief geradezu lächerlich friedlich; man kennt die Episoden: die fast freundschaftliche Warnung des Arbeiters an den König, der, wie es seine Art war, unauffällig im Hofgarten spazierenging; die nächtliche Nebel-Flucht mit einem königlichen Auto, das pflichtschuldigst wegen der Kriegsbeschränkungen aufgebockt worden war; die kreisförmigen Bemühungen um ein Karbidlicht für das allerhöchste Gefährt – all das sicherlich eine recht widrige Irrfahrt für eine sportlich wenig gehärtete Familie, aber auf keine Weise vergleichbar mit den Shakespeareschen Ereignissen um Karl den Ersten in England oder um Louis Capet im revolutionären Frankreich. Die Dynastie schwand einfach, schwand wie Rauch. Der umständliche Pomp, der nach wie vor um sie aufgebaut war, erwies sich als völlig unwirklich. Ein (wohl nur humoristisch zu nehmendes) Beispiel: Es gab eine königliche Leibwache, die Hartschiere – eine Truppe von wohlbeleibten ehemaligen Unteroffizieren, die bei Anlässen wie Fronleichnamsprozessionen und Ähnlichem in Hellblau und Silber, mit kunstvoll ziselierten Hellebarden auftraten. (Ihr überdurchschnittlicher Bierkonsum war in München allgemein bekannt.) Das Motto dieser wackeren Truppe lautete: »Nur über unsere Leichen zum Thron!« Weder mir noch irgendeinem Historiker ist bekannt, daß diese Truppe oder auch nur ein einziger Hartschier den fürchterlichen Treueschwur tatsächlich eingelöst hätte.

Hat sonst irgend jemand den Loyalitätsstandard der Hartschiere übertroffen? Eine vereidigte Regierung oder ein vereidigter Minister? Ein Maschinengewehrzug irgendeiner frontmäßig gerüsteten Truppe, von denen es in München und Umgebung etliche gab? Nichts dergleichen! Und das zwingt den Zeitgenossen, der mehr als zwei Generationen von den Ereignissen entfernt lebt, zu einem eindeutigen Schluß: Die Revolution, der Sturz der Dynastie entsprach so oder so der *volonté générale*, dem allgemeinen Willen; ob sich dieser nun in aktiver revolutionärer Teilnahme oder in passiver Hinnahme äußerte. Es mußte, so oder so, der allgemeine Eindruck entstanden sein, daß es auf die Dynastie nicht mehr ankam.

Das ist keineswegs selbstverständlich. Wer in Bayern lebt; wer insbesondere wie ich in meinen Jugendjahren noch die durchaus hartnäckige Verwurzelung der wittelsbachischen Tradition auf dem flachen Lande erleben konnte, für den ist die Unumkehrbarkeit der Republik eine fast wundersame Angelegenheit. Dennoch: Nie kam Wittelsbach wieder zu einer reellen Chance. Nicht in der Zeit des frühen Hitler, der Kronprinz Rupprecht grundsätzlich mit »Ew. Majestät« anredete (ein Titel, der nur dem herrschenden Monarchen zusteht); nicht in den kritischen Tagen des Jahres 1933, wo eine überparteiliche Kabale versuchte, den Prätendenten zum Staatsverweser oder Generalstaatskommissar oder was immer zu machen – was Hitler zweifellos in einige Verlegenheit gestürzt hätte. (Nicht allzuviel Verlegenheit, leider.)

Ich wiederhole: Das war keineswegs selbstverständlich. Schließlich ging da, bei aller Unwirklichkeit, eine ganze Kultur dahin: der letzte, immer noch betörende Glanz der katholischen Gegenreformation, etwa der protokollarisch verankerte Brauch, daß der König oder der Prinzregent am Gründonnerstag während der Liturgie die Füße von zwölf hinfälligen Greisen wusch. Die keineswegs blasse Erinnerung an Bayerns katholische Stellung nördlich der Alpen, die an Unerbittlichkeit die des Wiener Hofes in der Regel übertraf. Die Illumination aber auch der Aufgeklärtheit, welche die Lebensluft des jungen Königtums von 1806 gewesen war, seine Klassizität, unmittelbar beerbt von der Baugier Ludwigs des Ersten, durch die Gelehrtenrepublik Max des Zweiten, durch die katastrophale Figur des Zweiten Ludwig, der die keltischen Tiefen der bayerischen Seele mobilisierte, ohne das überhaupt zu wollen. Dann das betörende Abendlicht der Prinzregenten-Ära, deren kulturanthropologische Momentaufnahmen noch heute das seelische Selbstbildnis des besseren München bestimmen.

All dies, um bei unserem Argument zu bleiben, war jedoch zu schwach, um die Grund-Schwäche der wittelsbachischen Monarchie zu verdecken, die in der Widersprüchlichkeit der Reichsverfassung von 1871 lag. (Schon diese Verfassung war nicht zuletzt eine Folge der Kapitulation Ludwigs des Zweiten vor der sogenannten Realität.)

Man erinnere sich: Der preußische König als deutscher Kaiser war keineswegs der oberste Souverän des Zweiten Reiches. Dieser Souverän war vielmehr ein Kollektiv: das Bündnis der deutschen Fürsten, in dem der Kaiser nur *primus inter pares*, der Erste unter Gleichen war. Diese Konstruktion entsprach aufs idealste den Absichten Bismarcks, dem es darum ging, die Geschicke des Reiches und später Europas wie »Viere vom Bock« lenken zu können (sein eigener Ausspruch anläßlich der Berliner Konferenz von 1876). Ob und wie ein Fürstenclub je die Politik des Kanzlers durchkreuzen könnte, war für Bismarck wohl kein Problem...

Das Problem entstand augenblicklich, als diese Schönwetterkonstruktion 1914 den grimmigen Tatsachen des Weltkriegs weichen mußte. Wilhelm war nun oberster Kriegsherr, Hindenburg und Ludendorff in kürzester Zeit oberste Kriegsgötter, aber die Reichsfürsten, insbesondere Ludwig der Dritte von Bayern, ein schon älterer Herr, erkannten blitzschnell die Chancen (und die Gefahren) der großen Kampagne und schalteten sich politisch ein.

Vierzehn Tage nach Kriegsbeginn fuhr Ludwig III. nach Berlin und meldete die Kriegsziele des Hauses Wittelsbach an. Sie waren ehrgeizig genug; und sie änderten sich, je nach den Kombinationen des Eroberungskrieges. Was blieb, war die sagenhafte Hartnäckigkeit des Hauses Wittelsbach. Man ist platt vor Staunen, wenn man die Kriegsziele dieses Hauses studiert: Annexion des Elsaß und Lothringens; Abtretung Lothringens an Baden, wenn Baden dafür den langbegehrten Landkorridor von der Pfalz nach Unterfranken abtritt (mit Offenbach und Hanau), eine Sekundogenitur, d. h. ein Wittelsbacherprinz als König in Belgien; Wirtschaftsprivilegien in Belgien und Frankreich; Privilegien auf den Wasserstraßen Nordwesteuropas; später dann, nach dem Zusammenbruch des zaristischen Rußland, eine Sekundogenitur in Polen – und so weiter. (Erst im letzten Kriegsjahr schlug der Kronprinz von der Front aus in einem vertraulichen Brief einen Frieden ohne Annexionen, d. h. ohne bayerische Annexionen, vor. Verglichen mit dem Sixtus-Brief des österreichischen Kaisers Karl war das eine recht zahme Affäre.)

Das Ganze war Hausmacht-Politik des 18. Jahrhunderts, auf der Grundlage einer Schönwetter-Verfassung des 19. Jahrhunderts. Wie tief man da noch in der Vergangenheit steckt, zeigt das wittelsbachische Argument: Das bayerische Volk würde die Blutopfer, die schon millionenfachen! des Krieges nie verstehen, wenn diese Opfer nicht in die territoriale und machtpolitische Vergrößerung Bayerns münden würden –!

In Wahrheit und Wirklichkeit aber dachte und fühlte das Volk spätestens seit 1916 ganz anders. Und es dachte wesentlich logischer. Die Zeiten des holden Scheins, wo der König oder der Prinzregent auf allen Briefmarken zu sehen war, wo die Regimenter das Himmelblau von Eggmühl oder Sedan trugen und der Fahneneid auf den bayerischen Souverän geleistet wurde – die waren nun vorbei. Sie wichen blitzschnell dem stählernen Antlitz des modernen Krieges, der perfekt von Ludendorff, Rathenau und anderen organisiert wurde (bis auf die Lebensmittelversorgung, die von Anfang an verschlampt war). Waffen- und Munitionsbeschaffung, Rationierung, Aushebung immer neuer und immer kläglicherer Rekruten... Das alles schnitt tief ins lebendige Fleisch, und Bayerns Fleisch war damals noch um Grade lebendiger, als es heute ist.

Das führte zum rapiden Verfall der Reichstreue, und die große Ironie war, daß die Nörgler und Hasser das Recht auf ihrer Seite hatten. Die Bayern wußten nämlich ziemlich genau, wer eigentlich der Souverän war; und ihr Binnenverhältnis zur Krone war großenteils noch feudal, d. h. es war ein Verhältnis gegenseitiger Verpflichtung. Wenn dem Volk als Ganzem die Last des großen Hungerns und Sterbens unerträglich wurde, dann hatte der Lehnsherr die Pflicht, nach Berlin zu fahren und seinem Mit-Souverän zu offenbaren, wie die Dinge standen.

Darüber, und über viele verwandte Punkte, wurde ab 1916 in Bayern sehr offen geredet: in Wirtshäusern und Bahnhofssälen, von Urlaubern, Genesenden und äußerst erbitterten Frauen. Genaue Berichte über solche Gespräche lagen dem bayerischen Innenministerium vor.

Eine spezielle Form des Protestes muß eigens erwähnt werden. Sie wurde von wiedereinrückenden Soldaten auf dem Marsch zu den Bahnhofs-Verladestellen angewandt. Zu bedenken ist, daß sie genau wußten, sie würden in einer Knochenmühle à la Verdun oder Somme landen, und daß ihre Heimkehrchancen, gelinde gesagt, sehr mäßig standen.

Sie rebellierten nicht. Sie wählten eine Form der Meinungsäußerung, die spektakulär, aber schwierig zu verfolgen war. Auf dem Marsch zum Bahnhof beschimpften sie mit unflätigen Ausdrücken die Zivilisten am Straßenrand (die »Zivil«, wie sie kurz sagten) und zogen mit dem Daumen den Schuß ab, der aus den am Riemen hängenden Gewehren senkrecht in die Luft ging. Eine wüste Knallerei, das war alles. Aber so hat sich die Ästhetik des Abendmarsches vom 7. November vorbereitet.

Die Bildkraft des 7. November

Und damit sind wir beim zweiten Kriterium: bei der Bildkraft des Ereignisses vom 7. November 1918.

Solche Bildkraft war schon beim 14. Juli 1789 für das künftige Frankreich gegeben, bei der Erstürmung der Bastille. Sie fiel dem Sturm des Volkes zum Opfer – aber sie war schon damals ein altes Gemäuer, das zufällig an diesem Tag keinen einzigen politischen Gefangenen barg, wohl aber eine paar Irre. Und der Konflikt verlief, dank der Vernunft der Verteidiger, verhältnismäßig harmlos.

Der Münchener Marsch von der Theresienwiese zur Prannerstraße war eigentlich konsequenter, ästhetisch wie moralisch. Vielleicht ist es wichtig, sich klarzumachen, daß er heute nicht stattgefunden hätte, weil wir elektrische Lautsprecher haben. Damals brauchte eine solche Großkundgebung, wie sie die Linken, Mehrheits-SPD und Unabhängige, aufzogen, mehrere Sprecher, die sich jeweils an Teile der Menge wandten. Eisner hatte sich an die äußerste Linke postiert, die dem großen Kasernen- und Lazarettviertel am nächsten lag. Und während sich die Blöcke der Mehrheits-SPD nach ordentlicher Kundgebung ordentlich verliefen (man hatte Abschaffung des sogenannten Reichsrates, also der Herren-Kammer, und volle Parlamentarisierung gefordert), schritt Kurt Eisner mit seinem Sekretär Fechenbach und dem blinden niederbayerischen Großbauern Gandorfer an die Spitze der Radikalen, die nun in Richtung Lazarettstraße abmarschierten.

Die Stunde, der historische Moment war perfekt gewählt, wie nie mehr später. Es gab kein Blutvergießen, keine Gewalttat; wenn Schüsse fielen, hatten sie den Charakter eines etwas bedrohlichen Volksfestes. Dem Appell des Trios und der entschlossenen Demonstranten des Anfangs folgten immer mehr, folgten die Genesenden und Halbgenesenden, folgten die schlecht ernährten und schlecht riechenden Reservisten aus den ziegelroten Blöcken der Angst und der Hoffnungslosigkeit, folgten die grauen Arbeiter aus den Rüstungsfabriken und die fahlen Granatenweiber. Rachel weinte um ihre Kinder und wollte sich nicht trösten lassen; Rachel weinte, aber tötete nicht, ließ nur die Flut ihrer Tränen überfließen, die die alten Dämme zerstörte. Keines ihrer Kinder tötete in dieser Nacht, dieser elenden Nacht, die gleichzeitig die Nacht einer Hoffnungsbotschaft war, als sich im Landtag der Arbeiter- und Soldatenrat konstituierte und die Dynastie Wittelsbach für gestürzt erklärte.

Gewiß, das war alles höchst unordentlich. Das war eine Regelverletzung, ein Provisorium – so wie der Sturm auf die Bastille eine Regelverletzung und noch nicht einmal ein Provisorium war, wenn man vom Auszug des Dritten Standes in den Ballspiel-Saal einmal absieht.

Und es war, zu allem anderen noch, eine unblutige Regelverletzung; eine Revolution ohne die Pracht der Schädel auf den Piken, des abgehackten Königskopfes. Kein Wunder, daß sie weder den Zeitgenossen noch den Nachfahren schaudervollen Respekt abnötigte... (Diesen Fehler der Revolution hätten ihre rechten Feinde nie begangen – und vermieden ihn ja auch ein paar Monate später aufs strengste.)

Kurt Eisner beging in den Wochen, die ihm noch blieben, viele solcher Fehler. Er unterschätzte zum Beispiel völlig den vergiftenden Effekt der Presse mit ihren Verleumdungen und antisemitischen Schmähungen, über die er einfach hinwegsah. Und er unterschätzte den Groll, den die Führer der Mehrheits-SPD gegen ihn hegten.

Sein größter Fehler aber war die Veröffentlichung der Akten des kaiserlichen Außenministeriums, aus denen seiner Meinung nach die Kriegsschuld Preußen-Deutschlands klar hervorging. Tat er dies aus schmutzigen Rachegefühlen? Im Gegenteil. Er, der kantianische Moral-Sozialist, war naiv genug anzunehmen, daß dieser Schritt (den er wohl auf den Rat seines Freundes Friedrich Wilhelm Foerster hin unternahm, eines pazifistischen Pädagogik-Professors, der während des Kriegs in die Schweiz gegangen war) die Alliierten zwangsläufig zum Großmut gegenüber einem neuen, einem revolutionär gereinigten, den Werten westlicher Humanität geöffneten Deutschland nötigen würde: Schließlich hatte ja Deutschland selbst diese Kaste gestürzt, die solche Politik gemacht hatte – und zwar aus eigener Kraft. Eisner vertraute, mit anderen Worten, der Vierzehn-Punkte-Politik US-Präsident Wilsons. Er hatte keine Ahnung, daß Wilson in Paris längst in die Seelenmangel der Briten und Franzosen genommen wurde, daß sie ihn nötigten, einem nach dem anderen von seinen Grundsätzen Lebewohl zu sagen – zugunsten einer nationaldarwinistischen Rachepolitik, die zum Frieden von Versailles führte. Eisner und Wilson: ein Aspekt unserer Geschichte, der zu wenig bedacht worden ist.

Dieser Schritt Eisners, so typisch für einen kantianischen Sozialisten, war wohl sein eigentliches Todesurteil; ein Urteil, das dann am 21. Februar 1919 vollstreckt wurde – vollstreckt von einem kleinwüchsigen adeligen Offizier, dessen Mutter eine geborene Oppenheimer war.

Einer der Gründe für diesen Mord war die Angst vor der sogenannten Zweiten Revolution, die man (nach dem russischen Modell) für unvermeidlich hielt: die wahrhaft blutige, die kasten- und kistenstürzende, die bolschewistische Revolution. Damals begann der Mythos von den Todeslisten, von geplanten Massenmorden, und was der Greuelgerüchte mehr waren, die rechte Putsche bis zu den Tagen von Salvador Allende begleitet haben. Was kam, war eine wirre, reichlich chaotische Zeit, waren zwei sehr kurzlebige Räterepubliken – und dann der Weiße Terror mit seinen Hunderten von Opfern.

So dauerte die Münchener Revolution gerade lang genug, um eine Reihe von Konsequenzen auszulösen – oder vielmehr, um Modelle für Künftiges zu bilden. Mit einigen dieser Modelle müssen wir uns beschäftigen, so widerwärtig uns das sein mag. Sie bestimmen unser Leben teilweise noch heute.

Das wichtigste dieser Modelle: die Veränderung der politischen Kräfte in Bayern, das Ende seiner bisherigen Konfliktkultur – und die Schaffung der neuen Großen Allianz, die uns heute regiert. Dies bedarf einiger Erklärung.

Seit der Errichtung des Königreichs 1806, das schließlich im

Machtschatten Frankreichs entstanden war, standen sich ein gutes Jahrhundert lang zwei politisch-gesellschaftliche Kräfte in Bayern gegenüber: eine »liberale«, d. h. antiklerikale und vom Segen der Staatsmaschinerie überzeugte Minderheit, in deren Händen sich die tatsächliche, nämlich die bürokratische und später die Kapitalmacht befand; und ein »schwarzer« Populismus, der (teilweise zu Recht) dem verordneten Fortschritt mißtraute und auf der Selbständigkeit Bayerns beharrte. Der Konflikt präzisierte sich noch nach 1871, als die sogenannten Liberalen gut bismarckisch wurden und der schwarze Populismus sich zunächst in der Patriotenpartei, später im Zentrum organisierte. Das Königreich wurde also fast ununterbrochen liberal regiert, was jedoch niemals auf wirkliche Volksfreiheit hinauslief; war aber nie imstande, wirklich gegen die Klerisei vorzugehen – jedenfalls nicht nach den barbarischen Tagen der Säkularisation. Bis zum Ersten Weltkrieg galt das ungeschriebene Gesetz, daß »Schwarze« im bayerischen Staatsdienst, jedenfalls im höheren, nichts zu suchen hatten, und in einigen »klassischen« Ministerien hielt man dieses Prinzip bis in die Weimarer Zeit hinein durch.

So standen einer regierenden und wirtschaftlich dominierenden Schicht – die weniger mit dem Hofe als mit dem kommerziellen Freisinn verbunden war – die Schwarzen, meist vom Klerus organisierten Bataillone gegenüber, die in einem generationenlangen Kampf allmählich zur politischen Macht vordrangen. In einer spektakulären Reform des Wahlrechts, die vom linken Zentrumsführer Georg Heim zusammen mit dem Sozialdemokraten Georg v. Vollmar vorangetrieben wurde, wurden die Voraussetzungen für eigentlichen Parlamentarismus, und das hieß die Machtergreifung des Zentrums, geschaffen.

Die neue Große Allianz

Mit dem weißen Sieg von 1919 änderte sich das alles. Die mittlerweile schwarzweißrot, also wilhelminisch gesinnte Beamten- und Begütertenschicht entdeckte ein Feindbild, das man mit dem weiß-blau-schwarzen Populismus teilen konnte – nämlich das »rote Berlin«, das sozialdemokratisch-spartakistisch-linkszentristische Preußenreich, dem man nun die »Ordnungszelle Bayern« entgegensetzte. Diese Ordnungszelle lebte von der Allianz aus Schwarzweißrot und Weißblau gegen die verhaßten Revoluzzerfarben der Weimarer Republik. (Daß man dabei in die Gesellschaft der barbarischsten preußischen Junkerkaste geriet, scheint nicht weiter gestört zu haben.) Dieser neue, gewaltige Mehrheitsblock hatte darüber hinaus den Vorteil, daß man sich für den Jubel, der beim Tode Eisners in bürgerlichen Kreisen ausbrach, überhaupt nicht zu schämen brauchte: Eisner war Jude, aber das genügte ihm noch nicht, er war Roter, und das genügte ihm auch noch nicht, er war sogar Berliner.

Dieser Mehrheitsblock war der Gestalter der bayerischen Schandjahre zwischen 1919 und 1924, welche unser eigentliches Vergangenheitsproblem darstellen, und darüber hinaus einer politischen Asymmetrie, welche unsere Innenpolitik wie unser Verhältnis zu Gesamtdeutschland fast bis heute bestimmte – und beides, Innen- wie bayerische Deutschlandpolitik, zu Jahrzehnten der Unbeweglichkeit und der Scheingefechte verurteilte.

Zweites Modell: Die Allianz war um so unbesieglicher, als ihr von Anfang an der Segen der Kirchen (nicht nur der katholischen, sondern auch des konservativen mittelfränkischen Protestantismus) sicher war. Es gibt dafür erschütternde Dokumente, nicht zuletzt die Grabpredigt, die Pater Rupert Mayer für die 21 Kolpingssöhne gehalten hat, welche von Weißgardisten ermordet wurden. Mayer, der damals und später als kühner Extremist galt, hat in dieser Predigt (deren Lektüre warm empfohlen wird) einen dringenden Versöhnungs-Appell an die Münchener Roten gerichtet, hat ihnen, als den Verursachern all der Unordnung, großmütig die Hand hingestreckt, hat sie aufgerufen, alle Bitterkeit zu vergessen und sich, nach so viel Chaos, in die wiederhergestellte Ordnung zu fügen.

Auch dabei blieb es bis heute, trotz aller progressiven Theologie. Ein französischer Katholik, der große Romancier Georges Bernanos, der selbst der *Action française* nahestand, hat ein erschütterndes Buch geschrieben unter dem Titel »Die großen Friedhöfe unter dem Mond«. In ihm setzt er den Tausenden vor allem armer Menschen ein Denkmal, die auf Mallorca von den Faschisten hingemetzelt wurden. Und dieses Denkmal ist gleichzeitig das Denkmal seiner eigenen Umkehr. Nicht nur für die 21 Kolpingssöhne, sondern für die Hunderte von stillen Toten, die im Gärtnereibereich des Ostfriedhofs lagen, mit Paketanhängern an den bloßen Zehen, auf denen ihr Name vermerkt war – für dieses Giesinger Totenreich unter dem Mond hat es nie einen Bernanos gegeben, sondern nur den jungen roten Wildling namens Oskar Maria Graf.

Doch was war damals, was ist wohl noch heute die tiefinnerste Trieb- und Sprungfeder der Großen Allianz? Sie liegt zutage im Revolutionstagebuch eines prominenten Münchener Schriftstellers. Er erwähnt, daß sein liberaler Verleger indigniert sei über die vielen Erschießungen durch die Weißen, und notiert knapp: »Offensichtlich hat man bei ihm nicht geplündert.« Hier wird gewichtet: Eigentum, Ruhe und Ordnung – um jeden Preis, jeden Kopfpreis. Und dabei ist es geblieben, täuschen wir uns doch nicht – bis in unsere Tage.

Drittes und letztes Modell: die Justiz. Reden wir gar nicht erst über die Vollzugsbedingungen, die etwa den Herren Tony Arco und Adolf Hitler in Landsberg gewährt wurden, verglichen mit dem Höllenloch Niederschönhausen, wo (unter einem liberalen Justizminister) die sogenannten November-Verbrecher einsaßen (nachzulesen ist dies in den »Justizerlebnissen« von Ernst Toller). Beschränken wir uns auf das Ermittlungsprinzip, das sofort nach dem 21. Februar 1919 in Kraft trat. Kurz nach dem Attentat auf Eisner erschoß nämlich ein Metzgerbursch namens Alois Lindner unter dem Eindruck dieser Nachricht im bayerischen Landtag den Abgeordneten Jareis und verwundete den SPD-Politiker Erhard Auer.

Die Ermittlungen der bayerischen Justiz gingen nun von vornherein davon aus, daß die Tat Arcos die eines Einzeltäters war (was nicht stimmte) und die Lindners Ausfluß einer roten Verschwörung, sozusagen der Startschuß zur Zweiten Revolution (was erst recht nicht stimmte).

Damit war für den Rest des Jahrhunderts der Tenor deutscher, nicht nur bayerischer Rechtspflege *in politicis* bestimmt. Erinnern wir uns nur an den Fall Ossietzky, dann, nach dem zweiten Krieg, an den höchst pfleglichen Umgang mit der Wehrsportgruppe Hoffmann, an die Pauschal-Denunziation und -Observation der jeweiligen linken »Sympathisanten«-Sümpfe, an die klägliche Beweislage so vieler RAF-Prozesse, die Serie von Prozessen gegen Demonstranten, bei denen Muskel-Anspannung als Evidenz für Widerstand gegen die Staatsgewalt genügte, an die sofortige Vermutung des wirren Einzeltäters beim Münchener Oktoberfest-Anschlag – und so weiter. Für all dies (was sich natürlich längst nicht nur auf Bayern beschränkt) kann Bayern, kann vor allem auch München das Copyright von 1919 beanspruchen.

Geschichtsbewußtsein und Selbst-Bewußtsein

Genug damit – für heute. Warum mußte und muß darüber gesprochen werden, wenn wir über den Freistaat Bayern sprechen? Weil die halbherzige und ungenügende Geschichtsverarbeitung dem Selbstbewußtsein, beinahe hätte ich gesagt: der Nation-Werdung dieses Freistaats aufs bedauerlichste im Wege steht. Jede Geschichte, auch die bayerische, ist voller Widersprüche, voll Lichts und tiefer Schatten. Kennzeichen eines mündigen Staatsvolks ist es, souverän mit diesem Helldunkel umzugehen, nichts im Finsteren zu belassen, den Wert und die Bedenklichkeit jedweder Tradition zu sehen und die richtigen Schlüsse daraus zu ziehen. Bayern hat in seiner Geschichte erhebliches Selbstbewußtsein entwickelt, hat einprägsame Sonderformen gesellschaftlicher Existenz erlebt, darunter auch die bildkräftige Sonderform der Revolution von 1918. Daß wir heute daran gehen können, fünfundsiebzig Jahre nach den Ereignissen, sie ohne die Nervosität zu würdigen, die bisher den Umgang mit ihnen kennzeichnete, ist nicht gerade ein Anlaß zum bayerischen Stolz, aber immerhin ein Merkzeichen auf der Straße bayerischen Selbstbewußtseins.

Ruhiges Selbstbewußtsein – das haben wir heute nötig, vielleicht nötiger denn je. Denn geringer denn je scheinen die Gelegenheiten gegeben, uns als Subjekt der eigenen Geschichte zu fühlen. Die Umwälzungen in Zentraleuropa, die seit 1989 stattgefunden haben und stattfinden, lösten und lösen im staatlichen Bayern die wunderlichsten Reflexe aus. Einer der wunderlichsten ist es wohl, sich im Widerstand gegen ein bedrohlich empfundenes EG-Europa ausgerechnet ins Nationale zu flüchten.

Der Nationalstaat, erinnern wir uns, der Nationalstaat jedenfalls in seiner bismarckischen Version, geht auf den Ausstoß des alten Österreich und die Technicolor-Siege von 1870/71 zurück; nicht auf Reden und Mehrheitsbeschlüsse, wie Bismarck stolz vermerkte, sondern auf Blut und Eisen. EG-Europa, das ist ebenfalls zu vermerken, geht auf den Schreck des Zweiten Weltkriegs zurück – und ist zunächst und vor allem auf Wirtschaft fixiert. Das ist sein historischer Geburtsfehler.

Ein konkretes, ein wirkliches Europa muß, wenn wir das 21. Jahrhundert wenigstens teilweise überleben wollen, ein Europa der Regionen, nicht der Nationalstaaten sein. Souveränitätsrechte, die Brüssel nicht haben soll, ausgerechnet wieder den Nationalstaaten zu treuer Hut zu übergeben ist nicht nur gefährlich, sondern anachronistisch.

Sprechen wir die Binsenweisheit nochmals aus: Die Nationalstaaten wurden für Aufgaben geschaffen, für die sie heute zu klein oder zu groß sind. Zu klein für die Aufgaben der Wirtschaft, aber auch für eine gewichtige Außenpolitik und für die unbedingt notwendige Öko-Politik von morgen. Zu groß jedoch für eine humane, menschennahe Verwaltung, die eigentlich staatliche Betriebsgrößen von fünf bis fünfzehn Millionen als Maximum voraussetzt. Der Zustand der Euro-Bürokratie, den der bayerische Ministerpräsident heute beklagt, geht aber nicht zuletzt auf die strikte Absicht der Nationalstaaten zurück, einen wirklich demokratischen Aufbau Europas gar nicht erst zuzulassen.

Europäische Staaten, deren Geschichte sie zu Pionieren eines Europa der Regionen prädestiniert, sind Italien und Deutschland, beide wegen ihrer föderalen Vergangenheit und dem Selbstbewußtsein ihrer Landschaften. Dieses Selbstbewußtsein gilt es gegen den Wirtschaftsmoloch der Römischen Verträge zu mobilisieren – schon, um in Zentraleuropa nicht den geopolitischen Wahnsinn eines Achtzig-Millionen-Reiches, umgeben von winzigen Republiken, zu verewigen. Heraldisch gesprochen: Wenn den weiß-blauen Rauten schon aus dem europäischen Himmel Gefahr droht, dann will ich sie nicht gegen die Reichskriegsflagge vertauschen.

Wie also soll sich bayerisches Selbstbewußtsein, bayerisches Geschichtsbewußtsein konkretisieren, wie soll sich das Bild des wahren Frei-Staates in einem jahrtausendalten Geschichtsraum darstellen? Erlauben Sie einem Belletristen, das in einem Städtebild auszudrücken.

In der kleinen und nicht sehr reichen Industriestadt Romans an der Isère, durch die rauhe Bergwinde blasen, trägt die breite Zentral-Avenue mit ihren brutal beschnittenen Akazien den Namen des Jean Jaurès; des machtvollen pazifistischen Sozialisten also, den am Tage des Kriegsausbruchs 1914 ein Chauvinist in einem Pariser Café erschoß. Mitten auf dieser Avenue aber erhebt sich, im wenn nicht bewährten, so doch üblichen Zuckerbäckerstil all dieser Monumente, das Kriegerdenkmal des Departements zum Andenken an 1914/18 – mit der barbusigen Freiheitsdame, die kühn die Fahne in den Wind reckt, mit schmachtend hinsinkenden Poilus etcetera.

Unwillkürlich ging damals, als ich dieses Arrangement erblickte, meine Phantasie nach Bayern durch. Wie wär's mit einer Eisner-Statue auf einem Prinzregent-Luitpold-Platz? Einer Statue mit todtraurigem Antlitz, mit wirrem Bart und zerknittertem Schlapphut? Oder – noch besser – einem Kurt-Eisner-Platz, auf dem die Statue Ludwigs II. steht? Er war zwar politisch für Bayern eine Katastrophe, aber wir brauchen ihn wirklich, für die keltischen Abgründe in unseren hiesigen Seelen. Am Sockel des Denkmals aber könnten die Genien stehen, die wir beide benötigen: der Genius der königlichen Geheimnisse – und der Genius der republikanischen Freiheit.

Vorwärts, Kinder des Vaterlands.

II. »Bayern ist fortan ein Freistaat« – die Revolution 1918/19

Friedenskundgebung auf der Theresienwiese am 7. November 1918

Holger Goblirsch

Vom Königreich zur Republik: der bayerische Weg

Gibt es eine Variante der Marseillaise für Blasmusik? Nein, so einfach lassen sich die Symbole der Französischen Revolution nicht übertragen. Mit dem, was im Frankreich von 1789 geschah, hatten die Ereignisse wenig gemein, die sich im November 1918 in München abspielten. Gleichwohl hieß das Wort der Stunde hier wie dort: Revolution. Die meisten Münchner und erst recht die Bürger in der Provinz des untergehenden Königreichs Bayern erfuhren davon aus der Zeitung. Diese Revolution hatte kein Lied, das einen Marsch der Massen hätte anführen und einstimmen können. Abgesehen von unzähligen Reden blieb diese Revolution stumm. Sie verlief ohne Blutvergießen, ohne Guillotine und ohne große Parolen. Niemand rief »a la lanterne«. Und doch war sie plötzlich geschehen, die Revolution, wobei keiner zunächst so recht wußte, was geschehen war.

»Bayern ist fortan ein Freistaat«

Am 8. November 1918 erschienen die *Münchner Neuesten Nachrichten* mit einer ungewöhnlichen Aufmachung der Titelseite. Dort prangte in großen Lettern ein Aufruf:

»An die Bevölkerung Münchens! Das furchtbare Schicksal, das über das deutsche Volk hereingebrochen, hat zu einer elementaren Bewegung der Münchner Arbeiter und Soldaten geführt. Ein provisorischer Arbeiter-, Soldaten- und Bauernrat hat sich in der Nacht zum 8. November im Landtag konstituiert. Bayern ist fortan ein Freistaat. Eine Volksregierung, die von dem Vertrauen der Massen getragen wird, soll unverzüglich eingesetzt werden. Eine konstituierende Nationalversammlung, zu der alle mündigen Männer und Frauen das Wahlrecht haben, wird so bald als möglich einberufen werden... Der Rat der Arbeiter, Soldaten und Bauern. Gezeichnet: Kurt Eisner.«

Von den Festlegungen dieses Aufrufs gilt bis heute der dritte

Satz: Bayern ist ein Freistaat. Und in Bayern haben die Frauen als erste in Deutschland das Wahlrecht – Ergebnisse dieser Revolution, die nie zurückgenommen werden konnten. Der Revolution des Kurt Eisner – und es war wirklich »seine« Revolution – und ihren Folgen verdankten die Bürger des neuen »Freistaats Bayern« im Jahr 1918 außerdem den Acht-Stunden-Tag, die Arbeitslosenhilfe, die Installation eines »Ministeriums für soziale Fürsorge«, wie das heutige Sozialministerium damals genannt wurde. Und das Volksbegehren, das damals noch »Referendum« hieß. Kurt Eisner hat in der bayerischen Geschichte tiefe Spuren hinterlassen. Aber, wer erinnert sich heute noch an ihn?

Von willkürlich befragten Passanten in der Kurt-Eisner-Straße in München-Neuperlach, weit weg von den nach Fürsten und Königen benannten Nobelmeilen Maximilianstraße, Ludwig- oder Leopoldstraße, wußte im November 1993, im 75. Jahr nach dieser Revolution, fast keiner etwas über den Namensspender. Ein Kommunist sei er gewesen, meinten einige. Und einen langen Bart habe er gehabt!

Der Krieg ...

Daß dieser Kurt Eisner am 7. November 1918 seine Revolution machen konnte, hatte viele Gründe. Der nachhaltigste Impuls kam 1914 von der Kriegserklärung des Deutschen Reiches an die Alliierten und der zunächst fast einhelligen Zustimmung der Sozialdemokraten zum vermeintlichen »Verteidigungskrieg«.

So konnte Kaiser Wilhelm II. am 6. August 1914 seinen berühmten »Aufruf an das deutsche Volk« richten, der in dem Satz gipfelte: Ich kenne keine Parteien mehr, ich kenne nur noch Deutsche.

Auch in Bayern war damals die Begeisterung zunächst groß gewesen. Doch je länger sich das Massensterben auf den Schlachtfeldern hinzog, je deutlicher sich die drohende tiefe Niederlage abzeichnete, je mehr das gebeutelte, ohnehin kaum verwöhnte Volk die Lasten der Kriegswirtschaft zu spüren bekam, desto klarer wurden auch die Signale, daß mit diesem Krieg, mit dieser Niederlage auch ein politisches System stürzen mußte. Im eiskalten Winter 1917/1918 hungerten die Münchner fürchterlich. Zu essen gab es »Dotschen«. Dotschen waren die Rüben, die sonst eigentlich nur als Viehfutter Verwendung fanden. Sie bestimmten das ganze Jahr 1918 den Speisezettel der Münchner. Ein hungernder Karikaturist reimte: »Verdotscht denkt mancher Dotschenesser, a Ganserl wär beinah doch besser!«

...und die Spaltung der SPD

Die Sehnsucht nach dem Ganserl war freilich überlagert von einer abgrundtiefen Enttäuschung über den Verlauf des Krieges und einem fast verzweifelten Ruf nach Frieden. Die Sozialdemokraten hatten 1914 im Reichstag den Kriegskrediten zugestimmt. Denn ihren Patriotismus nahmen die Sozialdemokraten sehr ernst. Über der Frage, ob die Partei loyal den monarchischen Staat und dessen Kriegspolitik unterstützen oder ob sie im Hinblick auf eine neue Ordnung und ein Ende des Krieges Widerstand leisten sollte, zerbrach die Sozialdemokratische Partei 1917 und spaltete sich: Die alte SPD, die Mehrheitssozialdemokraten (MSPD) hielten zum bestehenden System. Die Unabhängigen, die USPD, begannen, alte revolutionäre Ziele aufzugreifen und weiterzudiskutieren, wobei so etwas wie ein bunter Reigen ideologischer Heilslehren heranwuchs. Während die Mehrheitssozialdemokraten fast so etwas wie ein nach Reformen bettelnder Teil des regierenden Systems wurden, geriet die USPD mehr und mehr in offene Gegnerschaft zu den Zielen des vom System zu verantwortenden Krieges – und damit in Gegnerschaft zum System selbst. Im Januar 1918 kam es in Berlin zu Streiks in der Rüstungsindustrie. Während sich die USPD an die Spitze der Bewegung setzte, versuchten die Mehrheitssozialdemokraten zu beschwichtigen.

Eisner gegen Auer

Das Geschehen in diesen Tagen greift auch auf München über. Am 31. Januar 1918 treten bei den bayerischen Geschützwerken in Freimann eintausend Arbeiter in den Streik. Sie marschieren nach München. Im Schwabinger-Bräu hält der Journalist und USPD-Politiker Kurt Eisner eine Rede vor den Versammelten. Dann zieht man weiter durch die Dachauerstraße bis zum Bahnhofsplatz. Andere Streikwillige haben sich inzwischen angeschlossen. Im Hotel Wagner in der Sonnenstraße, wo man sich erneut versammelt, spricht unter anderen eine Frau, Sarah Lerch, Mitglied der USPD.

Die Mehrheitssozialdemokraten mit dem Landtagsabgeordneten Erhard Auer an der Spitze versuchen unterdessen vergeblich, auf einer weiteren Veranstaltung im Mathäserbräu abzuwiegeln. Streiks seien zwecklos und ohne Sinn, erklären sie. Und ernten stürmischen Protest. Kurt Eisner und Sarah Lerch greifen die Signale auf. Ein Entschluß wird angenommen, der sich an die Arbeiter der verfeindeten Länder richtet, gemeinsam den Weltfrieden zu erzwingen.

Eisner, Sarah Lerch und andere werden verhaftet. Die Streikbewegung wächst zunächst noch enorm an – zehntausend befinden sich schließlich im Ausstand –, ebbt dann aber bis zum 4. Februar rasch ab. Die Mehrheitssozialdemokraten haben sich mit ihrer Anregung durchgesetzt, die Forderungen der Arbeiter bei der Reichsregierung zur Sprache zu bringen, vorerst aber die Arbeit wieder aufzunehmen.

Sarah Lerch wird am 1. April zu Grabe getragen. Sie hat sich im Untersuchungsgefängnis Stadelheim erhängt. Nur 31 Jahre war sie alt geworden. Sie ist nicht die letzte Sozialdemokratin, die im Freitod Erlösung aus offenbar nicht zu verändernden Verhältnissen sucht...

Kurt Eisner erlebt ebenfalls im Gefängnis, wie sich die Mehrheitssozialdemokraten bei den Arbeitern durchsetzen. Für ihn und seine Anhänger war trotzdem im Januarstreik des Jahres 1918 der revolutionäre Funke aufgeglommen, der im November 1918 zünden sollte.

Zwischen den Zeiten meldete sich noch einmal der bayerische König zu Wort. Ludwig der Dritte erinnerte am 2. März 1918 an das hundertjährige Bestehen der bayerischen Verfassung – so als sei inzwischen nichts gewesen.

In seinem Buch »Wir sind Gefangene« erzählt der Schriftsteller Oskar Maria Graf aus diesen Münchner Tagen:

»Damals zeigte sich auf den Straßen schon sehr deutlich eine allgemeine Kriegsmüdigkeit. Die russische Februar-Revolution war zwar ohne große Spuren vorübergegangen. Es lag etwas in den Köpfen, daß dies da drüben, irgendwo im unbekannten Steppenreich, erst ein Anfang sei.

Indessen die große, breite Masse der Unteren lebte in einer mürrischen Trägheit dahin. Die täglichen Reihen an den Lebensmittelläden wurden immer länger. Ausgemergelte Gesichter, zerrupfte Gestalten mit hungernden Augen waren darunter. Es war, als belauere der eine den andern, daß ja keiner mehr bekomme. Was einst vielleicht wirklich eine einzige öffentliche Bewegung gewesen war, schien nun zerbröckelt zu sein. Alles war wieder einzeln, ganz und gar einzeln geworden.

Kein Mensch las mehr die gelben Telegramm-Anschläge der Frontberichte. Ein Murren ging um. Alles schien ausgelaugt. Es wirkte nichts mehr. Die Lebensmitteldemonstrationen wuchsen sich zu Friedenskundgebungen aus. Siegen oder Nichtsiegen, Heldentaten und Schlachten, Kaiserworte, Hindenburg und Zweiundvierziger-Mörser – das alles war mit einem Male nicht mehr so wichtig.

›Noja, solln's nur so fortsiegen bis wir ganz und gar im Dreck drinnen sitzen!‹ brummten die Leute und dann ging das Erzählen an.

›Überhaupts!... Wenn's schon in einer Tour siegen und siegen und Beute machen?... Warum gibt's denn nachher alleweil nichts wie Kaninchenleberkäs, Dotschn, und das g'stinkerte Fischzeug?!... Dös ist schon recht dös rechte Siegen! Schwindl ist's, sonst nichts! Krampf ist's!‹ raisonnierte ein alter Mann auf der Straße und alle nickten. Besonders erbost war man über das schlechte Bier, auf den König und die Preußen. ›Der König ist der größte Schieber!‹ schimpfte eine Frau im Milchladen. ›Der liefert die Milch von seinen Gütern alle ins Norddeutsche 'nauf, weil er da mehra kriegt... Der Geldbeutl spielt bei den hohen Herren die größte Rollen... Ob wir verrecken, ist ihnen sauwurscht.‹

Der Hunger drang gewissermaßen auch in die Bezirke der Wohlhäbigeren, wurde Losungswort an jedem Biertisch, wurde Gespenst, unsichtbar, aber überall fühlbar.«

Oskar Maria Graf erzählt auch, wie er zum erstenmal Kurt Eisner in einer der damal streng verbotenen Versammlungen der USPD begegnete:

»Freidenker und einige Intellektuelle, ziemlich viel Arbeiterfrauen und vereinzelte Soldaten sah ich. Unerregt saß alles da und blickte auf einen Tisch vorne, hinter dem ein nicht sehr großer Mann mit wallendem, grauen Haupthaar, einem ebensolchen Schnurr- und Spitzbart stand und eine Rede hielt. Einen Kneifer trug er, hinter dem sehr bewegliche kleine Augen saßen. Hin und wieder unterstrich er irgendeinen Satz mit einer kurzen Armbewegung oder streckte den Zeigefinger wie ein Schullehrer in die rauchige Luft. Er hatte eine ziemlich tonlose, etwas kratzige Stimme, sprach aber sehr flüssig. Seine Kleidung war lässig, und alles an ihm machte den Eindruck von einem pensionierten Schulrat oder Professor.

›Wer ist denn der Redner?‹ erkundigte ich mich leise bei meinem Nebenmann.

›Der Eisner‹, war die Antwort. Ich suchte in meinem Gedächtnis, ging alle Revolutionäre und Bekannten aus meiner Anarchistenzeit durch, nein, ich mußte mich geirrt haben. Liebknecht, Bebel, Rosa Luxemburg, Landauer, Mühsam, die gehörten zu den Radikalen, aber Eisner? Wo war ich denn hingeraten?

Schon wieder wurde ich mißtrauisch.

Ich hörte deutlich hin. Doch – der Mann sprach sehr revolutionär.

›Hört! Hört! Sehr richtig!‹ sagten da und dort Leute. Der Mann hob die Stimme und rief mit bewegtem Oberkörper: ›1914 hat die Sozialdemokratie Deutschlands versagt. Das Proletariat wurde schändlich, erbärmlich verraten von seinen Führern. Das Blutbad begann. Jetzt aber zeigen sich die ersten Zeichen des Erwachens! Alle Drohungen, alles, was man so ausgiebig benützt, um jedes revolutionäre Wollen zu unterdrücken – Kriegsgesetze, Einkerkerungen, Füsilierungen und alle sonstigen Verordnungen werden diesen Willen der Massen nicht mehr aufhalten, nicht mehr ausrotten können! Die Herren von der Obersten Heeresleitung und die weisen Richter am grünen Tisch der Reichskanzlei irren, wenn sie annehmen, die überall aufflackernden Meute-

reien, die Streiks und Demonstrationen des Proletariats seien nur eine Bewegung für den Frieden allein. Nicht um eine bloße Gegenbewegung, Genossen und Genossinnen, handelt es sich mehr – es handelt sich, darüber müssen wir uns alle klar werden, um eine Fortbewegung in die Revolution hinein!‹

Der Mann wischte seine nasse Stirn ab. Beifall erscholl von allen Seiten. Ich lebte auf.«

Nein, um noch einmal auf das vermeintliche Vorbild Französische Revolution zurückzukommen: »Levée en masse«, eine Massenerhebung, war das nicht, dieses Revolutionsgetöse in den Nebenzimmern oberbayerischer oder Schwabinger Wirtschaften. Da gärte es wohl. Aber welche Richtung das Ganze nehmen sollte, darüber wußte niemand so recht Bescheid. Kurt Eisner schon. Jenseits der Träume mehrheitssozialdemokratischer Funktionäre, die sich schon als künftige königliche bayerische Minister sahen, zog er als Sozialist, aber auch als Realist Schlüsse aus der historischen Situation, sah die einmalige Chance für einen Aufbruch. Aber er war wohl zu modern für seine Zeit. So wenig dauerhaft vermittelbar, daß sich die Münchner noch 1989 zu schade waren, ihm ein gebührendes Denkmal zu setzen. Was wollte Kurt Eisner?

Die Revolution machen!

Zum Revolutionär wurde er durch die Erfahrung des Weltkriegs. Anders als die Mehrheitssozialdemokraten sah er im Krieg die Bankrotterklärung des alten politischen Systems. Die Konsequenz war klar. Sie hieß Revolution. Unter diesem Stichwort wurde Kurt Eisner zur zentralen Gestalt der Münchner Friedensbewegung, die die unterschiedlichsten Geister von ganz links bis hin zu anarchistischen Strömungen für kurze Zeit vereinen sollte. Nur nicht die Sozialdemokraten der Mehrheits-SPD. Die folgten, als es ernst wurde, nur widerstrebend.

Ernst wurde es am 7. November 1918. In den Tagen zuvor schon war immer wieder die Theresienwiese Anlaufpunkt für die Massen gewesen, die angesichts des sich abzeichnenden Desasters um das Ende des Krieges ungeduldig auf neue Signale warteten. Die SPD konnte zwar die ganz große Mehrzahl der Arbeiter und Bürger verzeichnen, die ihrer Parole folgte. Und die hieß: Abwarten und dann irgendwann parlamentarische Reformen durchsetzen. An einen Staatsstreich, an die Ablösung der Wittelsbacher dachte dort niemand. Immer mehr, und vor allem immer mehr engagierte Arbeiter aber versammelten sich hinter Kurt Eisner. Dem Mann, der zu dieser Zeit nur eines wollte: die Revolution machen. Er vertröstete seine ungestümen Anhänger Tag um Tag. Am 7. November machte er sie dann, als die USPD gemeinsam eine Friedens-Kundgebung mit der SPD auf eben dieser Theresienwiese veranstaltete. Noch am Vortag hatte der Vorsitzende der Mehrheitssozialdemokraten, Erhard Auer, den Ministern der neuen, aber letzten königlichen bayerischen Regierung, die Sorgen wegen dieser Veranstaltung äußerten, erklärt: »Reden Sie doch nicht immer von Eisner. Eisner ist erledigt. Sie dürfen sich darauf verlassen. Wir haben unsere Leute in der Hand. Ich gehe selbst mit dem Zug. Es geschieht gar nichts.«

Auer irrte sich gründlich. Er hatte nicht begriffen, daß das, was sich in den letzten Tagen in München aufgebaut hatte, nichts mehr mit dem Kriegsalltag des Königreichs Bayern zu tun hatte. Was Auer nicht zu registrieren vermochte, das spürten andere Münchner, wie Oskar Maria Graf zu berichten weiß:

»›Heut kann sich was entscheiden‹, meinte mein Freund, als wir uns auf den Weg machten. Je näher wir zur Wiese kamen, desto mehr Menschen wurden es. Alle hatten es eilig. Vor der Bavaria waren dichte Massen und wuchsen von Minute zu Minute. Auf den Hängen und von den Treppen des Denkmals herab redeten Männer. Da und dort sah man eine rote Fahne aufragen. ›Hoch‹, schrie es, dann wieder ›Nieder!‹ Die Menge schob sich unruhig ineinander, Gedränge entstand. Wir fanden endlich Eisner, der weither vom Seitenhang herunterschrie... Wenn er einen Augenblick Atem holte, klangen die Stimmen der anderen Redner auf. Immer mehr und immer mehr Leute kamen. Unabsehbar war die Schar der Zusammengeströmten, wie ein Ameisenhaufen, schwarz und bewegt.

›Herrgott, heut' ist ja ganz München da... Da wär' doch was zu machen! Hoffentlich gehen sie heut' nicht wieder heim und

tun nichts‹, sagte ich zu Schorsch. Ein bärtiger Hüne in Marine-Uniform hatte es gehört und meinte superklug: ›Nana, heut' gehn wir net hoam... Heut geht's ganz woanders hin... Gleich wird's losgehn.‹

›Es lebe der Friede!‹ schrien in diesem Augenblick um mich herum die Leute. ›Frie-ie-iede!‹ pflanzte sich fort und scholl weithin. Und brausend riefen alle: ›Hoch Eisner! Hoch die Weltrevolution!‹ Ungefähr eine Minute war es still. Von der Bavaria herüber drangen Beifallsrufe. Wir drängten uns den Hang hinauf. Plötzlich schrie Felix Fechenbach in Feldgrau laut und beinahe kommandomäßig in die bewegte Menge: ›Genossen! Unser Führer Kurt Eisner hat gesprochen. Es hat keinen Zweck mehr, viel Worte zu verlieren. Wer für die Revolution ist, uns nach! Mir nach! Marsch!‹«

Während Oskar Maria Graf nun den Schritten Kurt Eisners und seines Mitstreiters Felix Fechenbach nachhastete, marschierten die Mehrheitssozialdemokraten diszipliniert hinter ihrem Vorsitzenden Auer her in Richtung Friedensengel. Von den Vorgängen um die Bavaria hatte keiner etwas mitbekommen. Doch dort spitzten sich die Dinge zu. Graf berichtet:

»Wir marschierten, eingekeilt von einer dahinstürmenden Menge, fast ganz an der Spitze, kaum fünf Schritt entfernt von Eisner, den ich unablässig betrachtete. Er war blaß und schaute todernst drein; nichts redete er. Fast sah es aus, als hätte ihn das jähe Ereignis selber überfallen. Ab und zu starrte er gerade vor sich hin, halb ängstlich, halb verstört. Arm in Arm mit dem breitschulterigen, wuchtig ausschreitenden Bauernführer Gandorfer ging er. Diese Gestalt bewegte sich viel freier, derb auftretend, fest, und so eben wie ein bayerischer Bauer dahingeht.

Der Marsch hatte begonnen und war unaufhaltsam. Aus den vielen offenen Fenstern der Häuser schauten neugierige Menschen auf uns herunter. Überall gesellten sich neue Trupps zu uns, nun auch schon einige Bewaffnete. Die meisten Menschen lachten und schwatzten, als ging's zu einem Fest.«

So gelang es Kurt Eisner und seinem Zug, die Kasernen zu besetzen. Die Soldaten leisteten nirgendwo erkennbar Widerstand, liefen zu den Revolutionären über, die meisten von ihnen sicherlich ohne zu wissen, was sie taten. Als alles vorbei war, notierte Oskar Maria Graf:

»Gegen acht Uhr abends ungefähr landeten wir über der Isar, im Franziskanerkeller. Dort erfuhren wir, daß die Mehrheitssozialdemokraten unter Auers Führung mit Musik, ganz züchtig und geordnet, durch die Stadt gezogen waren und sich am Maxmonument zerstreut hatten. Ein wüstes, bellendes Gelächter erscholl bei dieser Kunde. ›Scheißkerle! Schulbuben!‹ spottete jeder.

Ich hatte Hunger.

›Gehn wir in die Wirtsstube und essen und trinken was‹, sagte ich zu Schorsch. Wir drängten uns durch und traten in das rauchige Lokal. Da saßen breit und uninteressiert Gäste mit echt Münchnerischen Gesichtern. Hierher war nichts gedrungen. ›Wally, an Schweinshaxn!‹ rief ein beleibter rundgesichtiger Mann der Kellnerin zu. Dort saß einer, dort spielten sie Tarock wie immer. Niemand kümmerte sich um uns.

›Mensch, so was!‹ konnte ich nur herausbringen, so verblüfft war ich. Wir bestellten Bier und Wurst und schlangen alles hastig hinunter. Ich horchte aufmerksam, ob nicht doch irgend jemand wenigstens ein Wort über die Geschehnisse sagen würde. Nichts, gar nichts von alledem!

›Wally, an Schweinshaxn!‹ Dies schien hier die einzige Situation zu sein.«

So kam die Revolution in Bayern zwei Tage vor dem Umsturz in Berlin. Zweierlei überrascht dabei. Nicht, daß sie kam. Die Zeichen für diese Revolution standen schon fast ein Jahr lang im Raum. Daß sie am 7. November 1918 kam, war das Überraschende, nicht Vorhersehbare. Es gab keinen akuten Anlaß. Nur den Willen Kurt Eisners und seiner kriegsgegnerischen Mitstreiter, darunter der niederbayerische Bauer Ludwig Gandorfer.

Überraschen muß auch, daß die Revolution auf keinen Widerstand stieß. Eigentlich hätte das königliche bayerische Kabinett doch Bescheid wissen müssen. Spitzel gab es in Hülle und Fülle. Doch in der Regierung schien man das Signal zum Umsturz bei den Mehrheitssozialdemokraten zu erwarten. Die aber konnten glaubhaft versichern, sie hätten nichts Derartiges vor.

Und das Bürgertum? Dem war es offenbar reichlich wurscht, was geschah. Nur so ist zu erklären, weshalb Kurt Eisner und Felix Fechenbach von Kaserne zu Kaserne ziehen und schließlich die gesamte Exekutive ohne jeden Handstreich für sich und ihre Ziele vereinnahmen konnten. Für den wenig geliebten König Ludwig III. und seine noch weniger geschätzte Gattin Marie Therese feuerte niemand auch nur einen Schuß ab. Um 22.30 Uhr verließ der König die Residenz und begab sich auf die Flucht.

»Auf seinen Nachmittagsspaziergang hatte er sogar an diesem kritischen Tag nicht verzichtet. Unterwegs gewarnt, war er umgekehrt und hatte die Residenz, die er zu jener Zeit wegen verschiedener Bauarbeiten mit dem von ihm als Wohnsitz bevorzugten Wittelsbacher Palais vertauscht hatte, wieder aufgesucht. Gegen 7 Uhr abends war die Residenzwache auseinandergelaufen; auch in der Dienerschaft begannen sich schon Lücken zu zeigen. Etwa eine Stunde später erhielt der König, zum ersten Male und um Stunden verspätet, einen knappen Bericht über die Ereignisse durch den Ministerpräsidenten von Dandl und den Minister des Innern, von Brettreich. Die beiden mußten dem Herrscher gestehen, daß keine zuverlässigen Truppen mehr vorhanden und erreichbar waren, die Sache des Königs sei verloren. Man riet Ludwig, sich mit seiner Familie in Sicherheit zu bringen. Man empfahl ihm, sich zunächst nach Wildenwart im Chiemgau zu begeben. Der König ertrug die Unglücksbotschaft mit gewohnter Würde, aber nicht ohne schlecht verhehlte Bitterkeit über das Versagen seiner obersten Ratgeber. So trat man ohne das notwendigste Gepäck und ohne Sicherung eine nächtliche Flucht an, die den greisen, kranken König und seine bereits vom Tode gezeichnete Gattin zahlreichen Mühsalen, Hindernissen und Gefahren aussetzte.«

So schildert der Historiker Albert Schwarz in Max Spindlers *Handbuch der bayerischen Geschichte* den Abgang des Königs. Seine Sympathien verbirgt er nicht.

8. November 1918. Die Münchner erfahren aus der Zeitung, daß es eine Revolution gegeben hat. Der Vormittag ist nebelverhangen, so daß die roten Fahnen kaum zu sehen sind, die in

der Nacht an den Türmen der Frauenkirche aufgezogen worden waren. Die Geschäftsleute beeilen sich, früher hochgeschätzte Titel wie »Königlicher Hoflieferant« aus ihren Firmenschildern zu tilgen oder diese zu überkleben. Die Trambahn fährt wieder, allerdings eingeschränkt. Nicht wegen der Revolution. Sondern wegen einer grassierenden Grippeepidemie.

»Die Dynastie der Wittelsbacher ist abgesetzt«

An allen Ecken und Plätzen ist ein Aufruf angeklebt, den Kurt Eisner in den frühen Morgenstunden verfaßt hat.

»Proklamation. Volksgenossen! Um nach jahrelanger Vernichtung aufzubauen, hat das Volk die Macht der Zivil- und Militärbehörden gestürzt und die Regierung selbst in die Hand genommen. Die Bayerische Republik wird hierdurch proklamiert. Die oberste Behörde ist der von der Bevölkerung gewählte Arbeiter-, Soldaten- und Bauernrat, der provisorisch eingesetzt ist, bis eine endgültige Volksvertretung geschaffen werden wird. Er hat gesetzgeberische Gewalt. Die ganze Garnison hat sich der Republikanischen Regierung zur Verfügung gestellt. Generalkommando und Polizeidirektor stehen unter unserem Befehl. Die Dynastie Wittelsbach ist abgesetzt. Hoch die Republik! Der Arbeiter- und Soldatenrat. Kurt Eisner.«

Am Nachmittag, inzwischen schien zeitweilig die Herbstsonne, es wurde angenehm warm, trat dann der Arbeiter- und Soldatenrat zu seiner zweiten Sitzung zusammen, um die neue Regierung zu wählen.

Zum Ministerpräsidenten wurde Kurt Eisner per Akklamation bestimmt. Die Mehrheitssozialdemokraten, die nun wohl oder übel mitspielen mußten, wenn sie sich auch öffentlich von der Aktion Eisners distanziert hatten, stellten mit Erhard Auer den Innenminister. Johannes Hoffmann wurde Kultusminister, Johannes Timm Justizminister und Albert Roßhaupter Minister für militärische Angelegenheiten – ein Kriegsministerium sollte es künftig nicht mehr geben.

Als Personen waren Eisner Auer und Timm zutiefst zuwider. Von ihrer Beteiligung an der Regierung versprach er sich aber, daß die Sozialdemokraten wieder zusammenwachsen und so die

Revolution unter ihrer Führung vollenden könnten. Im politischen Bereich verlief die Trennlinie zwischen Eisner und Auer in der Einschätzung der Rolle der Räte. Während Auer und mit ihm die Mehrheitspartei die Räte als eine Art zeitweilig notwendiges Übel betrachteten und ihren Einfluß auf das politische Geschehen zu minimieren versuchten, setzte Eisner auf Räte als eine von mehreren demokratischen Säulen einer neuen Verfassung. Neben dem Landtag und seinen Abgeordneten sollten die Räte als Elemente direkter Demokratie die aktuellen Sorgen und Hoffnungen der Bürger widerspiegeln und zur Sprache bringen. Exekutivgewalt wollte ihnen aber auch Eisner nicht zubilligen. An dieser Stelle wird auch deutlich, weshalb die oft gebrauchte Bezeichnung »Räterepublik« für die 105 Tage dauernde Periode der Regierung Eisner völlig irreführend ist.

Insgesamt wurde in der Arbeit und in den Diskussionen des Kabinetts Eisner rasch eines klar: Eisner wollte einen neuen Staat mit neuer Machtverteilung in neuen Formen. Auer wollte die alten Formen, leicht retouchiert, in den neuen Staat übernehmen, an der Organisation der Macht aber so wenig wie möglich ändern. In der Republik unter Eisner sah Auer nur einen Übergang, der möglichst kurz gehalten werden sollte.

Deswegen drängten die Mehrheitssozialdemokraten vehement auf die Abhaltung der von Eisner in seiner ersten Proklamation angekündigten Wahl zur Nationalversammlung (Landtag). Die Wahlausschreibung erging dann am 5. Dezember. Als Wahltag wurde der 12. Januar 1919 festgelegt.

Eine Befürchtung teilten USPD und Mehrheitssozialdemokraten: daß es nämlich bei den ersten Wahlen, an denen auch Frauen teilnehmen konnten, zu einem von der katholischen Geistlichkeit bestimmten Ergebnis gegen die Republik kommen könnte. Politisch organisiert hat sich der Widerstand gegen SPD und USPD vor allem in der Bayerischen Volkspartei, der Vorläuferin der CSU, die am 12. November 1918 in Regensburg gegründet wurde und mit dem Zentrum eine Arbeitsgemeinschaft bildete.

Wahldebakel

Die Wahl am 12. Januar brachte der USPD eine vernichtende Niederlage. Sie kam nur auf 2,5 Prozent der abgegebenen Stimmen und erhielt drei Sitze im Landtag. Die SPD erreichte 33 Prozent und 61 Sitze. Der Bauernbund unter dem niederbayerischen Landwirt Carl Gandorfer, einem Bruder des am 10. November 1918 tödlich verunglückten Eisner-Freundes Ludwig – die dritte Stütze des Freistaats –, 9 Prozent und 16 Sitze. Die drei Parteien, die die revolutionäre Regierung getragen hatten, waren damit in der Minderheit, im Landtag hielten sie insgesamt 80 von 180 Sitzen. Demgegenüber gewann die Bayerische Volkspartei 35 Prozent und 66 Sitze. Die Konservativen kamen mit knapp sechs Prozent auf 9 Sitze und die Liberalen mit 14 Prozent auf 25 Sitze.

Eisner ermordet, Auer schwer verletzt

Am 21. Februar 1919 macht sich Ministerpräsident Kurt Eisner auf den Weg zur konstituierenden Sitzung des neuen Landtags in der Prannerstraße. In seiner Aktentasche trägt er eine Erklärung, wonach er und die gesamte provisorische Regierung von ihren Ämtern zurücktreten. Es ist zehn Uhr. In der Promenadestraße, heute heißt sie Kardinal-Faulhaber-Straße, wartet mit einer Pistole der 22jährige Leutnant Anton Graf Arco-Valley auf Eisner. Ihm, dem Deutschnationalen, ist Eisner verhaßt, nicht, weil der Sozialist ist, sondern weil er sich öffentlich zur Schuld der Deutschen am Kriegsausbruch 1918 bekennt. Eisner sinkt, von drei Schüssen in den Kopf getroffen, zu Boden. Der Attentäter wird von Wachmännern niedergeschlagen und durch Schüsse ebenfalls lebensgefährlich verletzt.

Die Dämme, die das Wüten von Gewalt in dieser bayerischen Revolution zurückgehalten hatten, brachen. Im Bericht des Korrespondenten der *Frankfurter Zeitung* heißt es:

»Kurz nach 11 Uhr eröffnet der Alterspräsident die Sitzung. Sofort nahm der Minister des Innern Auer das Wort. Er gab der Versammlung, die stehend seine Ansprache entgegennahm, Kenntnis von dem Geschehenen und sagte: ›Die Tat wurde von ruchloser Hand in feiger Weise verübt, als der Miniserpräsident

auf dem Weg zum Landtag war, um dort inmitten der gewählten Volksvertretung sein Amt als provisorischer Ministerpräsident auszuüben. Die Untat muß bei jedem anständigen Menschen tiefsten Abscheu hervorrufen. Der politische Konflikt in Bayern stand vor seiner glücklichen Lösung. Der Ministerpräsident war im Begriff, dem versammelten Landtag bei Anwesenheit sämtlicher Minister mitzuteilen, daß das gesamte provisorische Ministerium seine Ämter in die Hände der gewählten Volksvertretung legen werde. Umso unverantwortlicher ist die gemeine Bluttat. Wir beklagen in dem Gemordeten den Führer der Revolution in Bayern und den vom reinsten Idealismus beseelten, von edelster Sorge um das Proletariat erfüllten Menschen.‹

Die Worte Auers wurden wiederholt von dem bewegten Hause mit Rufen der Zustimmung unterbrochen. Während nun der Mehrheitssozialist Dr. Max Süßheim den Antrag stellte, den Landtag auf unbestimmte Zeit zu vertagen, drängte plötzlich zur Saaltür herein eine Gestalt in grauem Überzieher, stürzte auf den Minister Auer zu und feuerte aus einem Revolver drei Schüsse auf ihn ab. Man sah, wie Auer sich ans Herz griff und von Stuhle sank. Wie auf ein Signal hin folgten diesen Schüssen etwa acht weitere von den Tribünen und aus dem Saal. Einige bemühten sich um Auer, der bewußtlos war, aber lebte. Die linke Brustseite war vom Blut gerötet. Am rechten Saalausgang lag der offenbar schwer getroffene Ministerialrat Jareiß und an der linken Tür am Eingang zum Lesezimmer die Leiche des Zentrumsabgeordneten Osel. Der Abgeordneten hatte sich allgemein eine völlige Panik bemächtigt.«

Und Oskar Maria Graf erinnert sich:

»Die Nachricht lief wie ein Lauffeuer in alle Winkel und Ekken der aufgepeitschten Stadt: ›Kurt Eisner ermordet! Minister Auer schwer verwundet, Zentrumsabgeordneter Osel tot, Major Jareiß angeschossen! Schießerei und Panik im Landtag!‹

Ich rannte, so wie ich war, ohne Hut und Mantel los. Alles in mir war durcheinandergewühlt. Die Glocken von allen Türmen fingen zu läuten an, die Trambahnen hörten mit einem Male zu fahren auf, da und dort stieß jemand eine rote Fahne mit Trauerflor zum Fenster heraus, und eine schwere ungewisse Stille brach an. Alle Menschen liefen mit verstörten Gesichtern stadteinwärts. Je weiter ich kam, desto aufgeregter wurde die dumpfe Hast. Vor dem Landtag ballte sich ein schwarzer Menschenknäuel, Soldaten und bewaffnete Zivilisten waren darunter. Ich stürmte weiter in die Promenadestraße, an den Mordplatz. Da hatten sich Hunderte schweigend um die mit Sägespänen bedeckten Blutspuren Eisners zu einem Kreis gestaut. Fast niemand sagte ein lautes Wort, Frauen weinten leis und auch Männer. Etliche Soldaten traten in die Mitte und errichteten eine Gewehrpyramide. Dem einen rannen dicke Tränen über die braunen Backen herunter. ›Unser Eisner! Unser einziger Eisner!‹ klagte eine Frau laut auf, und jetzt wurde das Weinen vernehmbarer. Viele legten Blumen auf den Platz, immer mehr und immer mehr. Plötzlich fuhr vorne am Promenadeplatz ein vollbesetztes Lastauto mit dichten Fahnen und Maschinengewehren vorüber, und laut schrie es herunter: ›Rache für Eisner!‹ Furchtbar wie ein Sturmsignal klang es und furchtbar wie ein gellender verzweifelter Aufschrei brach es aus den Hunderten: ›Rache! Rache für Eisner!‹ Mir lief es kalt über den Rücken.«

Die Dämme brechen

Ein Gespenst taucht auf, wird in Schemen sichtbar. Es heißt: zweite Revolution, das russische Modell. Der Mord an Eisner hat die Radikalen tief verbittert. Die zwei sozialistischen Parteien, die SPD und die USPD, sowie die Vollzugsräte der Arbeiter-, Soldaten- und Bauernräte und nun auch die Kommunisten bilden einen aus elf Mitgliedern bestehenden »Zentralrat der Bayerischen Republik«, der sofort die vollziehende Gewalt übernimmt. Um 15 Uhr am Tag des Attentats verhängt der Zentralrat den Belagerungszustand über München. Bereits zuvor hatte die USPD zu einem dreitägigen Generalstreik aufgerufen. Waffen werden an Arbeiter ausgegeben, die Zeitungsgebäude besetzt. Einige Blätter dürfen für mehrere Tage nicht und anschließend nur zensiert erscheinen. In der darauffolgenden Nacht kommt es in Schwabing und in Bogenhausen zu Plünderungen und Schießereien. Zum Ostfriedhof, wo die Leiche Eisners aufgebahrt ist, entwickelt sich in den folgenden Tagen eine wahre Völkerwanderung. Am 26. Februar wird Kurt Eisner beigesetzt.

»Seine Regierung hat ein Vierteljahr gedauert. In der kurzen Zeit erlangte er europäische Geltung. Wohl erhielt man den Eindruck, daß er, der das Ausland und fremde Verhältnisse kaum aus eigener Anschauung kannte, die auswärtigen Beziehungen nicht klar sah. Aber für ihn reduzierte sich die Politik auf einfache Faktoren. Die bürgerlichen – er sagte kapitalistischen – Kabinette vermochte er nicht zu beeinflussen. So war er darauf bedacht, vor den Völkern, was für ihn gleichbedeutend mit sozialistische Internationale war, das erschütterte Vertrauen Deutschlands durch unbedingte Wahrhaftigkeit wiederherzustellen. Doch hätte er sich aus innerpolitischen Gründen wohl nicht mehr lange an der Spitze Bayerns gehalten. Er wußte das, denn trotz seinem unbändigen Willen, den Staat aufzurichten, wie er ihm vorschwebte, gab er sich keiner Täuschung über die schwankenden Parteiverhältnisse hin, die ihm in dem neugewählten Landtag keine Mehrheit gesichert hätten. Er beabsichtigte, wenn er sich einmal zurückzöge, sich dem Aufbau der Räte, der Kammern zu widmen. Ob er durch die Widerstände, die seiner sicher gewartet hätten, nicht wieder zur Revolution gedrängt worden wäre, wer mag das entscheiden? Aber gerade der Ausblick auf die nächste Zukunft, die ihm nicht hold zu werden versprach, sollte die Mordtat auch für seine Gegner umso unsinniger erscheinen lassen. Kurt Eisner war nicht, was man ein Genie nennt; aber er ragte über das Mittelmaß zeitgenössischer deutscher Politiker sichtbar hinaus. Alle, die Kurt Eisner gekannt haben, ehren erschüttert das Andenken des edlen Kämpfers. Seine Freunde dürfen das blutende Haupt mit dem Lorbeer des Freiheitshelden kränzen. So wird er in der Geschichte fortleben.«

Dieser Zeitungsartikel vom Februar 1919 erschien nicht etwa in einem Blatt der deutschen Linken. Er ist nur ein Ausschnitt aus einer mehrspaltigen Würdigung in der konservativen *Neuen Zürcher Zeitung*. Auch die französische Presse beschäftigte sich mit dem Mord an Eisner. Kam aber zu ganz anderen Schlüssen – so etwa die Zeitung *Gaulois*:

»Wir wissen nun, mit wem wir es in Deutschland zu tun haben.

Der Münchner Mord hat es Farbe bekennen lassen. Es ist das alte böswillige Deutschland, dem wir gegenüberstehen. Wir dürfen deshalb nicht versöhnlich sein und werden beim Friedensschluß alle nur mögliche Sicherheit von ihm verlangen müssen, damit unsere und unserer Verbündeten Zukunft sichergestellt ist.«

Der Trauerzug für Kurt Eisner setzt sich am 26. Februar 1919 um 9 Uhr an der Theresienwiese in Bewegung. Etwa einhunderttausend Menschen geben dem Ermordeten das letzte Geleit, Arbeiter, Arbeiterfrauen, Bauern in Trachten, Gebirgler in ihrer Kluft, Soldaten. Zwanzig Musikkapellen marschieren mit. Es ist, als ob ein König beerdigt würde.

Der Mörder, Graf Arco von Valley, ist inzwischen außer Lebensgefahr. Professor Sauerbruch hat ihn erfolgreich operiert. Ein Jahr später wird er zum Tode verurteilt. Und zwar ausdrücklich ohne Aberkennung der bürgerlichen Ehrenrechte. Schon am Tag nach dem Urteil wird dieses in lebenslange Festungshaft umgewandelt. Die dauert gerade vier Jahre und gestaltet sich in Landsberg ebenso angenehm wie später die von Adolf Hitler.

Freistaatsregierung Hofmann im Landtag

Im März nimmt im München des Jahres 1919 der Druck von anarchistischer und linksextremer Seite zu. Ziel ist die Errichtung einer Räteherrschaft. Die Versorgungslage ist nach wie vor katastrophal. Am 17. März tritt der Bayerische Landtag zur ersten Sitzung nach dem Tod Eisners zusammen. Er wählt eine neue Regierung. Ministerpräsident wird der SPD-Abgeordnete Johannes Hoffmann.

»Dritte Revolution«: die Räterepublik Baiern

Dann beginnen die Dinge, jeder vernünftigen Kontrolle zu entgleiten. Am 7. April ruft der Zentralrat unter Vorsitz von Ernst Niekisch die »Räterepublik Baiern« aus. Baiern wird dabei, um den Umschwung dieser »dritten Revolution« sichtbar zu machen, nicht mit Ypsilon, sondern mit i geschrieben. Der Landtag wird als aufgelöst erklärt, die sofortige Bildung einer Roten

Armee angeordnet. Außerdem kündigen die Räte jede Zusammenarbeit mit der Reichsregierung auf. Trotz dieser doch recht weitreichenden Maßnahmen sprechen die Kommunisten von einer anarchistischen, einer »Schein-Räterepublik«. Sie haben das russische und das ungarische Vorbild vor Augen.

Die Regierung Hoffmann flieht zunächst nach Nürnberg, später weiter nach Bamberg. Am Palmsonntag, dem 13. April 1919, stürzt in München die Republikanische Schutztruppe von Hoffmanns Militärminister Schneppenhorst in den frühen Morgenstunden die Räteregierung.

Im weiteren Verlauf des Tages kommt es immer wieder zu Schießereien zwischen der Republikanischen Schutztruppe und kommunistischen Arbeitern, die am Abend in ein mehrstündiges Gefecht am Hauptbahnhof münden. 17 Tote werden gezählt. Schneppenhorsts Leute fliehen.

»Vierte Revolution«: die Kommunistische Räterepublik

Im Hofbräuhaus versammeln sich unterdessen die Arbeiter- und Soldatenräte. Sie rufen die Kommunistische Räterepublik aus und erklären den bisher amtierenden provisorischen revolutionären Zentralrat für abgesetzt. Die gesamte gesetzgeberische Gewalt übertragen sie einem aus 15 Personen bestehenden Aktionsausschuß unter Max Levien und Eugen Leviné. Der wiederum bildet einen vierköpfigen Vollzugsrat. Generalstreik wird angeordnet. Er dauert neun Tage und stürzt München in ein Chaos. Die »vierte Revolution« ist da. Die Stadt ist von der Außenwelt abgeschnitten. Weder Kohlen noch Lebensmittel gelangen zur Bevölkerung. Dort nimmt die Not dramatisch zu. Plünderungen sind an der Tagesordnung.

Bei Dachau kommt es zu ersten Kämpfen zwischen loyalen Truppen der Regierung Hoffmann und der Roten Armee. Schließlich entspinnt sich Krach zwischen den Räten selbst. Inzwischen schließen die von der Regierung Hoffmann angeforderten Reichstruppen zusammen mit reaktionären Freikorps allmählich einen Ring um München. Am 30. April ereignet sich im Hof des Luitpoldgymnasiums ein spektakuläres Verbrechen: Zwei gefangene Soldaten der Reichstruppen und sieben prominente Mitglieder der rechtsnationalen und antisemitischen Thule-Gesellschaft und ein Künstler, der dafür gehalten wurde, werden von Rotarmisten erschossen.

Es ist der einzige Akt offenen Terrors, den sich die Räte zuschulden kommen ließen, und er führt in den eigenen Reihen zu erbitterten Auseinandersetzungen. Wer den entscheidenden Befehl gegeben hat, konnte auch später nicht ermittelt werden. Die Nachricht über die Tat verbreitet sich indessen wie ein Lauffeuer. Von »Geiselmord« ist die Rede. Bürger und Studenten bewaffnen sich, schließen sich der Republikanischen Schutztruppe an.

Bürgerkrieg

In München tobt nun endgültig Bürgerkrieg. Am 1. und am 2. Mai bringen die Regierungstruppen und mit ihnen vorrükkende Freikorps die Lage unter Kontrolle – auf ihre Weise. Die Regierungstruppen und die preußischen Freikorps nahmen grausame Rache. Sie feierten ihren Sieg blutig: Mehr als 1000 Menschen wurden blindwütig und ohne jede gesetzliche Grundlage umgebracht. Der Triumph der Rechten galt als erste antirepublikanische Gegenoffensive – und die Verantwortung dafür wurde ausgerechnet der sozialdemokratischen Regierung Hoffmann zugeschrieben.

»Bamberger Verfassung«

In der sogenannten »Bamberger Verfassung« für den Freistaat Bayern, die im August 1919 beschlossen wird, gab es die Institution der Räte nicht mehr. Die Phase der direktdemokratischen Experimente war beendet. In der Koalition aus SPD und Bayerischer Volkspartei kam es in der Folgezeit zu immer heftigeren Reibereien. Die Regierung Hoffmann hielt nur, weil der Ministerpräsident den Ansinnen der Bayerischen Volkspartei immer wieder nachgab. Das aber löste in den Reihen der Sozialdemokraten tiefen Unmut aus.

Bayern wird »Ordnungszelle«

Im März 1920 trat Ministerpräsident Hoffmann zurück: In Berlin war der sogenannte Kapp-Putsch rechtsgerichteter Offiziere mit Zugeständnissen der Sozialdemokraten zwar niedergeschlagen worden. In Bayern sahen sich die republikfeindlichen Militärs dennoch in ihrem Machtanspruch bestärkt. Ihrem Druck und dem der Bayerischen Volkspartei hielt Johannes Hoffmann nicht mehr stand. Eine neuerliche militärische Machtprobe konnte und wollte er nicht riskieren.

Die Regierung übernahm nun Gustav von Kahr – ein Vertrauensmann der reaktionären Rechten, auch der »bayerische Kapp« genannt. Bayerns Rolle als »Ordnungszelle des Reiches« begann – zwei Jahre nachdem Kurt Eisner den Freistaat Bayern ausgerufen hatte.

König Ludwig III. starb am 18. Oktober 1921 im Exil. Seine Frau Marie Therese war schon im Februar 1919 verschieden. Am 5. November 1921 wurden die sterblichen Überreste beider nach München überführt und in der Frauenkirche beigesetzt. Die Münchner standen in Massen am Straßenrand. Die Zeitungen registrierten »starke Anteilnahme der Bevölkerung«.

Karl Bosl

Es gärte schon seit 1890: Die Wurzeln des Umbruchs

Der Freistaat Bayern (Res publica libera Bavariae) ist ein Kind der Revolution von 1918, sein Initiator und sein Vater der Jude, Preuße, überzeugte Sozialist, Neukantianer und Journalist, der am 14. März 1867 in Berlin geborene Kurt Eisner. Ihn hat man seit frühen Jahren als radikalen Literaten (Thomas Mann), Rebellen (Oskar Maria Graf), als ethisch-ästhetischen Schüler des Neukantianers Hermann Cohen, als geduldeten, widerspenstigen Schöngeist der Partei, als idealistischen Staatspädagogen und Utopisten der Wechselbeziehung zwischen Staat und Kunst (der Staat als Kunstwerk), als radikalen Schwabinger Bohemien und angestrengten pragmatischen Aktionisten, der politisch unseriös war, beurteilt und abqualifiziert.

Der erste republikanische Ministerpräsident Bayerns zählt zu den umstrittensten Persönlichkeiten der neueren bayerischen Geschichte. Ein Jude, Preuße, Sozialist zugleich, ist unvereinbar mit dem Geschichtsbild vom königstreuen Bauernvolk, das Josef Hofmiller in seinem Revolutionstagebuch so zeichnete:

»Wir sind für die Republik nicht geschaffen. Das monarchische Gefühl sitzt uns im Blut seit vielen 100 Jahren. (...) Herrscherhaus und Volk sind bei uns seit 700 Jahren zusammengewachsen; das kann nicht von heut auf morgen durch noch so viele Sprüche eines Literaten beseitigt werden.«

Doch haben die Bayern seit 1918 so viele politische Erfahrungen gemacht, zuerst in der zwar gescheiterten Weimarer Republik und nach den schweren Schicksalen im Dritten Reich in der über vierzigjährigen stabilen Demokratie von heute, daß sich im allgemeinen das Urteil über Republik und Eisner beruhigt und den Wirklichkeiten der modernen Geschichte des Landes Bayern angepaßt hat. Die Wirklichkeit ist die Wahrheit der Geschichte und nichts als die Wirklichkeit. Nach dem großen Soziologen Karl Mannheim ist Ideologie das, was mit der Wirklichkeit nicht übereinstimmt.

Wirklich ist, daß die Revolution von 1918 und die Initiative des Unabhängigen Sozialdemokraten Kurt Eisner den Zünder zum grundlegenden staatlichen Wandel ausgelöst haben, daß die Revolution nicht über Nacht kam, wie man lange in München sagte, sondern das Ergebnis eines langdauernden, geschichtlichen, gesellschaftlichen, politischen und geistigen Prozesses war, der unter den Bedingungen eines (verlorenen) Krieges zündete.

Das Ergebnis war, daß damit erstmals in Bayern die »Volkssouveränität« allein gültiges Staats- und Verfassungsprinzip und das Land eine parlamentarische Demokratie mit Repräsentation geworden ist. Damit hat erstmals das »Volk« als politisch handelnder Körper die Bestimmung seines eigenen Schicksals in seine eigenen Hände genommen.

Fortan entschieden die Parteien als Beauftragte der Gesellschaft sowie des Mehrheitsprinzips über alle Fragen, die im Rahmen der Bayerischen Verfassung von 1919 gegeben und durch die Weimarer Verfassung aus dem gleichen Zeitraum, aber einige Zeit früher in Kraft gesetzt, gestaltet waren. Der König hatte zwar nominell nicht abgedankt, aber Beamte und Heer vom Treueid entbunden und sich damit der wirklichen Werkzeuge der Regierung selbst entledigt und deshalb de facto auf die Regierung verzichtet. Die Beamten der alten Monarchie stellten sich kurz darauf Kurt Eisner und seiner Revolutionsregierung zur Verfügung. Eisner verzichtete auf Sozialisierungsmaßnahmen, d. h. auf die Vergesellschaftung der Produktionsmittel, obwohl der spätere Sozialisierungsfachmann Lenins, Neurath, damals in München anwesend war.

Gesellschaftlich gesprochen wurden in diesem neuen »Freistaat« erstmals auch die Arbeiter politische Träger des Staates, zusammen mit den Bürgern, die noch im 19. Jahrhundert hier nicht zur politisch herrschenden Schicht gehörten, und mit den Bauern.

Bayern war bis 1918 eine wesentlich aristokratisch-elitäre

Gesellschaft geblieben. Fortan bildete grundsätzlich die Mehrheit im Parlament die Regierung; diese aber war der Volksvertretung zur Rechenschaft verpflichtet, wurde von ihr berufen und amtsenthoben.

Bislang hatte der König allein die Kabinette berufen und die Minister bestimmt, sie auch wieder entlassen; über Jahrzehnte wurde bislang auch *gegen* die Mehrheiten in der Volksvertretung regiert.

Bis 1890 regierte außerdem in Bayern insgeheim und offen Bismarck, dessen Statthalter in München der preußische Gesandte Werthern von Reichlingen und dessen bayerischer Emissär beim König der Oberstallmeister Graf Holnstein, waren.

1890 aber war ein Epochenjahr der bayerisch-deutschen und der globalen Geschichte.

Eine »realtypische« Revolution

Die moderne wissenschaftliche wie politische Diskussion über Wesen und Theorie der Revolution hat der bayerischen Revolution Kurt Eisners und seiner USPD den Charakter eines echten Umsturzes abgesprochen. Sie verwies dabei auf den Idealtypus der Revolutionen von 1789 und 1917, die beide gesellschaftsverändernd wirkten und die bislang herrschende Oberschicht durch Mord oder Emigration radikal beseitigten. In diesem Sinne war die bayerische Novemberrevolution von 1918 nicht idealtypisch und hat auch die Gesellschaft nicht grundlegend von heute auf morgen verändert. Sie ist aber ein historisch-politischer »Realtypus«, der die Oberschicht entmachtet, aber nicht ausgerottet und auch die Gesellschaftsstrukturen nicht völlig verändert hat. Im ganzen aber hat die Revolution so starke Wandlungen provoziert, daß man die Zeiten vorher und nachher wohl als kontinuierliche Weiterentwicklung begreifen muß, wenngleich ein deutlicher Anstoß zu neuen Prozessen und Veränderungen festzustellen ist, deren grundlegende Wirkungen wir nach der Mitte des 20. Jahrhunderts gerade im Freistaat Bayern deutlich verspüren.

Unser historisches Urteil über die politische Leistung Eisners und seiner Partei bemißt sich nach diesen Wirklichkeiten, besonders dann, wenn wir die Demokratie trotz aller Mängel als beste Staatsform einstufen und sie als unsere Lebens- und Staatsform würdigen. Ein gespaltenes historisch-politisches Bewußtsein ist gefährlich, weil es ideologiehaft ist.

Das alles um so mehr, als in Bayern die Abschaffung der Monarchie genauso viel und so wenig fundamental wie in anderen deutschen Staaten war. Es verlor eine herrschende und bestimmende postfeudale Oberschicht, deren Zentrum der Hof war, Einfluß und Wirkung, den sie in der Weimarer Republik zusammen mit Großbürgern und Großbeamten in der Deutschnationalen Volkspartei republikanisch kompensierte und fortsetzte. In Bayern herrschte seit 1864/70 unter den letzten drei Wittelsbachern Immobilismus und Inaktivität der Monarchie; dabei konnte sich nicht nur eine herrschende Oberschicht ausbilden und regenerieren, sondern diese auch Staat und Gesellschaft bestimmen. Seit Ludwig II. gaben Kabinette, Hofkamerillas, Kabinettsekretäre und die Vorsitzenden der Geheimkanzlei des Prinzregenten, eine anonyme Ministeroligarchie, den Ton an. Verstärkt wurde von oben die Regeneration einer staats- und gesellschaftstragenden Herrschaftsschicht betrieben, in die auch Bürger, Generäle, Bischöfe eintraten.

Männer dieser neu etablierten Oberschicht, wie der Münchner Erzbischof Michael von Faulhaber, verdammten auf dem Münchner Katholikentag 1922 die Revolution und damit Eisner als »Werk des Satans«. Aber der Präsident dieses Katholikentages, Konrad Adenauer, rheinischer Demokrat und ehemaliges Mitglied des preußischen Herrenhauses, sprach zum Mißvergnügen dieses streitbaren, erregten und später für Hitler aufgeschlossenen Kirchenfürsten und bayerischen Leutnants der Reserve das Wort, daß »dürre Blätter fallen müßten«.

Die bayerische Revolution hat mit der Monarchie als Staatsform, die überfällig war, den Hof als politisches und gesellschaftliches Zentrum beseitigt. Sie hat die konservativen Kreise gezwungen, sich auf politisch-parlamentarischer Ebene neu zu formieren und zu orientieren, was der Weimarer Republik schwer zu schaffen machte und unter Hugenbergs Führung den bayerischen Boden für Hitler vorbereitete. Denn diese Kreise hatten einen Rechtsruck vollzogen, nach dem Scheitern der Revolution und im Zuge des in Bayern erfolgreichen Kapp-Putsches, der die sozialdemokratische Regierung Hoffmann zum Rücktritt zwang.

Der politische Katholizismus war in Bayern keine besondere Stütze der Monarchie gewesen, die sich damals vielmehr auf nationalliberale Führungsschichten stützte, die Anhänger Bismarcks und Verfechter des deutschen Nationalstaates waren. Die überwiegend katholische und agrarische Bevölkerung Bayerns, die in der Patriotenpartei und seit 1887 im bayerischen Zentrum organisiert war, hatte keinen herausragenden Anlaß, sich für die Monarchie, ihre Kabinette und Eliten zu erwärmen, da diese die preußische Reichsgründung betont förderten, gegen Kirche und Vatikan agierten, den Kulturkampf betrieben und eine agrarfeindliche Politik so stark forcierten, daß selbst Bismarck dies dem bayerischen Kabinett vorhielt. Kulturell verlor die Landeshauptstadt München durch die Revolution, die das Mäzenatentum der Könige auslöschte, ihre zentrale Funktion als Kultur- und Bildungszentrum in Deutschland, vor allem weil Gelehrte, Künstler, führende Köpfe, abwanderten. Gegen diese kulturelle Auszehrung sind später Thomas Mann und Oberbürgermeister Scharnagl angegangen.

Man kann zusammenfassend sagen, daß die bayerische Revolution von 1918 das satte Bürgertum überrascht und schockiert hat, daß sie aber nicht über Nacht kam. Unter dem Krisencharakter des Ersten Weltkrieges als Endpunkt eines Entwicklungsprozesses seit 1890 hatte sie gute Gründe, die auszulösen und zu vollstrecken das historische Werk Kurt Eisners und seiner USPD war und ist.

Von Montgelas zu Eisner

Im übrigen gehen in Bayern die historischen Uhren keineswegs langsamer als anderswo in Deutschland, was keiner besser bezeugt als Kurt Eisner. Das Land nahm in allen Entwicklungsphasen Deuschlands in Politik, Gesellschaft, Wirtschaft, Mentalität, Kultur und Wissenschaft bis zum Ersten Weltkrieg und bis heute entsprechend seinen Voraussetzungen vollen Anteil und war in vielem fortschrittlicher als Berlin, Wien und ihre Länder. Die moderne Gesellschaftskritik fand bei ihrem Auszug aus Paris im damals stockkonservativen Berlin keine Heimat, aber im freien, liberalen, internationalen München, wo sich die Künstler aus West und Ost, aus Frankreich, vom Balkan und aus Südosteuropa schon seit Ludwig I. ein Stelldichein gaben. Das klassische Schwabing, nicht das moderne, war das Symbol der Geistesfreiheit von Isar-Athen, die auch gegen den Plüsch in der Kunst und die Kunstdiktatoren aufbegehrte und die »Sezession« heraufführte, Impressionismus und Expressionismus förderte. Diese Gesellschaftsklasse von rechts wie von links blieb nicht ohne Wirkung auf Münchens politisches und geistiges Leben, zu dem ich auch Kurt Eisner zähle, der in diesem Milieu seit 1907 gelebt, gedacht, gearbeitet hat. Das hat die Konsequenz, daß die Revolution von 1918 hier ebenso originäre Wurzeln hat wie Bonhomie, Biologismus, Sozialdarwinismus.

Die bayerische Revolution ist die Endphase einer Entwicklung, die mit dem Strukturwandel der Montgelas-Zeit (1799–1817) beginnt, der ohne Revolution gesellschaftsverändernd gewirkt und 1848 eine Zwischenphase gehabt hat. Diese »Revolution von oben«, die man »Reform« nennen kann, beginnt mit einem Aufklärer und Aristokraten, nämlich Graf von Montgelas, und endet mit einem revolutionären Sozialdemokraten und Journalisten, Kurt Eisner.

Das moderne demokratische und republikanische Selbstverständnis ist mit dem modernen Verständnis von Geschichte und Geschichtsforschung darin einig, daß die Revolution von 1918, genau so wie sie ablief, nicht wie man sie haben wollte, einen allgemeinen Stellenwert in einem allgemeinen Ablauf hatte und nicht nur ein punktuelles Ereignis war. Das ist auch die historisch-politische Funktion und Bedeutung Eisners in der *modernen* bayerischen Geschichte, aus der man sie nicht herauslösen und die man weder verschweigen noch nur ideologisch kritisieren kann.

Bauern und Arbeiter regen sich politisch

Der soziale Kern der inneren Bewegung hatte in Bayern seit den achtziger Jahren des 19. Jahrhunderts ständig zugenommen. Dabei spaltete sich der aristokratisch-hochklerikale, staatskatholische Flügel im Zentrum von der eigentlichen Volksbewegung ab. Knapp 50 Prozent der Arbeitnehmer Bayerns waren in der Landwirtschaft tätig, deshalb stand in Bayern auch in der sozialistischen und gewerkschaftlichen Bewegung die Agrarfrage im Vordergrund. Zu Beginn der 90er Jahre erwachte das politische Bewußtsein der Bauern, weil damals die Landwirtschaft notleidend war. Weil sich das politische Bewußtsein der Mittel- und Unterschichten nur über politische Parteien entfalten konnte, wurden deren Strukturen wesentlich verändert. Zentrum und Sozialdemokratie wurden Massenartikel, die für wirtschaftliche Gleichberechtigung, soziale Emanzipation und Beseitigung konfessioneller Diskriminierung kämpften.

Die Demokratisierung kam langsam in der Gesellschaft voran; dabei sanken breite bäuerliche und mittelständisch-gewerbetreibende Schichten ab, während das abhängige Lohnarbeitertum aufstieg, gefördert durch den Massenkonsum. Soziale Sicherheit, wirtschaftliche Besserstellung, gesellschaftlicher Aufstieg breiter Volksschichten bedrohten die Reservate des liberalen Bürgertums, der Bürokratie und der Aristokratie. Das verschärfte die Klassengegensätze und das Ringen um eine offene Gesellschaft – und in und seit der Revolution letztlich um die Macht im Staate.

Trotz aller wachsenden Mobilität wurde in der Prinzregentenzeit (1886–1912) die herrschende Struktur von Gesellschaft und Staat von sozialen und politischen Kräften aber noch nicht in Frage gestellt, wenn auch gelockert und ausgehöhlt; das reifte erst in der großen Krise des Ersten Weltkrieges heran. Die unteren und mittleren Schichten bemächtigten sich in ihrer wachsenden Bewußtwerdung der öffentlichen Meinung und bauten Massenorganisationen aus, nicht nur die Gewerkschaften oder den (politischen) Bauernbund (1893), sondern auch die (christlichen) Bauernvereine Georg Heims. Damit beeinflußten sie den anonymen Regierungs- und Beamtenapparat, der in die Isolierung geriet. Auf diese Weise öffnete sich der traditionell bürgerliche und soziale Rechtsstaat sozialstaatlichen Problemen und Aufgaben und überwand den klassischen Liberalismus. Er integrierte die aufstrebenden gesellschaftlichen Kräfte aber nicht. Der Gegensatz von Staat und Gesellschaft begann sich aber trotzdem abzuschwächen.

In Bayern ging der Anstoß zur radikal-politischen Agitation nicht vom Lohnarbeitertum, sondern vom Bauerntum und Mittelstand aus. In Städten wie München, Nürnberg, Ludwigshafen, weniger in Augsburg, später noch in Oberfranken und in der mittleren Oberpfalz verbesserte sich mit wachsender Industrialisierung seit ca. 1890 das Los der Arbeiter. Die Bedeutung der Städte wuchs, und es verbreiteten sich Bildung, Information und Ideologien. Nach 1900 wurden auch weitere Teile des Landes von diesem Strukturwandel erfaßt.

Die Sozialdemokratische Partei mußte deshalb in Bayern auch den bäuerlichen Teil des Volkes in ihr Programm und in ihre Agitation mit einbeziehen, wollte sie dem Provinzialismus entgehen. Das erkannte ihr Führer Georg von Vollmar sehr genau, neben dem Karl Grillenberger aus Nürnberg wirkte. Sie trafen die Entscheidung für eine reformistische und für eine föderalistische Politik. Bei den Landtagswahlen von 1893 waren sie schon mit 5 Mandaten erfolgreich. Die bayerische Sozialdemokratie begründete damit ihren eigenen politischen Weg in Bayern, sie legte sich nicht auf eine rein marxistische Ideologie fest, blieb bündnisfähig und nach allen Seiten offen für den Aufstieg zur Volks- und Massenpartei.

Das bayerische Zentrum war freilich nicht gewillt, Wähler an Bauernbund und Sozialdemokratie abzugeben. Deshalb unterschied sich 1892–1895 die Arbeit der führenden linken Zentrumsleute Carl Schirmer und Georg Heim wenig von den Sozialdemokraten, wenn sie sich in den Versammlungen auch heftig bekämpften. Träger der Arbeiterbewegung waren am Anfang der neunziger Jahre die katholischen Arbeitervereine. Zu den großen bayerischen Zentralverbänden zählten der 1896 gegründete bayerische Eisenbahnerverband und der bayerische Textilarbeiterverband in Augsburg. Das waren Vorläufer des 1900 gegründeten Gesamtverbandes christlicher Gewerkschaften. Der Niedergang der Landwirtschaft in Bayern zu Beginn der neunziger Jahre, die zunehmende Proletarisierung des Dorfes und die wachsende politische Unruhe durch die Industrie- und Außenhandelspolitik des Reiches zwangen die Bauern zu stärkerem organisatorischen Zusammenschluß. Der »Bauerndoktor« Georg Heim, der sein Glück zuerst in der Arbeiterbewegung versucht hatte, fand das richtige Rezept in der Gründung christlicher Bauernvereine seit 1894 und des zentralen Bayerischen Christlichen Bauernvereins 1898. Er war der einzige moderne politische Kopf in seiner Partei, ideologiefrei, kritisch gegen Kirche und Zentrum – er wies auch die Einmischung des Monarchen in die Sachen des Landtags scharf zurück, vertrat den Volkswillen, die wirtschaftliche Besserstellung und soziale Gerechtigkeit für Arbeiter und Bauern. Dieser Mann, der das Zentrum zur Volkspartei machte, war damals der führende bayerische Demokrat, nicht nur in seiner Partei.

Es kam zum Bündnis zwischen Zentrum und Sozialdemokratie. Bis 1905 verband sie der Kampf gegen den preußischen Unitarismus und Militarismus, die Flottenpolitik, die imperialistische Außenpolitik und die kapitalistisch-nationalliberale, bauern- und arbeiterfeindliche Regierungspolitik. In den ersten zehn Jahren des 20. Jahrhunderts nahm das Zentrum die Rathäuser im Sturm, die bis dahin Hochburgen des Liberalismus waren.

Die neuen Gesellschaftsschichten fanden politisch zu einem pragmatischen, Weltanschauung und Ideologie überwindenden Führungsstil zusammen. Doch zeigte die Erfahrung, daß nur eine harte, kompromißlose Opposition der Regierung notwendige Reformen abringen konnte. Auf diesem Weg setzten die sich emanzipierenden politischen Kräfte 1906 das Gesetz über allgemeine, gleiche, direkte und geheime Wahlen durch – ein demokratisches Wahlrecht, freilich nur für Männer. Dieses relative Mehrheitswahlrecht kam freilich, gesellschaftlich gesprochen, zu spät und wurde der Situation nur teilweise gerecht. Die mangelnde Verfassungskompetenz des Landtags hemmte seine Funktion; in diesem System war der Abgeordnete auf den Wähler, nicht die Partei orientiert; die Parteiorganisationen aber waren zu schwach, um der Übermacht von Staat und Bürokratie zu begegnen.

Der Reformdruck steigt

Vor dem Ersten Weltkrieg nahmen Spannung und Unruhe zu, es festigte sich die erste industrielle Revolution in Bayern. Das beförderte die gesellschaftliche Nivellierung, beschleunigte die gesellschaftliche Mobilität und bildete das politische Bewußtsein der Unter- und Mittelschichten des Volkes. Der aufsteigende Linksliberalismus schwächte die nationalliberale Stütze von königlicher Regierung und Oberschicht. Die Wahlbündnisse mit dem Zentrum 1899 und 1905 verhalfen der Sozialdemokratie aus ihrem moralisch-politischen Ghetto. Das Zentrum ging vor allem auf die Nöte der Bauern, Mittelständler und Arbeiter ein, und vor allem sein linker Flügel festigte damit seine Stellung als Volkspartei. Es verschärften sich die konfessionellen Gegensätze, und der Gegensatz von Kirche und Staat glitt von der politischen auf die gesellschaftliche Ebene über. Seit 1905/06 verloren Heim und Dr. Franz X. Schädler vor allem an Einfluß durch das Wiedervordringen des rechten, konservativen, adelig-hochklerikalen Zentrumsflügels unter dem Passauer »Regierungs-Kapitular«, Dompropst Dr. Franz Seraph von Pichler. Der niedere Klerus, »die roten Kapläne«, standen zu Heim, der sich 1907 von der großen politische Szene zurückzog.

Alle diese Vorgänge offenbaren die Strukturen, die zur Revolution von 1918 führten und die der Erfahrungshintergrund Kurt Eisners waren. Nach Heims Abgang herrschte der konservative Klerikalismus, der engste Beziehungen zum Hof und zu den Ministern erstrebte, der die Massen durch Autorität, wirtschaftliche Förderung und »Unbildung« unter Kontrolle zu halten suchte. Die Sozialdemokratie drang weiter vor, und der linksliberale Führer Ernst Müller-Meiningen senior forderte immer stärker eine Reform der adeligen Kammer der Reichsräte. Es stolperte, wie schon 1902 Freiherr von Crailsheim, nun

1912 der leitende Regierungschef Graf Podewils, und es folgte 1912 der Favorit von Geheimkanzlei und Hofkamerilla, der Zentrumsmann Baron Georg von Hertling. Dessen Berufung verschärfte die politischen Gegensätze, trieb die gesellschaftliche Auflösung weiter und entfremdete Staat, Volk, Gesellschaft. Die Krone verlor ihre integrierende Kraft und überließ ihre Funktion anderen.

Die wirtschaftliche Krise und der gesellschaftliche Wandel, der sich Bayern vor dem Ersten Weltkrieg auf dem Hintergrund eines wissenschaftlich-technischen Fortschritts vollzog, der von Regierung, Bürokratie und führender Gesellschaftsschicht nicht aufgefangen wurde, hat zweifellos die Revolution vorbereitet, die in der Krise des Weltkrieges durch die vielen Unterlassungen, weniger durch Eisner, heranreifte. Ein Schwerpunkt dieses Wandels lag in der bäuerlichen Bewegung, weniger beim Industriearbeitertum.

Die neuen Kräfte wollten eigene Wege gehen und Reformen durch den Druck des Volkswillens und eindeutige Landtagsmehrheiten erzwingen. Diese Kräfte sammelten sich in Sozialdemokratie, Bauernbund und linkem Zentrumsflügel. Das »demokratische« Zentrum, die Sozialdemokratie und der Linksliberalismus hatten das Volk so mächtig bewegt, daß sich alle »staatskonservativen« Kräfte dagegen mobilisierten, also der reaktionäre Zentrumsflügel, die Nationalliberalen.

Die Spaltung der SPD in Mehrheits- und Unabhängige Sozialisten (MSPD, USPD) während des Weltkrieges entband die Kraft, die die Revolution in München unmittelbar auslöste und Kurt Eisner und seine USPD in Aktion brachten. Im Frühjahr 1918 hielten sie beim Generalstreik Generalprobe und gingen nach dem Scheitern der großen militärischen Offensive zum Angriff im allgemein drohenden Wirrwarr über.

Im Herbst 1918 war Bayern von Truppen entblößt, man befürchtete eine alliierte Besetzung, die vom Balkan heranzog und nach der Revolution in Ungarn bald vor Bayerns Toren stehen konnte: König Ludwig III. (und sein Ministerpräsident Otto von Dandl) hatte dem amerikanischen Residenten George D. Herron in Bern über einen Unterhändler seine guten Dienste für die Vorbereitung eines Waffenstillstandes und für die Abdankung Kaiser Wilhelms II. anbieten lassen.

Die parlamentarische Monarchie kommt zu spät

Ludwig hatte seine konstitutionelle Monarchie zu spät in eine parlamentarische Monarchie umgewandelt. In seiner Abschiedsrede im Staatsrat schob er die Schuld für Krieg und Niederlage auf die oberste Heeresleitung und leugnete jede Mitschuld Bayerns an der Kriegszielpolitik, was nicht den Tatsachen entsprach. Im Lande wüteten Grippe und Hunger, auch das bäuerliche Volk war durch Kriegswirtschaft und Hamsterer ausgeplündert. Die Stimmung war von Kriegsmüdigkeit und Preußenhaß geprägt. Der Monarch war unbeliebt geworden und an den Rand gedrückt; er galt als Repräsentant der Kriegstreiber und der Berliner Kriegspolitiker in Bayern. Der intellektuelle Führer der bayerischen Sozialdemokratie in der Volksvertretung, Dr. Max Süßheim, forderte die Reform des Repräsentationskörpers und trat für die Abschaffung der Monarchie ein. Er warf dem König vor, daß er es, anders als Kaiser Wilhelm, am Kriegsanfang versäumt habe, zu erklären, daß er keine Parteien, sondern nur mehr Bayern kenne.

Die Sozialdemokratie aber war über dem Streit um die 1914 gewährten Kriegskredite zerbrochen. Im Ringen aller um einen möglichst frühen Waffenstillstand und Frieden gelang es Eisner und der USPD, die für Reformen, aber nicht für eine Beseitigung der Monarchie eintretende MSPD unter Erhard Auer, der lange Vollmars Kronprinz war und aus dem für Bayern typischen ländlichen Proletariat kam, zu überlisten. Sie hatten Erfolg, die Revolution am 7./8. November zu inszenieren, sich mit Hilfe der Beamtenschaft in den Sattel zu setzen und die Republik auszurufen.

Für die Monarchie und den alten Staat aber erhob sich keine Hand. Die maßgeblichen Kreise waren geflohen oder hielten sich ruhig. Der bayerische Kriegsminister von Hellingrath fand keinen einzigen Leutnant, der eine Konterrevolution eingeleitet hätte. Das kriegsmüde Volk organisierte sich in Arbeiter-, Bauern- und Soldatenräten, die der idealistische

Pazifist, Neukantianer, Preußenhasser und Föderalist Eisner als Werkzeuge der Staatslenkung benutzte.

Seine Freunde werfen ihm heute noch vor, daß er staatliche Macht nicht zu gebrauchen verstand und deshalb sehr rasch von der Reaktion abhängig wurde. Deshalb hält die reine Revolutionstheorie Eisners Revolution nicht für echt. Da Eisner nie eine klare Entscheidung für die parlamentarische Demokratie oder für das Direktsystem einer Räteregierung getroffen hat, gewann er keine wirkliche Machtgrundlage und wurde zu Beginn des Jahres 1919 von der Landtagswahl überrollt – die USPD erhielt nur drei Mandate. Die Wahl gewannen die beiden alten Volksparteien, die neugegründete Bayerische Volkspartei (BVP) als Nachfolgerin des Zentrums und die MSPD. Deshalb kam es nach Eisners Ermordung auch zur totalen Verwirrung, da keine Kraft stark genug war, das Heft in die Hand zu nehmen. Die BVP mußte der SPD die Regierungsbildung überlassen, die unter Erhard Auer mit den paraten Leuten der BVP vor allem den Kampf um die parlamentarische Demokratie führte.

Die aus den Wahlen ordnungsgemäß hervorgehende sozialdemokratische Regierung unter Johannes Hoffmann konnte sich in München nicht halten, sondern etablierte sich über Nürnberg (auf Rat der dortigen Sozialdemokraten) in Bamberg. Von dort kehrte sie mit Hilfe einer neugebildeten Bürgerwehr und Truppenkontingenten der entstehenden Reichswehr, vornehmlich aus Württemberg, wieder nach München zurück. In der Hauptstadt hatte sich inzwischen eine Räteregierung durchgesetzt und sich mühsam in einer anarchistischen (Gustav Landauer, Ernst Toller, Erich Mühsam) und in einer kommunistischen, nach Rußland orientierten Welle (Max Levien, Eugen Leviné, Tobias Axelrod) behauptet. Die Kommunisten verloren beim Anmarsch der konterrevolutionären Weißen Armee aber die Nerven und gaben mit dem Geiselmord an Leuten der nationalsozialistischen Thule-Gesellschaft den Entsatzern Anlaß, mit noch größerem Terror und zahlreichen Morden an Unschuldigen die demokratische Regierung aufzurichten, den Freistaat und die Weimarer Republik endgültig durchzusetzen.

Die junge Demokratie aber mußte in einem schlechten politischen Klima und unter extremer Frontbildung aufwachsen; die demokratischen Kräfte waren selbst gespalten. Die SPD wurde nach ihrem Sieg über die revolutionäre USPD aus der Landesregierung und der Münchner Kommunalverwaltung ausgeschaltet. Die von der Revolution enttäuschten kleinbürgerlich-gewerblich-mittelständischen Schichten wurden dem Nationalsozialismus ausgeliefert. Mittel- und Großbürgertum sowie entmachtete Führungsschichten besannen sich auf ihre Möglichkeiten in der Demokratie, vollzogen einen Rechtsruck und spielten dadurch dem Nazismus in die Hände. Ideologien vergifteten die öffentliche Meinung, und paramilitärische Verbände setzten die Regierung unter Druck, die sie loswerden wollten.

Eisners politische Triebfedern

Eisner war ein Outsider der SPD, der sich keiner Strömung der Partei exakt zuordnen ließ. Vor allem ist es unberechtigt, seinen Sozialismus als ausschließlich ethisch-ästhetisch zu bewerten. Dieses Urteil finden wir häufig in der Literatur, es hat die Legendenbildung vom unpolitischen Dichter und Phantasten auf dem bayerischen Ministerpräsidentenstuhl nachhaltig beeinflußt. In Eisners politischer Praxis bestand ein eigenartiger, ihm selbst nie bewußter Zwiespalt, der es ihm möglich machte, die marxistischen Zielsetzungen, wie sie der Erfurter SPD-Parteitag 1891 erneut formulierte, mit sozialistischem Reformismus zu verbinden. Er meinte, daß an den marxistischen »Fundamentalsätzen« des Klassenkampfes und der »Erlösung durch den Sozialismus« nicht gerüttelt werden dürfe, daß ihre Verwirklichung aber nicht durch Leugnung, sondern nur durch Ausnutzung der bestehenden sozio-ökonomischen Verhältnisse vorangetrieben werden könne (pragmatischer Realismus). Das aber brachte Eisner bis zum Weltkrieg immer wieder sowohl in die Nähe der Radikalen wie auch der Revisionisten, ohne daß er einem der beiden Extreme der deutschen Sozialdemokratie ganz zugehörte.

Die neunmonatige Gefängnishaft im preußischen Staatsgefängnis Plötzensee 1897/98 befestigte Eisners Entwicklung zum Kämpfer gegen das Preußentum. Sein ganzes Leben lang durchzog dieser Kampf wie ein roter Faden sein politisches Handeln und seine journalistischen und historischen Werke. Dieses Anti-Preußentum war das Ergebnis seines Geschichtsbildes, nachdem sich Weltgeschichte in zwei getrennten Bereichen, in der Welt der »feudal-dynastisch gegängelten Bourgeoisie« und in der Welt des Proletariats vollzog. Das ging so weit, daß Eisner von Natur unfähig war, politische Probleme zu betrachten, ohne die Existenz des Deutschen Reiches als gegebene Tatsache anzunehmen. Entgegen der marxistischen Tradition war für ihn weniger der moderne Industriekapitalismus als das preußische Junkertum der direkte Antipode des Proletariats. Bismarck hat die Einheitssehnsucht des nationalliberalen Bürgertums, so Eisner, ausgenutzt, um die preußische Junkerschaft und den preußischen Militärstaat an die Macht zu bringen. Ein demokratisch-republikanisches Frankreich war für ihn das Gegenbild zum feudal-monarchistischen Preußen. Eisner fand sich mit Clara Zetkin und Karl Liebknecht zusammen in der Feststellung: »Wir verlangen nationale Autonomie. Unser Patriotismus besteht nicht darin, daß wir fremde Länder erobern wollen, sondern, daß wir das eigene Vaterland für uns selbst erobern.«

Er fürchtete vor 1914, daß sich die deutsche Sozialdemokratie unter irgendwelchen Vorwänden zu einem Krieg gegen die westeuropäischen Mächte gebrauchen lassen könnte. Deshalb sollte seine Zeitung ein Organ weltpolitischer Aufklärungsarbeit sein.

Die evolutionäre Gesamtkonzeption der bayerischen SPD, die Georg von Vollmar nach dem Erlöschen der Sozialistengesetze 1890 eingeführt hatte, ließ Eisner hier bis zum Weltkrieg den ihm gemäßen politischen Standort finden. In der von Ludwig Thoma und Albert Langen begründeten linksliberalen Zeitschrift *März* entwarf er 1913 (in Nürnberg konnte er sich nur drei Jahre halten) ein »Militärprogramm der Linken« zur Demokratisierung Deutschlands, das von Sozialdemokraten und Liberalen gemeinsam vorgetragen werden sollte.

Eisner ließ sich seit 1912 überzeugen, daß Deutschland von einem russischen Überfall bedroht sei. Am 27. Juli 1914 hielt er auf einer Friedensversammlung in München eine Rede gegen den Krieg und rief Frankreich, England, Deutschland auf, Europa und den Frieden zu retten. Im Dezember 1916 aber schrieb er, daß der bald von Grund auf diese seine Meinung ändern mußte, weil er sich überzeugt hatte, daß Rußland 1914 keinen Angriff auf Österreich oder Deutschland geplant habe. Darum trat er dem pazifistischen Bund »Neues Vaterland« bei, dem Gegengewicht zum annexionistischen »Alldeutschen Verband«. Die führenden Oppositionellen der SPD, Hugo Haase, Karl Kautsky und Eduard Bernstein, beteiligten sich an den Aktionen des Bundes, dessen Mitglieder Ludwig Quidde, Lujo Brentano, Georg Graf Arco, Walter Schücking, Albert Einstein und Gustav Landauer waren.

Eisner war kein Parteimann und hatte nie ein Parteiamt inne, er weigerte sich, den Vorsitz der Münchener USPD zu übernehmen. Ihm war nichts gelegen an einer Partei nach herkömmlichem Muster mit straff verwaltetem Apparat, an einer Partei, die in das herrschende »System« integriert würde. Er war der Chefideologe der Münchener Unabhängigen und 1918 der Führer der parteimäßig nicht organisierten Friedensbewegung, die die kriegsmüde und ausgehungerte Bevölkerung immer stärker erfaßte. Am 21. Januar 1918 erklärte er auf einem Diskussionsabend, die Unabhängigen Sozialdemokraten hätten in erster Linie den Wunsch, unbedingt und rückhaltlos die Monarchie zu stürzen und nicht nur den preußischen, sondern den gesamten Militarismus niederzuringen. Dazu gäbe es nur ein Mittel, »die heiß ersehnte, unausbleibliche und bald zu erwartende Revolution«. Persönliche Erkenntnis und bittere Erfahrung hatten ihn überzeugt, daß allein durch die revolutionäre Aufhebung der gegebenen politischen Machtverhältnisse eine Chance für die Verwirklichung von Frieden und Demokratie bestand – Wertinhalte und Zielsetzungen seines eigenen politischen Denkens.

Die Behörden sahen in Eisner den geistigen Leiter und Organisator der Ausstandsbewegung in München. Für sich nahm er das alleinige Interesse in Anspruch, diese Bewegung durchzuführen, um dann wieder abzutreten; die Arbeiter bräuchten keinen Führer für die Durchführung ihrer Angelegenheiten.

Eisner und die Revolution

Die Revolution war schon im Januar 1918 (Streik) geplant. Eisner hoffte damals, die Arbeiter durch die Kraft seiner Argumentation mitreißen zu können zur revolutionären Aktion. Seine Verhaftung hat diese Aktion durchkreuzt, aber sein persönlicher Einfluß auf die Massen war erwiesen und sein Ansehen bei der Arbeiterschaft gestiegen, breitere Schichten der Öffentlichkeit waren auf ihn aufmerksam geworden.

Die Revolutionäre des 7./8. November nützten die Friedenssehnsucht der Bevölkerung aus. Nach der Absetzung der Wittelsbacher, nach der Bildung einer sozialistischen Regierung und nach dem Waffenstillstand waren wesentliche Forderungen Eisners erfüllt.

Die alten etablierten Herrschaftsträger und -institutionen waren geschwächt, aber nicht gewillt, den von Eisner geforderten Weg zur sozialistischen Demokratie zu beschreiten. Mit Hilfe der »Ruhe- und Ordnungs-Ideologie« versuchten sie die radikalen revolutionären Elemente aus der bayerischen Politik auszuschalten. Eisner selbst hatte eine zu schmale Machtbasis. Sein Ansehen bei denen, die die Revolution begrüßten, war darin begründet, daß er jahrelang einen einsamen Kampf gegen die deutsche Kriegspolitik geführt hatte und nun auch bereit war, die Verantwortung für die fast aussichtslose weitere Entwicklung in Bayern zu übernehmen. Gewaltanwendung zur Durchsetzung politischer Ziele verabscheute er. Darum distanzierte sich die extreme Linke immer mehr von ihm und schloß sich dem Anarchismus Erich Mühsams und dem Spartakisten Max Levien an.

Eisner mochte glauben, daß er nach der unblutigen und fast widerstandslos durchgeführten Revolution, die er selber als eine »moralische« beurteilte, mit einer Politik der Verständigung und Versöhnung auch in Zukunft die Unterstützung des Volkes finden werde. Eisner, der ein Vorkämpfer einer deutsch-französischen Freundschaft war, traf das tragische Verhängnis, daß er nach der Umgestaltung des Obrigkeitsstaates in einen Volksstaat auf die Verwirklichung der Ideale Wilsons hoffte und die gleiche Gesinnung auch bei den Politikern der Entente erwartete. Durch sein Schuldbekenntnis lieferte er allen deutschnationalen und völkischen Kreisen ein willkommenes Propagandamaterial für die Dolchstoßlegende und für die Liberalen den Vorwurf des Sündenbocks und Vaters des »Versailler Schandfriedens«.

Friedrich Wilhelm Foerster sah in der Ermordung Eisners unverkennbar die deutschnationale Rache für jene Feststellungen. Eisner wurde für das nationalistische Bewußtsein in Bayern und im Reich deshalb untragbar, weil seine Vorstellungen von der staatlichen Neuordnung des Deutschen Reiches nach der Revolution und seine föderalistische Haltung verletzte. Dieser Föderalismus leitete sich vordergründig von seinem Anti-Preußentum, besonders aber aus seinen Vorstellungen von Demokratie ab.

Der bayerische Historiker Max Doeberl warf Eisner völlig zu Unrecht vor, er habe sich bewußt in den Bahnen des bolschewistischen Bewußtseins bewegt, und Erich Mühsam kreidete ihm an, daß der bürgerliche Parlamentarismus das A und O seiner politischen Einstellung gewesen sei. Eisner aber war Antibolschewist, Gegner der Sozialisierung und der bolschewistischen Machtausübung.

Eisner wurde am 21. Februar 1919 ermordet. Seine zweifellos idealistische Grundeinstellung war eine prononcierte Alternative zur Politik der Berliner Regierung. Im bayerischen Geschichtsprozeß seit 1890 hatten Eisner und die Revolution von 1918 eine bedeutsame historische Funktion.

III. Vergessen, verdrängt, verkannt, verleumdet – die »Revolutionäre«

Kurt Eisner (links oben), Anita Augspurg (rechts oben), Carl Gandorfer (mitte), Ludwig Gandorfer (links unten), Erhard Auer (rechts unten)

Karl-Otmar Frhr. von Aretin

Kurt Eisner: Gründer des Freistaats und sein erster Ministerpräsident

Am 21. Februar 1919 wurde eine junge Dame Zeugin des Attentats auf Kurt Eisner. Sie hatte in ihrer Tasche zwei Theaterkarten, die sie soeben gekauft hatte. Die Theaterkarten haben sich erhalten. Sie haben das Datum 21.2.1919 und tragen die Überschrift: »*Königliches* Residenztheater München«. Die 105 Tage der Amtsführung des ersten republikanischen Ministerpräsidenten Bayerns waren zu Ende, aber die Theaterverwaltung hatte die Tatsache der Republik immer noch nicht zur Kenntnis genommen. In diesem Spannungsverhältnis zwischen Revolution und monarchischer Tradition steht Eisners kurze Herrschaft.

In diesen Wochen gefährdeten die monarchistischen Kräfte zu keinem Zeitpunkt seine Herrschaft. Aber Eisner wurde von der bürgerlichen Presse in einer unglaublichen Hetzkampagne als eine Übergangserscheinung, als ein in die Politik verschlagener Schwabinger Literat und Ostjude bezeichnet. Das blieb nicht ohne Auswirkungen. Die Theaterverwaltung hielt es, wie wir gesehen haben, nicht für nötig, den Text auf ihren Eintrittskarten zu ändern. Ein junger, politisch weder gebildeter noch interessierter adliger Leutnant glaubte mit diesem Mordanschlag eine Herrschaft beseitigen zu können, die für ihn und viele Konservative als ein Fremdkörper erschien.

Wenige Tage später zog durch München ein Trauerzug, der in der enormen Beteiligung der Bevölkerung alles Dagewesene in den Schatten stellte. Die Münchener nahmen in einer eindrucksvollen Demonstration von Kurt Eisner Abschied.

Wer war dieser Mann, der die Herzen seiner Zeitgenossen zu so gegensätzlichen Emotionen hinriß?

Sein Äußeres, das wirre Haar, der struppige graumelierte Bart machte es zunächst seinen Gegnern leicht, ihn als einen verrückten Revoluzzer zu diffamieren. Gezielt wurde 1918/19 die Behauptung kolportiert, er sei ein galizischer Jude, der eigentlich Kosmanowski geheißen habe. Mit dem Vorwurf Ostjude konnte man damals viel ausrichten. An dieser Behauptung war kein wahres Wort.

Gutbürgerliche Herkunft, unbürgerlicher Werdegang

Kurt Eisner hatte eine gutbürgerliche Vergangenheit. Er wurde am 14. Mai 1867 in Berlin als Sohn eines jüdischen Militäreffektenfabrikanten geboren. Er besuchte das angesehene Askanische Gymnasium in Berlin, machte dort Abitur und fing an, an der Berliner Universität Germanistik und Philosophie zu studieren. Das Vorhaben, über Achim von Arnim zu promovieren, gab er auf. Die wirtschaftliche Lage des väterlichen Geschäfts hatte sich verschlechtert. Dazu kam, daß Eisner seinen eigentlichen Beruf als Journalist erkannt hatte. Er erhielt 1892 im Alter von 25 Jahren eine Anstellung bei der *Frankfurter Zeitung*. Ein Jahr später wechselte er nach Marburg über und trat in die politische Redaktion der *Hessischen Landeszeitung* ein. Bis dahin war Eisner ein Journalist, der wegen seines Blicks für politische Zusammenhänge auffiel, der aber politisch mehr im Lager des Linksliberalismus als im sozialistischen stand. Das änderte sich in Marburg.

Seine Bekanntschaft mit dem Marburger Philosophieprofessor und Neukantianer Hermann Cohen machte ihn mit sozialistischen Ideen bekannt. In Gesprächen mit diesem imponierenden Mann entwickelte Eisner eine eigene Philosophie. Er war davon überzeugt, daß sich Kants Ethik nur im Sozialismus verwirklichen ließ. So weit wollte Cohen nicht gehen, der in dem jungen Journalisten einen interessanten Kopf erkannte.

Für die Biographie Eisners ist wichtig, daß er auf deduktivem Weg und über die Philosophie zum Sozialismus fand. Er war aber zu sehr politisch interessiert, als daß er sich völlig, wie man manchmal lesen kann, in einen ethisch-ästhetischen Sozialismus verloren hätte. Er hatte, was sich für ihn recht negativ auswirken sollte, einen Zugang zum Sozialismus gefunden, der ihn außerhalb des damals ausgetragenen Richtungsstreites zwischen Reformisten und Radikalen stellte. Soweit es darum ging, sozialistische Ideen innerhalb des politischen Systems zu verwirklichen, war er seit Marburg überzeugt, daß dies nur in der SPD möglich sei. Der philosophische Ansatz, der ihn zum Sozialismus geführt hatte, bewahrte ihm ein eigenständiges, oft über den Tagesproblemen stehendes Denken. Für manche hatte seine Art, an Probleme heranzugehen, etwas von einem Gelehrten. Von dieser Seite seines Wesens zeugen seine historischen Werke.

In den Marburger Jahren entwickelte sich Eisners polemisches Talent. Seine Feindschaft zu preußischen Junkern hatte ihn zu griffigen Formulierungen verführt. Der Bund der Landwirte war in seiner Terminologie »eine reaktionäre Parodie der sozialistischen Kulturbewegung«. Die ostelbischen Junker hießen »die Junker von der Dunggrube«. Die Anhänger der evangelischen christlich-sozialen Partei nannte er »Talarsozialisten«. Friedrich Naumanns Nationalsozialer Verein beeindruckte ihn durch den Ernst, mit dem er die soziale Problematik anging. Auch hier war aber sein polemisches Talent stärker. Er erkannte den elitären Charakter von Naumanns Bewegung und warf ihr nicht ganz zu Unrecht vor, sie verwerfe imperialistische Ideen nicht völlig. Sozialismus und Macht nach außen seien aber niemals vereinbar.

Sein polemisches Talent brachte ihn 1897 in Konflikt mit der Staatsgewalt. Eisner hatte politische und literarische Kritiken und Abhandlungen neben seiner Tätigkeit an der *Hessischen Landeszeitung* in verschiedenen Zeitschriften, vor allem in der Berliner Wochenzeitung *Kritik* veröffentlicht. Unter einem Pseudonym war in der Neujahrsnummer der *Kritik* von 1897 ein Artikel von ihm mit dem Titel »Ein undiplomatischer Neujahrsempfang« erschienen, in dem die Staatsanwaltschaft Berlin eine Majestätsbeleidigung sah. Unter dem Vorzeichen dieses Prozesses vollzog sich Eisners Rückkehr in die Reichshauptstadt. In dem Prozeß verschlimmerte er seine Lage durch sarkastische Bemerkungen wie die, der Monarchismus sei genau genommen ein anachronistisches Problem. Ohne Namensnennung übte er in seiner Verteidigung eine beißende Kritik an Wilhelm II. Die Quittung war eine Gefängnisstrafe von neun

Monaten ohne Bewährung, die er von November 1897 bis August 1898 in Plötzensee verbüßte.

Prozeßbeobachter, die sich über Eisners »Verteidigung« königlich amüsiert hatten, machten den alten Wilhelm Liebknecht auf das polemische Talent aufmerksam. Philipp Scheidemann vermittelte die Bekanntschaft. Liebknecht war von dem wachen, witzigen Mann so beeindruckt, daß er ihn in die Redaktion des *Vorwärts* berief.

Nach dem Tode Liebknechts am 7. August 1900 übernahm Eisner das Amt des Chefredakteurs. Diese Jahre seiner Zeit als Chefredakteur haben in ihm eine tiefe Abneigung gegen Berlin und Preußen hinterlassen. Ob es sehr überlegt war, den doch als Bohemien verschrieenen und allem Bürokram abgeneigten Eisner zum Chefredakteur zu machen, kann sicherlich bezweifelt werden. Aber Eisner kam auch in eine extrem schwierige Situation. Der Streit zwischen radikalen Anhängern einer Revolution und den sogenannten Revisionisten um Eduard Bernstein, die eine Veränderung auf pragmatischem Weg erreichen wollten, steuerte seinem Höhepunkt zu. Die Berliner Sozialdemokraten verlangten den *Vorwärts* als Sprachrohr der Radikalen. Der *Vorwärts* war aber auch das Zentralorgan der SPD und insofern zur Neutralität verpflichtet. Dazu neigte auch Eisner, dessen Sinn für praktische Politik ein flexibles Vorgehen bevorzugte. Auf dem Dresdner Parteitag der SPD 1903 konnte Eisner die Absicht Bebels, den *Vorwärts* unter die Kontrolle des Parteivorstandes zu bringen, noch vereiteln. Eisner, der sich innerhalb der Redaktion einige Blößen gegeben hatte, wollte seine Selbständigkeit nicht aufgeben. 1904 neigte er in einigen Artikeln den Ansichten Bernsteins zu, was Kautsky und Bebel stark beunruhigte. Als Eisner gegen Kautsky den Vorwurf erhob, dieser stehe den Monarchien aufgeschlossener gegenüber als den demokratischen Republiken, war das Maß voll. Der Parteivorstand ließ ihn und fünf andere Redakteure als »Revisionisten« fallen.

In tiefem Groll verbrachte Eisner als freier Schriftsteller einige Jahre in Berlin. Seine Biographie Liebknechts wurde neu aufgelegt. In dieser Zeit entstand sein wichtigstes historisches Werk *Das Ende des Reiches*. Gemeint war das Alte Reich, das 1806 zu Ende ging, aber natürlich war der Titel auch auf das Wilhelminische Kaiserreich gemünzt. Dieses Buch ist eine Abrechnung mit der preußischen Geschichte während der Französischen Revolution.

Eisner blieb der Historie nicht lange treu.

Früher Warner vor dem Krieg

Die Marokkokrise 1905/06 alarmierte ihn. Von da an wurde die Außenpolitik sein großes Thema. Er war fest überzeugt, daß die Regierung Wilhelms II. in unverantwortlicher Weise einen Weltkrieg provoziert hatte, der nur durch die Besonnenheit Englands und Frankreichs vermieden worden war. Er war es, der auf dem Höhepunkt der Krise den Führer der französischen Sozialisten Jean Jaurès nach Berlin einlud. Reichskanzler von Bülow verweigerte ihm die Einreise, so daß nur eine Solidaritätskundgebung an die deutschen Sozialisten verlesen werden konnte. »Seit jenen erregenden Wochen«, schrieb Eisner später, »wußte ich, daß der Weltkrieg wie ein unentrinnbares Verhängnis sich heranwälzte.« In der Sozialdemokratie sah man die Lage nicht so ernst an. Eisner kämpfte einen vergeblichen Kampf. Der *Vorwärts* blieb ihm verschlossen. In einer Broschüre *Der Sultan des Weltkriegs* suchte er seine Landsleute aufzurütteln.

Es ging Eisner in dieser Zeit finanziell schlecht. Seine Ehe, aus der fünf Kinder hervorgegangen waren, war gescheitert. Die eben genannte Broschüre brachte ihm das Angebot ein, in Nürnberg die Leitung der sozialdemokratischen Zeitung *Fränkische Tagespost* zu übernehmen. Seit 1907 lebte er in Nürnberg. Aber der unruhige, von der Vision eines immer näherrückenden Verhängnisses geplagte Mann wurde in der fränkischen Provinzstadt nicht glücklich. Als er erkannte, daß die geistige Basis für eine Zeitung seines Stils in Nordbayern nicht vorhanden war, gründete er zusammen mit Max Maurenbrecher eine Schule für Arbeiterbildung. Im Gegensatz zur Berliner Zentrale, die damals ihre Ausbildung auf Parteifunktionäre konzentrierte, wollte Eisner das Bildungsniveau der einfachen Arbeiter heben. Anfangs machten die Nürnberger mit. Eisners reformistische Richtung paßte ganz gut in den Kurs der königlich-bayerischen Sozialdemokratie eines Georg von Vollmar. Aber schließlich war ihnen die »Weltpolitikasterei und Kriegsprophetie« zuviel. 1910 ging Eisner nach München.

Eisner und die bayerische SPD

In dem liberaleren München der Prinzregentenzeit und in dem reformistischen Kurs der bayerischen SPD unter Georg von Vollmar fand er eine ihm genehme Atmosphäre. Er näherte sich deutlich dem Kurs der Reformisten. Eisner war in der Partei nicht irgendwer. Er war ein guter Redner, konnte formulieren und andere überzeugen. In München bekam er von der Partei den Auftrag, über die parlamentarische Arbeit im bayerischen Landtag zu berichten. Er schrieb für die sozialdemokratische *Münchner Post* politische Artikel und Theaterkritiken. Er engagierte sich auch für die von der SPD geforderte Reform des Landtags, polemisierte gegen die von Aristokraten beherrschte 1. Kammer der Reichsräte der Krone Bayerns und gegen einen angeblichen Geheimbund bayerischer Adliger und der Schwarzen Internationalen. Das nahm damals niemand besonders ernst, lieferte aber, als aus dem Journalisten der Revolutionär Eisner geworden war, Munition für das Bild des norddeutschen jüdischen Schwabinger Literaten, den es in die Politik verschlagen hatte.

1914 bei Kriegsausbruch war er wie viele Sozialdemokraten überzeugt, daß Deutschland vom zaristischen Rußland in den Krieg gezwungen worden war. Es galt, das von allen Seiten bedrängte Vaterland zu verteidigen. Sein mißtrauischer Geist durchschaute aber bald, daß dieses Bild des von vielen Feinden angegriffenen Deutschen Reiches in wichtigen Teilen nicht stimmte. Eisner begann, Material über den Kriegsausbruch zu sammeln. Es dauerte nicht lange, und er war von seiner alten These, die Junkerkaste habe diesen Krieg angezettelt, fest überzeugt. Diese Überzeugung ließ ihn in einem langen, bis in den Januar 1918 währenden Prozeß zum Revolutionär werden.

Er konnte den Chauvinismus der Münchner SPD und vieler Genossen nicht begreifen. Für ihn war das Reich von einer herrschsüchtigen Kaste in die größte denkbare Katastrophe geführt worden. Aus Patriotismus wurde er zum Pazifisten, der einer der eifrigsten Redner in den verschiedenen pazifistischen Zirkeln wurde. Er war gegen die Spaltung der Partei in kriegsbejahende Mehrheitssozialdemokraten (SPD) und kriegsgegnerische Unabhängige Sozialdemokraten (USPD), aber als sie im April 1917 Wirklichkeit wurde, schloß er sich Bernstein, Kautsky und Haase an. Er wurde der Chefideologe der Münchner USPD.

Eisner war gegen die Revolution. Als aber die Friedensverhandlungen mit Rußland in Brest-Litowsk deutlich machten, daß das kaiserliche Deutschland an seinen annexionistischen Kriegszielen festhielt, war er 1918 unter den Organisatoren des Januarstreiks in München und wurde deshalb verhaftet. Er war sich im klaren, daß diese Streiks, wenn sie ihr Ziel, die Beendigung des Krieges, erreichten, auch in den Umsturz der bestehenden politischen Verhältnisse, d. h. in der Revolution enden würden. Er war nun zur Revolution entschlossen, nachdem die Staatsführung offensichtlich über die auch von ihr gebilligte Friedensresolution vom Juli 1917 hinwegzugehen entschlossen war.

Das Friedensziel als Revolutionsgrund

Darin unterschied er sich von den Mehrheitssozialisten unter Erhard Auer. Diese glaubten, es nicht mit ihrem Patriotismus verantworten zu können, daß die Front bei der kriegsentscheidenden Offensive im Frühjahr 1918 wegen der Streiks ohne Waffen dastehen würde. Eisner war der Überzeugung, daß nur ein ungeschlagenes, zur Verständigung bereites Deutschland einen anständigen Frieden erhalten könnte. Später schrieb er: »Die revolutionärste Revolution, das war doch die vom 31. Januar. Damals stand Deutschland auf dem Gipfel seiner militärischen Macht, und wenn es uns damals gelungen wäre, die Massen aufzuregen und aufzurütteln zu jener Volksbewegung, wie sie uns damals schon vorschwebte, dann hätten wir noch einen Frieden haben können, in dem wir nicht auf Gnade und Ungnade dem Gegner ausgeliefert gewesen wären.«

Im August 1918 legte der langjährige bayerische SPD-Vorsitzende Georg von Vollmar sein Reichstagsmandat nieder. Eine auf den 17. November festgelegte Nachwahl wurde nötig, für die Erhard Auer von der SPD und Kurt Eisner von der USPD als Kandidaten benannt wurden. Am 14. Oktober wurde Eisner deshalb aus der Haft entlassen, in der er sich seit dem Januarstreik befunden hatte. Am 23. Oktober hielt er die erste Wahlrede. Er forderte den Rücktritt des Kaisers und der deutschen Bundesfürsten, den Verzicht auf Elsaß-Lothringen, Posen und Danzig, sowie deutsche Reparationszahlungen. Für Eisner hatten die Monarchie und die alten Honoratioren durch ihre Verstrickung in die Kriegsvorbereitung, in den Kriegsbeginn und durch ihre Politik während des Krieges jedes Recht verwirkt, weiter Deutschland zu regieren. Eisner war Ende Oktober 1918 Revolutionär in dem Sinn, daß er die Monarchie und ihre Diener aus der politischen Verantwortung drängen wollte. Er war überzeugt, daß Deutschland nur dann einen annehmbaren Frieden erhalten würde.

Hier unterschied er sich von dem Führer der bayerischen SPD, Erhard Auer. Der aus ganz kleinen Verhältnissen stammende Auer war irgendwo geschmeichelt, daß ihm im Lauf des Jahres 1918 die königlichen Exzellenzen hofierten. Hier war der in bürgerlichen Verhältnissen aufgewachsene Kurt Eisner unabhängiger. Er sah im König und seinen Ministern nur Versager, die das Volk in die Katastrophe geführt hatten. Daher bereitete er den Sturz dieses Regimes präzise vor, indem er sich der Unterstützung des Führers des Bayerischen Bauernbundes, Carl Gandorfers, und dessen Bruder Ludwig versicherte.

Auch die Mehrheitssozialisten waren seit dem Januarstreik antimonarchistischer geworden. Am 4. November kam eine Sitzung zwischen Eisner, Auer und dem Führer der Freien Gewerkschaften, Johannes Timm, zustande, auf der über die für den 7. November anberaumte große Friedenskundgebung gesprochen wurde. Weder Auer noch Timm erkannten den revolutionären Willen Eisners. So kam es zu der Zusage Auers an den königlichen Innenminister Brettreich, er verbürge sich dafür, daß die Kundgebung friedlich verlaufen werde.

Eisner hatte sich auf der Theresienwiese so postiert, daß ein Abzug seiner Anhänger zu den Kasernen möglich war. Als nach kurzen Ansprachen Erhard Auer mit einem Musikzug an der Spitze friedlich durch die Innenstadt wie eine Manifestation der königlich-bayerischen Sozialdemokratie zog, machten sich die Anhänger der USPD unter Eisner auf den Weg zu den Kasernen. In wenigen Stunden brach die bayerische Monarchie wie ein Kartenhaus zusammen. Kein Truppenteil und keine Polizei widerstand. Alle schlossen sich den Revolutionären an. Auch Eisner wurde von dieser Entwicklung überrannt.

Als er im Mathäserbräu am Abend eintraf, tagte dort bereits ein führerloser Soldatenrat. Eisner versammelte Arbeiter um sich, die ihm die Führung in dieser merkwürdigen Revolution übertrugen. Man zog vor den Landtag, wo sich Eisner von einer bunt zusammengewürfelten Versammlung von Arbeitern und Soldaten zum Ministerpräsidenten des Volksstaates Bayern ausrufen ließ. Am nächsten Morgen ging Eisner noch unrasiert und ungewaschen ins Palais Montgelas, um von dem letzten königlich-bayerischen Ministerpräsidenten Otto von Dandl dessen Amt zu übernehmen. Dandl muß beim Anblick des struppigen und ungepflegten Mannes den Eindruck gehabt haben, daß sich die Pforten der Hölle aufgetan hätten, um dieses Urbild eines Revolutionärs auszuspeien. Die Übernahme der Macht geschah jedoch in den zivilisiertesten Formen, die eher einem Wechsel im Amt als einer Revolution glichen.

Eisner – ein Revolutionär?

Kurt Eisner war ohne Zweifel an diesem Morgen des 8. November 1918 ein Revolutionär. Aber wollte er auch die Revolution? Man beschimpfte ihn später als Bolschewisten, als Anarchisten und erkannte bei ihm allenfalls einen fehlgeleiteten Idealismus an. An diesem Bild ist so ziemlich alles falsch oder schief. Aber es erscheint mir, um die Frage zu beantworten, wer dieser Mann wirklich war, wichtiger darzustellen, wie dieses Bild entstand, als die 105 Tage seiner Herrschaft zu erzählen.

Eisner war weder ein Bolschewist noch ein Revolutionär im eigentlichen Sinn. Er besaß keine Vision eines sozialistischen Staates. Ihm ging es darum, Deutschland über die Katastrophe von 1918 zu retten. Er trat daher am 8. November an Erhard Auer heran. Er wollte mit den Mehrheitssozialisten und den Linksliberalen eine Regierung bilden. Wäre es ihm um die Verwirklichung revolutionärer Ziele gegangen, so wäre das der falsche Weg gewesen. Von dem zum Innenminister ernannten Auer wußte er, daß er allen revolutionären Zielen abgeneigt war. Dasselbe galt von den Linksliberalen.

Eisner wollte das Chaos vermeiden. Daher verpflichtete er die amtierenden Beamten, im Dienst zu bleiben. Das wurde ihm durch den König erleichtert, der am 13. November Beamte und Offiziere ihres Treueides entband. Die Tatsache, daß die Revolution von 1918 die Beamten im Dienst behielt, wird immer wieder als ihr großes Versagen dargestellt. Ich glaube, daß man den deutschen Revolutionären damit Unrecht tut. Die deutsche Revolution war, wie die russische, das Ergebnis eines vollständigen Zusammenbruches. In Deutschland und Rußland gab es nur die Alternative, entweder den Zusammenbruch durch Entlassung der Beamten vollständig zu machen oder mit Hilfe der eingearbeiteten Beamten die Krise zu überwinden. Lenin entschied sich für die erste Lösung. Er setzte den Hunger und den Zusammenbruch der meisten staatlichen Funktionen als Terror ein. Damals sind in der Sowjetunion mehrere Millionen Menschen buchstäblich zugrunde gegangen. Ein solches Risiko wollten weder Friedrich Ebert in Berlin noch Eisner in München auf sich nehmen. Sie mußten daher mit den alten Beamten zusammenarbeiten.

Sie mußten es im Interesse der Bevölkerung in Kauf nehmen, auch wenn von dieser Seite die am schwersten zu berechnende und am schwierigsten zu überwindende Opposition kam. Dazu kam, daß Eisner innerhalb seines Kabinetts weitgehend isoliert war.

Erhard Auer erzwang gegen seinen Widerstand die Festsetzung des Wahltermins auf den 12. Januar 1919. Hierbei waren sich beide im klaren, daß die USPD Eisners nur geringe Chancen besaß, die Mehrheit zu erlangen. Eisner hatte sich mit seiner Ankündigung am 8. November, er werde bald Landtagswahlen ausschreiben, selbst eine Falle gestellt. Von daher werden seine Überlegungen verständlich, die Arbeiter- und Soldatenräte neben dem Landtag zu etablieren. Hier besaß er eine feste Anhängerschaft.

Da vorauszusehen war und auch die Erfahrung dafür sprach, daß mit der SPD Auers kein grundsätzlicher Wandel des politischen Klimas in Bayern zu bewerkstelligen war, waren die Räte die einzige Lösung. Eisner hat sich über ihre künftige Aufgabe nie ganz klar geäußert. Er scheint einmal erwogen zu haben, die Räte an die Stelle der ersten Kammer des Reichsräte zu stellen. Später sah er in ihnen eine demokratische Überwachungsinstanz. Das russische Wort »Sowjet« für Räte brachte ihm den Vorwurf ein, er erstrebe mit den Räten ein an Rußland orientiertes System des Bolschewismus. Dies war der erste schwere Vorwurf gegen Eisner, den man bis heute hören und lesen kann.

Es half ihm wenig, daß seine gemäßigte, auf Erhaltung der Ordnung ausgerichtete Politik gerade von kommunistischer und spartakistischer Seite scharf angegriffen wurde.

»Moralische Revolution«

Eisner sah in der Revolution, wie er mehrfach betonte, eine moralische Revolution. Das heißt, es ging ihm darum, sich von der alten Politik, die in seinen Augen schuldig am Ausbruch des ersten Weltkriegs war, zu distanzieren. Er bezeichnete sich selbst als bayerischer Außenminister und Ministerpräsident, was darauf hinweist, daß er die Außenpolitik für den wesentlicheren Teil seiner Aufgabe ansah. Eisner war fest überzeugt, daß nur das Eingeständnis der eigenen Schuld den Weg für einen gerechten Frieden frei machen könne. Ein ehemaliger, in der Schweiz lebender Münchener Pädagogikprofessor, Friedrich Wilhelm Foerster, bestärkte ihn in diesem Glauben. Foerster behauptete, über den amerikanischen Geistlichen George D. Herron über einen Draht zu US-Präsident Wilson zu verfügen. Eisner machte Foerster zum bayerischen Gesandten in

Bern. Das war vielleicht eine Naivität. Aber auch die Reichsregierung in Berlin verfügte damals über keine anderen Verbindungen zum Ausland als die Waffenstillstandsdelegation in Spa und ihre Gesandtschaft in Bern. Auch sie setzte ihre ganze Hoffnung auf Wilson.

Eisner, der fest von der deutschen Kriegsschuld überzeugt war, ließ nun aus den Berichten des bayerischen Gesandten in Berlin, Graf Lerchenfeld, eine verkürzte Aktenpublikation erstellen, aus der die deutsche Kriegsschuld hervorging. Das war zwar keine Fälschung, aber mit ihren nicht kenntlich gemachten Kürzungen eine unseriöse Arbeit. Für Eisner war es die Bestätigung eines Vorgangs, die sich anderswo mit Sicherheit ebenso, aber nicht so schnell beweisen ließ. Für seine Feinde war es der Beweis, daß Eisner ein Hochverräter war. Insbesondere war diese Aktenpublikation für die rechts stehenden Verbreiter der Dolchstoßlüge ein Beweis für deren Richtigkeit. Diese von Ludendorff in Schweden Anfang Dezember 1918 in die Welt gesetzte Legende besagt, daß die Sozialisten, um in Deutschland die Monarchie zu beseitigen und selbst an die Macht zu kommen, mit dem Feind zusammengearbeitet und die Niederlage bewußt herbeigeführt hätten. Eisner war nun in diesen Augen ein Bolschewist, der sein Land an seine Feinde verriet.

Für Frieden und Föderalismus

Ein weiterer Vorwurf betraf seine Haltung zum Reich. Als Eisner am 25. November 1918 bei der Konferenz der Ministerpräsidenten in Berlin den Verfassungsentwurf von Hugo Preuß zu Gesicht bekam, war er über dessen einheitsstaatliche Tendenzen entsetzt. Hugo Preuß hatte das Problem des zwei Drittel des Reichsgebiets ausmachenden Preußen so lösen wollen, daß er alle historischen Länder, also Bayern, auflösen und etwa gleichgroße Länder schaffen wollte. Er sah keinen Sinn darin, die süddeutschen Staaten in den Grenzen zu erhalten, wie sie von Napoleon geschaffen worden waren.

Eisner kämpfte wie ein Löwe für die Erhaltung der historischen Länder und setzte sich damit durch. In Berlin freilich war er weitgehend isoliert. Erst später besannen sich seine süddeutschen Kollegen auf die Erhaltung ihrer Länder. Man beschimpfte ihn nun als Separatisten und Partikularisten. Selbst in Bayern machte ihm dieses für die Entwicklung der Weimarer Verfassung entscheidende Eintreten für den Föderalismus nicht sympathischer. Man sah nur seine Tendenz, sich von den bisherigen Kräften abzusetzen. Auch glaubte man, er wolle Bayern vom Reich abtrennen und versuche deshalb, sich bei den Alliierten Liebkind zu machen. Man sah in ihm nur den Zerstörer des bismarckschen Nationalstaates.

Wie Ebert und Scheidemann lebte auch Eisner in der Illusion, die Gründung und Erhaltung einer deutschen Demokratie sei das eigentliche Ziel der Alliierten. Zu dieser Ansicht hatte Wilson mit seinen Vierzehn Punkten beigetragen. Schon in seinem ersten Aufruf am 8. November 1918 hatte Eisner geschrieben: »Die demokratischen Völker dürfen nicht wollen, daß die revolutionäre Schöpfung der deutschen Demokratie durch die Schonungslosigkeit der Sieger vernichtet wird. Jetzt ist die Stunde gekommen, wo durch einen Akt weit ausblikkender Großmut die Versöhnung der Völker herbeigeführt werden kann.« Das war ein Irrtum. Frankreich, England und Italien ging es, als am 18. Januar in Versailles die Friedenskonferenz eröffnet wurde, nicht darum, die demokratische Bewegung in Deutschland zu stärken, sondern darum, die Großmacht Deutschland auszuschalten.

Im Sinne des Versöhnungsgedankens begab sich Eisner zum internationalen Sozialistenkongreß in Bern vom 3.–10. Februar 1919. Auch Hermann Müller, der spätere Reichskanzler, begab sich damals im Glauben nach Bern, mit den französischen und italienischen Sozialisten eine Internationale des Friedens bilden zu können. Eisner hielt in Bern eine Rede, in der er darauf hinwies, nicht das deutsche Volk, sondern eine Horde preußisch-wahnsinniger Militärs in Deutschland hätten den ersten Weltkrieg entfacht. Zusammen mit dem französischen Sozialisten Pierre Renaudel legte er eine von der Versammlung angenommene Resolution zur Erleichterung des Loses der Kriegsgefangenen vor. Eisner lebte in der Illusion, über die Sozialisten in den Feindländern günstigere Friedensbedingungen erreichen zu können. In Wahrheit hatten die Sozialisten in Frankreich, Italien und England nicht den geringsten Einfluß auf die Verhandlungen in Versailles. Wegen ihres Eintretens für einen Verständigungsfrieden waren sie 1917 von Clemenceau und in Italien von Orlando als Vaterlandsverräter bezeichnet und ausgeschaltet worden. Die deutsche Dolchstoßlegende hatte in Frankreich und Italien ein Pendant. Das konnte Eisner nicht wissen. Seine Anbiederungen liefen ins Leere.

Deutsche Arbeiter und Studenten rief er auf, freiwillig am Aufbau des zerstörten Nordfrankreich mitzuwirken. In der deutschen Presse ging ein Schrei der Empörung durch alle Blätter. Seine Ausführungen wurden wiedergegeben, als habe er vorgeschlagen, deutsche Kriegsgefangene zur Zwangsarbeit in Nordfrankreich einzusetzen.

Rechte Hetzer stiften zum Mord an

Als Eisner am 11. Februar 1919 nach München zurückkehrte, war er politisch ein toter Mann. Er galt als ein Bolschewist, der nicht nur sein Land verraten, sondern auch noch dem Feind die gefangenen Landsleute als Zwangsarbeiter angeboten hatte. Seine politischen Gegner erlebten mit diebischem Vergnügen, wie dieser Mann mit allem, was er unternahm, noch tiefer versank. In einer Hetze, wie sie selten gegen einen Revolutionär in Gang gesetzt wurde, entstand damals das Märchen vom polnischen Juden Kosmanowski. An diesem Mann war sozusagen alles unmöglich.

Eisner war zur Unperson geworden. Wenn er von den Arbeiter- und Soldatenräten sprach, dann wurde er verdächtigt, Bolschewist zu sein. Setzte er sich für den föderalistischen Aufbau des Reiches ein, so war er auch in den Augen bayerischer Konservativer ein Separatist, der das Bismarcksche Reich zerstören wollte. Ging er nach Bern, um die Sozialisten der Feindländer für einen Verständigungsfrieden zu gewinnen, so war er ein Roter, der die Internationale wieder beleben wollte. Von dem bösen Willen Eisners war man selbst da überzeugt, wo sein

Idealismus offen zutage trat. Es gab nur eine Möglichkeit, sich so rasch und so vollständig wie möglich von ihm zu distanzieren.

Schon vorher war es im Ministerrat mitunter hoch hergegangen. Als es um die Frage der Stellung der Räte ging, hatte ihm der Verkehrsminister Frauendorfer am 5. Dezember 1918 ins Gesicht sagen können: »Sie sind kein Staatsmann, machen Dummheiten, sind ein Anarchist, getrauen sich nicht alles, ich warne Sie, Sie sind kein Staatsmann, Sie sind ein Narr!«

Seit dem 12. Januar wußten seine Gegner, daß die Tage des Ministerpräsidenten Eisner gezählt waren. Bei der Landtagswahl hatte Eisners Partei, die USPD, ganze 2,5 Prozent erhalten und drei Sitze von 186 gewonnen. Es war klar, daß er die erste Sitzung des neugewählten Landtags am 21. Februar nicht überstehen würde, nachdem auch die SPD sich von ihm losgesagt hatte. In einer dramatischen Sitzung in der Nacht vom 20. auf den 21. Februar überzeugte ihn Auer, daß er am nächsten Tag zurücktreten müsse. Für Eisner, der nicht aus Ehrgeiz Ministerpräsident geworden war, war das eine ungeheuer schwere Entscheidung. Am 12. Januar war die Bayerische Volkspartei, die Nachfolgerin des Zentrums, mit 66 Mandaten die stärkste Partei geworden. Er wußte, daß ein Zusammengehen zwischen BVP und der SPD Erhard Auers mehr als wahrscheinlich war. Sein Rücktritt mußte all das rückgängig machen, für was er gekämpft hatte.

Seit 1905 war er überzeugt, daß die Regierenden in Deutschland auf einen Krieg zusteuerten, den sie 1914 auslösten. Für Eisner gab es nur einen Weg, aus der moralischen und politischen Katastrophe des Ersten Weltkriegs herauszukommen: die Absage gegen all jene, die diese Schuld auf sich geladen hatten; die Bereitschaft, soviel wiedergutzumachen, wie das deutsche Volk in seiner Not leisten konnte. Das Wahlergebnis des 12. Januar 1919 hatte ihm bewiesen, daß er mit diesen Überzeugungen nur eine verschwindende Minderheit vertrat. Für die Mehrheit war dieser Mann ein Bolschewist, ein Hochverräter, der Deutschland an seine Feinde verriet. Die bürgerliche Presse war nicht müde geworden, ihn als einen Mann hinzustellen, der Deutschland in das Chaos des Bolschewismus stoßen wollte.

Von dieser Überzeugung war auch der junge Leutnant Graf Arco getragen, der vor Erregung zitternd sich im Eingang der Bayerischen Vereinsbank in der heutigen Kardinal-Faulhaber-Straße am Morgen des 21. Februar 1919 verbarg. Er wußte nicht, daß Eisner auf dem Weg zu seiner Rücktrittserklärung im Landtag war. Wenn er es gewußt hätte, wäre es ihm gleichgültig gewesen. Denn ihm ging es nicht um eine politisch motivierte Tat, sondern er wollte den Mann töten, den er für die Inkarnation des Zusammenbruchs und der Revolution hielt und der in seinen Augen alles zerstört und in den Schmutz gezogen hatte, was seine Ideale waren.

Lassen Sie mich versuchen, das Gesagte zusammenzufassen. Als das Attentat im Landtag bekannt wurde, waren die dort versammelten Soldaten der Überzeugung, Erhard Auer habe den Mord angestiftet. Der Soldat Alois Lindner war davon so fest überzeugt, daß er in höchster Erregung in den Sitzungssaal eilte und Erhard Auer aus nächster Nähe durch Schüsse schwer verletzte. Andere gingen davon aus, Arco habe im Auftrag konterrevolutionärer, konservativer Kräfte gehandelt. Arco hat das immer geleugnet. Er nahm Rache an einem Mann, den er für alles verantwortlich machte, was in den 105 Tagen zwischen dem 8. November 1918 und dem 21. Februar 1919 geschehen war. Er ist nie, auch später nicht, auf die Idee gekommen, einen Mann getötet zu haben, dem es nicht um Zerstörung, sondern darum gegangen war, eine moralische Basis für den Neubeginn Deutschlands zu schaffen.

Was seine Gegner als eine gerade Linie des Verrats, von seiner pazifistischen Agitation angefangen, über die Januarstreiks 1918 bis zur Auflösung der Revolution am Abend des 7. November ansahen, war für Eisner nichts anderes als der Versuch, das deutsche Volk vor dem Absturz in die Katastrophe zu bewahren.

Nicht weil er von dem Modell eines sozialistischen Staates nach russischem Vorbild überzeugt war, sondern weil er erkannt hatte, daß die führende Schicht kein Recht besaß, für

Deutschland zu sprechen, wurde er zum Revolutionär. Er war überzeugt, daß Deutschland nicht nur einen Krieg verloren hatte, der an Grauen alles übertraf, was man bis dahin gekannt hatte, sondern daß es diesen Krieg bewußt unter Täuschung des gutgläubigen Volkes herbeigeführt hatte. Alles, was er tat, war von dieser Überzeugung getragen.

Es gelang Eisner nicht, seine Landsleute von seiner moralischen Revolution zu überzeugen. Sie sahen nur einen Mann am Werk, der alle Ideale, für die sie gekämpft hatten, in den Dreck zog und sie an ihre Feinde verriet. Sie beschuldigten noch den toten Eisner, mit seinem Eingeständnis der deutschen Kriegsschuld der Vater des »Versailler Vertrags« zu sein.

Sein Fehler war, bei den Feinden Deutschlands denselben Idealismus vorauszusetzen, wie er ihn besaß. Der Glaube, daß der Feind kein Interesse haben würde, die neue deutsche Demokratie zu demütigen, war ein Irrglaube. Die Weimarer Republik ist zu einem guten Teil daran zugrunde gegangen, daß die Alliierten zwischen dem kaiserlichen und dem demokratischen Deutschland keinen Unterschied machten.

Daran hätte auch Kurt Eisner nichts ändern können. Es war eine Illusion zu glauben, auf seinem Weg, auf dem Weg seiner moralischen Revolution, wäre ein besserer Friede zu erreichen gewesen. Kurzfristig hätte sich kaum etwas geändert. Aber langfristig hätte uns ein Eingehen auf seine Ideen den Weg in die nationalistische Hybris erspart, der den Nationalsozialisten den Weg zur Macht so entscheidend erleichterte.

Freya Eisner

Eisners dritter Weg zwischen Kapitalismus und Kommunismus

Halb München hat sich am 26. Februar 1919 zur Bestattung des ermordeten bayerischen Ministerpräsidenten Kurt Eisner in Bewegung gesetzt. Nicht ohne Respekt berichtet es die Presse, die zuvor durch gezielte Falschmeldungen über die Politik und die Person Eisners den militanten Gegnern seiner Revolution die Munition geliefert hatte. Schon im Dezember 1918 hatte ein Student ein Attentat versucht und angegeben, dazu durch Zeitungsartikel ermutigt worden zu sein. Auch Eisners Mörder, Leutnant Graf Arco-Valley, stand, unabhängig von Hintermännern, unter dem Einfluß der verbreiteten Unwahrheiten: Der Ministerpräsident sei Bolschewist; er sei kein Deutscher, sondern Galizier und heiße Samuel Kosmanowski; er verweigere den deutschen Kriegsgefangenen die Heimkehr; und er wolle trotz verlorener Wahl nicht zurücktreten.

Eisner, sozialdemokratischer Publizist und Redakteur, hatte sich 1917 nach der Spaltung der Partei den Unabhängigen Sozialdemokraten angeschlossen. Ende Januar 1918 initiierte er in München einen großen Streik der Rüstungsarbeiter und wurde verhaftet. Nach seiner Entlassung aus dem Gefängnis Ende Oktober 1918 bereitete er mit seinen Mitstreitern eine revolutionäre Aktion vor, um den Krieg zu beenden und die Monarchie zu stürzen. Sie gelang am 7. November 1918. Es wurde ein Arbeiter-, Soldaten- und Bauernrat gegründet, der Kurt Eisner zum ersten Vorsitzenden wählte.

Eisner rief den »Freistaat Bayern« aus und bildete eine Koalitionsregierung aus Unabhängiger SPD und Mehrheits-SPD. Bei der ersten Landtagswahl nach dem Krieg erhielt seine Partei, die USPD, nur drei Sitze, die MSPD 61. Auf dem Weg zum Landtag, wo er am 21. Februar 1919 seinen Rücktritt erklären wollte, wurde er von Arco-Valley erschossen.

An dem Trauerzug nahmen etwa hunderttausend Menschen

teil, unter ihnen, wie Reporter vermerkten, Vertreter auch des geistigen München. In der Tat schätzten unzählige Bürger aus allen Schichten Kurt Eisners Menschlichkeit. Dagegen prägten bekannte Chronisten und honorige Zeitgenossen das Bild einer Feindfigur: Eisner war Jude, Sozialist und Intellektueller, er hatte sich als Gegner des Krieges engagiert und lastete dessen Verursachung dem deutschen Generalstab an. Es haßten ihn daher Nationalisten und Monarchisten ebenso wie antisozialistisch eingestellte Juden. Auf mokantes Befremden stieß sein erklärtes Bemühen, Politik, auch gegenüber den Siegermächten, an Kriterien der Moral auszurichten. Daß er sein Ministerpräsidentengehalt kürzte, erschien manchen Besitzbürgern nicht geheuer.

Ethischer Sozialist

Nach seinem eigenen Bekunden hatte sich Eisner als Regierender vorgenommen, seine »alten Ideen und Ideale, soweit es möglich, in kurzer Zeit zu fördern«. Es handelte sich um Ideen und Ideale des ethisch begründeten Sozialismus, der in der politischen Theorie des Neukantianismus der Marburger Schule, zu der Eisner gehörte, wurzelt.

Der 1867 in Berlin zur Welt Gekommene (sein Vater Emanuel Eisner war 1827, sein Großvater Hermann Eisner um 1790 im böhmischen Studnitz geboren worden) fühlte sich schon während seines Philosophiestudiums von Kants Ethik angesprochen. Bereits als 22jähriger reflektierte er über das Verhältnis des Wollens zum Können und konstatierte, daß »in den Klüften zwischen den drei Hilfsverben Wollen, Sollen, Können der Jammer des Lebens« liege. Doch hegte er den Glauben, daß das Leben vom Jammer zu befreien sei. Zu jener Zeit zeigte sich bereits seine Sympathie für den Sozialismus.

Nachdem er eine Korrespondententätigkeit aus »idealen Rücksichten und moralischen Skrupeln« bald wieder aufgegeben hatte, verdingte er sich als Hilfskorrektor bei der *Frankfurter Zeitung*. Dort hätte er gern Leitartikel geschrieben, doch »die politischen Herren«, die »überhaupt gräßliche Kerls« seien, ließen »keinen aufkommen«, klagte er.

Im Jahre 1892 erschien Eisners Erstlingswerk *Psychopathia spiritualis. Friedrich Nietzsche und die Apostel der Zukunft* – eine Auseinandersetzung mit dem »Nietzscheanismus«, der in dem vom Kulturpessimismus befallenen Bildungsbürgertum starken Anklang fand. Eisner brandmarkt den Immoralismus und die arische Herrenmoral Nietzsches im Rahmen einer Systemkritik an den politischen und sozialen Zuständen und mit der Perspektive einer noch zu schaffenden vernunftsgemäß möglichen, solidarischen Gesellschaft. Bewegt vom Geist der Aufklärung, zweifelt er nicht an der sittlichen Grunddisposition und Vernunftbegabtheit der Menschen und hält sie für fähig, ihren berechtigten Egoismus in gemeinschaftliches Handeln einzubringen.

Im Herbst 1893 fand Eisner endlich eine ihm gemäße Stellung an der *Hessischen Landeszeitung* in Marburg. Neben Leitartikeln für dieses zu jener Zeit der Sozialdemokratie wohlgesinnte Blatt verfaßte er regelmäßig für eine Berliner Wochenschrift »Glossierende Betrachtungen über die politischen Geschehnisse der Zeit«, immer kritisch und oft sarkastisch zugespitzt.

Bismarck verachtete er. Vernichtende Verdikte fällt er über den Liberalismus, der nicht die »Humanitätsidee zum Sieg geführt«, sondern »alle Ideale preisgegeben« habe, »weil das Geschäft es erforderte«. In der Programmatik des linksliberalen Nationalsozialen Vereins, namentlich in den Anschauungen des Pastors Friedrich Naumann, deckt er die praktische Unmöglichkeit eines sozialen Liberalismus auf. Eisner stand nicht, wie vielfach angenommen, im Lager des Linksliberalismus.

Das Bürgertum seiner Zeit beschreibt er als »müde, skeptisch, brutal, nur noch vertrauend auf materielle Gewalt, das grobe gemeine Interesse zum Gott erhebend, ohne Ideale, Weltanschauung, ja ohne klar zusammenhängende Ideen«. Seine Hinzufügung, daß dieses Bürgertum »ziellos taumelnd dem drohenden Verhängnis zu entrinnen« suche, vermittelt einen Schlüssel zum Verständnis seiner Politik: Es ist seine Wahrnehmung der dem Kapitalismus immanenten Zerstörungspotentiale, seine Ahnung, daß hier ein Irrweg eingeschlagen wurde, der eine Alternative notwendig macht.

Das »industrielle Laissez-faire« nennt er eine Welt, »wo man Leben tausendfältig vergiftet«. Er spricht vom »industriellen Massengiftmord« und prognostiziert die Tödlichkeit des Konkurrenzprinzips, das die Entartung zur Korruption in sich trägt und alle menschlichen Beziehungen vergällt.

Den Wandel dieser ruinösen Daseinsverhältnisse hält er für möglich, jedoch mit dem Vorbehalt – und hier verfällt er gewöhnlich in prophetisches Pathos und bedient sich apokalyptischer Metaphern –, daß der Vollzug dieses Wandels vereitelt und der Untergang der Menschheit heraufbeschworen werde, wenn die Menschen in Saturiertheit verharrten. Unsere heutige Situation gleichsam vorwegnehmend, mahnt er 1893, »daß wir an einem Punkt der Entwicklung angelangt sind, an dem wir Halt machen müssen, um neue Bahnen zu eröffnen«. In diesem Sinn warnt er 25 Jahre später, während seiner Regierungszeit: »Wir gehen entweder zugrunde, oder wir gewöhnen uns an den Gedanken einer neuen Weltordnung.« – »In keinem Lande ist es möglich, in der bisherigen Weise fortzuwirtschaften.«

Schon 1896 appelliert Eisner an die gelegentlich von ihm zitierten noch »sittlich festen Menschen«, »Hand an[zu]legen, um der Verwüstung des Lebens durch die Gesellschaft Einhalt zu gebieten«. Das »Reinigungswerk«, die »Sanierung des öffentlichen Geistes«, sollten vornehmlich die Publizisten vollbringen. An sie stellt er den überaus hochgespannten Anspruch, Richter und Mahner, Erzieher und Wegweisende zu sein, nicht nur Wortführer, sondern »Tatführer«: »Realisierungsarbeiter der Idee«.

Konstruktive Opposition

Ende 1898 trat er, 31jährig und beruflich erfahren, in die Redaktion des sozialdemokratischen *Vorwärts* ein, dessen Leitung er nach dem Tod Wilhelm Liebknechts im Jahr 1900 übernahm. Liebknecht war weder Eisners »Mentor« noch sein »Gönner« oder »Lehrmeister«, wie manche Autoren behaupten, weil sie Eisners Befähigung zum Schriftleiter einer großen Zeitung bezweifeln.

Im Richtungsstreit zwischen den »Radikalen«, die dem revolutionären Marxismus anhingen, und den »Revisionisten«, die, reformorientiert, auf ein »Hineinwachsen« des Gegenwartsstaats in den Sozialismus hofften, wirkte Kurt Eisner zwischen den Fronten. Aus seinen Leitartikeln, die zwar ungezeichnet erschienen, aber als aus seiner Feder stammend zu identifizieren sind, geht hervor, daß er der Sozialdemokratie den Weg zu weisen suchte – einerseits zu einer konstruktiven Oppositionspartei, andererseits zu einer aktiven Systemveränderungspartei. Was ihm vorschwebte, war eine »Volkspartei«, die dem Umgestaltungsziel verpflichtet blieb.

Dabei war Eisner der Ansicht, der Marxismus lasse sich mit Kants Ethik verbinden. Er negierte, daß es sich um zwei unterschiedliche Denkrichtungen handelt, deren Konsequenzen sich gegenseitig ausschließen: Stand für die Marxisten fest, daß der Sozialismus ökonomisch gesetzmäßig kommen *müsse*, so war der Standpunkt ethischer Sozialisten wie Eisner, daß der Sozialismus kommen *solle*. Während das Sollen die politisch bewußte Tat verlangte, für die Eisner mit Imperativen wie »Erziehung zur Tat!«, »Sozialismus der Aktion!«, »Tatkräftiges, tägliches Eingreifen in die Politik!« plädierte, rechtfertigten die Marxisten, fixiert auf die Unvermeidlichkeit des Sozialismus, ihre politische Enthaltsamkeit, die von Eisner ungehalten als »Politik des demonstrativen Nichtstuns« verworfen wurde.

Statt dessen forderte Eisner eine »logische Einheit von Agitation und Aktion«. Im notwendigen Protest gegen die kapitalistischen Verhältnisse sollte der Gestaltungswille einer künftigen Ordnung, eines »freiheitlichen Sozialismus« deutlich werden und »keiner Gegenwartsarbeit aus dem Weg« gegangen, »aber auch kein Mittel verschmäht« werden, »weder der Kompromiß noch die Revolution«.

Dritter Weg

Eisner definiert sich selber als »der Dritte«, der zwischen gängigen Einstellungen eigenständige Positionen vertritt. So grenzte er sich während seiner Regierungszeit (November 1918 bis Februar 1919) sowohl gegen die verbürgerlichten Sozialdemokraten ab als auch gegen die Bolschewiki und »ihren deutschen

Nachtrab«. Nach seiner Auffassung hatte man in Rußland »den Sozialismus nicht begriffen«. Auf »russischem Wege«, so erklärte er, könne »die Demokratie und die sozialistische Gesellschaft« nicht errichtet werden.

Seine Konzeption eines »Dritten Weges« stieß zwar 1918/19 auf mehr Verständnis denn in der Vorkriegszeit, als er bereits der Sozialdemokratie seine grundlegenden Intentionen nahebringen wollte, zumal da er ihre Anpassung an den Kapitalismus voraussah. Doch hier wie dort überforderte er die Bereitwilligkeit der Menschen, ausgetretene Pfade zu verlassen und »neue Wege« zu beschreiten, wie er als Ministerpräsident forderte.

Seine Politik wird denn auch gern mit dem Gemeinplatz umschrieben, er habe sich zwischen alle Stühle gesetzt. Obgleich er selber wiederholt seine »schroffe Gegnerschaft« zum Revisionismus der Sozialdemokraten betont hat, ordnet man ihn in einer ganzen Reihe einschlägiger Bücher undifferenziert dieser Richtung zu.

Da er in den Jahrzehnten vor dem Ersten Weltkrieg mit einem früher oder später ausbrechenden Konflikt innerhalb des bürgerlichen Regierungssystems rechnete, der es den Sozialdemokraten ermöglichte, in einer entschlossenen Aktion die Macht zu erobern, erwartete er von ihren Politikern Regierungsfähigkeit. Im *Vorwärts* wie auch später in der *Fränkischen Tagespost* sowie – gemeinsam mit gleichgesinnten Parteifreunden – auf Parteitagen unterbreitete er Vorschläge für eine zielgerichtete sozialdemokratische Parlamentsarbeit. Sie wurden jedoch von den führenden Funktionären als »Überschätzung des Parlamentarismus« bekämpft.

Darüber hinaus regte Eisner die Organisation außerparlamentarischer Bewegungen an; er wollte sozusagen die Basis mobilisieren. In Massenversammlungen sollte sie die Arbeit der sozialdemokratischen Mandatsträger unterstützen und auch kontrollieren und zugleich Wähler der bürgerlichen Parteien gewinnen. Doch solcherart Impulse – sie sagen etwas über Eisners Demokratieverständnis aus – wies man in der Partei als »utopistisch« zurück.

Unwillen erregte er auch, weil er die Delegierten fortgesetzt tadelte, daß sie sich auf den Parteitagen in unfruchtbaren Theoriedebatten ergingen, anstatt, worauf er drängte, über »Fragen der aktuellen Politik« zu sprechen und »die Genossen der praktischen Arbeit« zu Wort kommen zu lassen. Namentlich die orthodoxen Marxisten Karl Kautsky und Franz Mehring betrieben seine Entfernung aus dem *Vorwärts*.

Als Chefredakteur des Parteiblatts *Fränkische Tagespost* nahm er weiterhin seinen eigenen Impetus zum Maßstab für die politische Arbeit, die bereits im Gegenwartsstaat zu leisten sei. So wollte er die sozialdemokratische Presse »an die Spitze aller Organe der öffentlichen Meinung« befördern und die Bildungsarbeit nicht, wie Rosa Luxemburg, einer »intelligenten Elite«, sondern allen Parteimitgliedern zugute kommen lassen. Wiederholt beantragte er, die Agrarfrage zu behandeln. Die Partei sollte sich auf dem Land Einfluß verschaffen.

Schließlich verlangte er von der Partei, sich mit den »Wandlungen in der Weltpolitik« und deren »wirtschaftlichen und politischen Folgen« zu befassen. Nach der ersten Marokkokrise 1905 begann er, vor einem von der kaiserlichen Regierung heraufbeschworenen Krieg zu warnen und die Sozialdemokratie zu internationaler Abwehrbereitschaft aufzurufen. In der Partei spottete man daraufhin über Eisners »Weltpolitikasterei und Kriegsprophetie«.

Eisners vielfältige Initiativen wurden als »Phantasterei« und als »schwärmerisch« verhöhnt, dabei jedoch unrichtig wiedergegeben. Er wurde nicht nur als »Ethiker«, sondern auch als »Schöngeist« abgewertet, der von Politik nichts verstehe. Zu dieser Einschätzung hat er indes selber beigetragen, denn er schrieb neben seinen Leitartikeln, über die sich die führenden Funktionäre ärgerten, in irritierender Fülle auch Feuilletons. Zumeist genügten sie dem klassisch aufklärerischen Anspruch, kurzweilig zu belehren und zu kritischem Denken anzuregen; doch floß ihm auch viel Leichtgewichtiges aus der Feder. Damit erlaubte er seinen innerparteilichen Gegnern, einer Diskussion über seine politischen Forderungen auszuweichen, und begründete seinen Ruf als »Feuilletonist« und »Literat« – Wertungen, die nicht nur in der Parteigeschichte zu finden sind.

Dennoch wurde Kurt Eisner – was von den Historikern übersehen wird – von den SPD-Mitgliedern des 1. Anhalter Wahlkreises als Kandidat für die Reichstagswahl 1912 aufgestellt. Wegen »Veränderung seiner beruflichen und persönlichen Verhältnisse« – er übersiedelte von Nürnberg nach München – hat er allerdings die Kandidatur niedergelegt. Da Wolfgang Heine, der sie übernahm, das Mandat 1912 erhielt, kann angenommen werden, daß auch Kurt Eisner in den Reichstag gelangt wäre.

Mehr Demokratie

Eine seiner »alten Ideen« war es, den Parlamentarismus lebendiger zu gestalten. Deshalb konzipierte er als bayerischer Ministerpräsident eine Synthese von Räten und Parlament. Die Räte dachte er sich als eine multifunktionale, basisdemokratische Komponente zum Landtag, geeignet, inner- und außerparlamentarische Aktivitäten zu verknüpfen und einen »Selbsterziehungsprozeß des Volkes« einzuleiten.

Überzeugt, »daß die Schäden der Demokratie nur durch mehr Demokratie überwunden werden können«, setzte er sich für das Referendum ein. Den Volksentscheid betrachtete er als »Vollendung des demokratischen Gedankens«, weil so »alle Staatsbürger zu unausgesetzter politischer Mittätigkeit herangezogen werden« und das Recht hätten, »gegen eine gesetzgeberische Arbeit des Parlaments einzuschreiten, die mit den Wahlversprechungen der Kandidaten und mit dem Willen der Wähler nicht übereinstimmt«.

Außerdem rief er ein berufsständisches Parlament ins Leben, dessen Vertrauensleute Sitz und Stimme im provisorischen Nationalrat erhielten, der nach der Münchner Revolution vom 7. November 1918 gebildet worden war. In ihm saßen auch je fünfzig Arbeiter-, Soldaten- und Bauernräte. Eisners Wirtschaftsprogramm sah eine Verstaatlichung »unter demokratischer Kontrolle« vor – vor allem der Bergwerke und der Schwerindustrie –, daneben Formen gemeinwirtschaftlicher und gemischtwirtschaftlicher Unternehmen. Doch sollte kein staatsbürokratischer Kapitalismus geschaffen, vielmehr die

Privatinitiative aller Arbeitenden »psychisch sozial in den Dienst der Gesamtheit gestellt werden«. Er versäumte aber nicht den Hinweis, daß sich Sozialisierung im eigentlichen Sinn nur »weltwirtschaftlich« durchführen ließe.

Aber nicht nur die rigorosen Waffenstillstandsbedingungen der Alliierten und die katastrophal schlechte Versorgung der Bevölkerung engten den Handlungsspielraum der Revolutionsregierung ein. Für eine wirtschaftspolitische Umgestaltung, wie sie der Unabhängige Sozialdemokrat Kurt Eisner plante, fand er auch nicht die Zustimmung seiner mehrheitssozialdemokratischen Kabinettskollegen. Während für den Ministerpräsidenten – übereinstimmend mit den maßgebenden Berliner USPD-Politikern – die Revolution eine Quelle der Rechtsschöpfung darstellte, also strukturverändernde Reformen erlaubte, wünschten die Mehrheitssozialdemokraten die sofortige Ausschreibung freier Wahlen.

Auf der anderen Seite wiegelten Anarchisten und Kommunisten – in Eisners Urteil »Wirrköpfe«, die »nur psychologisch, aber nicht logisch zu begreifen sind« – die Arbeitslosen gegen seine Regierung auf und verschafften, kontraproduktiv, damit den rechtsradikalen Verschwörern Zulauf. Ihre Parole »Alle Macht den Räten« galt in den Augen Eisners als eine »unvollziehbare Wahnvorstellung«. Während der Konferenz der Länderregierungen am 25. November 1918 in Berlin beschwor er den Spartakistenführer Karl Liebknecht, der ebenfalls »alle Macht« – Legislative, Exekutive, Judikative – den Räten zu übertragen forderte, seine aufrührerische Propaganda einzustellen und beim Aufbau eines demokratisch-sozialistischen, föderalistisch gegliederten Staatswesens mitzuhelfen. Liebknechts Absage veranlaßte Eisner zu der bemerkenswerten Feststellung: »Die Revolution scheitert. Ohne L[iebknecht] wäre nie alles gescheitert.«

Zerrbilder

Obwohl inzwischen mehrere Publikationen vorliegen, die der Politik Eisners gerecht werden, wird sein Wirken, insbesondere von als links sich verstehenden Autoren, nach wie vor tendenziös mißdeutet. Falsch ist die Behauptung, Eisner, der den Freistaat Bayern proklamierte, habe die »Räterepublik« ausgerufen. Dieses abenteuerliche Unternehmen wurde erst sieben Wochen nach Eisners Ermordung, als deren fatale Folge, von Anarchisten und Kommunisten inszeniert. Ebenso falsch ist es, die hundert Tage der Revolutionsregierung Eisner unter die knapp drei Wochen währende Räterepublik zu subsumieren, falsch auch die Einbeziehung Eisners unter die »Literaten der Räterepublik«.

Noch 1989 wurde in der *Frankfurter Rundschau* anhand falsch wiedergegebener Eisner-Zitate der Anschein erweckt, er sei ein Verfechter des »bürgerlichen« Parlamentarismus gewesen und habe die Räte entmachtet – ganz wie es die Kommunisten behaupten. Eine Methode der Verfälschung ist es, nur Eisners idealistische Rhetorik herauszuziehen, um ihn als »weltfremd« zu denunzieren.

Die Verunglimpfung Kurt Eisners – nach seinen eigenen Worten von »leichtfertiger und auch bösartiger Natur« – hat eine lange Tradition. Der Chefredakteur des *Vorwärts*, der extrem rechte Sozialdemokrat Friedrich Stampfer, bezeichnete 1918/19 die Ministerpräsidentschaft Eisners, ohne auf deren politische Ziele einzugehen, als »Kasperlekomödie«. Auch die bis heute übliche Diffamierung Eisners als »Schwabinger Bohemien« und »Schwabinger [Kaffeehaus-] Literat« ist auf Stampfers Invektive zurückzuführen. Weder wohnte Eisner in Schwabing, noch verkehrte er dort. In seinen – und in den von ihm lancierten – Nachrufen stellte Stampfer dann Kurt Eisner als gemeingefährlichen Exzentriker dar: eine Charakterisierung, für die er keinerlei Belege anführte und die er auch in seinen Memoiren nicht korrigierte. Noch angereichert, wurde dieses Zerrbild 1989 zum 70. Todestag und 1992 zum 125. Geburtstag Kurt Eisners erneut verbreitet – vom verantwortlichen Redakteur der *Neuen Gesellschaft/Frankfurter Hefte*.

Eine kritische Untersuchung des publizistischen und politischen Schaffens Kurt Eisners erweist diese Charakterisierung als falsch.

Michael Lotterschmid / Hartmut Mehringer

Erhard Auer: Ein königlich-bayerischer Sozialdemokrat und Republikaner wider Willen

Am 22. Dezember 1874 in Dommelstadl / Bezirksamt Passau als uneheliches Kind geboren, Neffe des bedeutenden, heute freilich kaum noch bekannten sozialdemokratischen Parteiführers und Abgeordneten Ignaz Auer in Berlin, katholisch getauft, verheiratet, drei Töchter, 1894–1933 Kaufmann und SPD-Funktionär in München, Reichstags- und Landtagsabgeordneter sowie Stadtrat, Chefredakteur und später Mitherausgeber der *Münchener Post*, Führer der bayerischen Mehrheitssozialdemokraten, Antipode und Partner Eisners als erster Innenminister des Freistaats Bayern, während des Dritten Reichs in Karlsruhe lebend, gestorben am 30. März 1945 auf einem Evakuierungstransport in Giengen an der Brenz – die nackten biographischen Daten vermögen noch wenig auszusagen über diesen Mann, der in der bayerischen Sozialdemokratie ein Vierteljahrhundert lang die entscheidende Rolle spielte.

Mit seinen eigenwilligen und schillernden Charakterzügen, seiner Durchsetzungsfähigkeit und einer Bodenständigkeit, der auf der anderen Seite Mangel an Begeisterungsfähigkeit für große Zukunftsentwürfe und revolutionäre Perspektiven entsprach, war Auer zugleich eine ganz besonders umstrittene und von vielen Seiten – auch innerhalb der Partei – befehdete Persönlichkeit.

Persönliche Charakterisierungen und Aussagen über ihn liegen vor allem von politischen Gegnern und innerparteilichen Widersachern vor; noch 1971 zeichnete Wilhelm Hoegner ihn als »Kaiwepraxer«, als Viehhändler in der Politik, der, wenn ein gerader und ein krummer Weg möglich gewesen sei, immer den krummen genommen habe, und kennzeichnend scheint zu sein, daß Auers wärmste Fürsprecher eher rechts von der Mitte standen.

Wer war Erhard Auer?

Jugend in Niederbayern

Seine Kindheit – und das ist keine retrospektive »proletarische« Stilisierung – war von Elend und Armut geprägt. Nicht nur die Mutter Anna, die Schwester Ignaz Auers, war arm, das ganze Dorf war es. Die Mutter starb, als Erhard Auer zwei Jahre alt war; er wurde als Dorfarmenkind erzogen, besuchte bis 1886 die Dorfschule und wurde dann als »Gemeindearmer« durch Beschluß der Distriktbehörde vom weiteren Schulbesuch suspendiert. Mit elfeinhalb Jahren war Auer Hüterjunge und landwirtschaftlicher Arbeiter in Niederbayern. Vier Jahre später, 1890, Auer war 16 Jahre alt, ließ ihn der Leiter des zuständigen Bezirksamts für acht Tage in Haft nehmen – wegen »Gründung und Förderung einer gemeingefährlichen Organisation«. Was hatte der junge Auer verbrochen?

Bauernknechte hatten sich unter seiner Führung zu einem Verein zusammengeschlossen, der von den Bauern verlangte, daß die Dienstboten im Sommer frisches Fleisch, und nicht, wie häufig, verdorbenes erhalten sollten. Dafür wollten sie sich verpflichten, an den »abgeschafften« kirchlichen Feiertagen zu arbeiten, und zusätzlich die Trockenlegung von Sümpfen und Bodenkulturarbeiten übernehmen. Die Dienstherren hatten daran jedoch kein Interesse, wollten vor allem am Essen sparen und erklärten, in dieser Zeit vor der Ernte gebe es ohnehin keine Arbeit. Der Auersche Bauernknechte-Verein wurde daraufhin behördlicherseits aufgelöst und ihr Gründer in Handschellen abgeführt und eingesperrt.

Der junge Auer war empört, von der »Schmach« tief getroffen und, wie er selbst sagte, »verbittert« – wie dies auch seiner Wesensart entsprach: Groß und breit an Statur, war er freilich nichts weniger als ein Phlegmatiker; aufbrausend, heftig, sensibel und schnell verletzt, auf der einen Seite großzügig und spendabel, auf der anderen verbissen und stur, vieles verzeihend und doch nichts vergessend – kurz, von »ebenso gutem niederbayerischem Holze« wie sein Onkel Ignaz Auer, so der *Vorwärts* vom 4. 6. 1907.

Ein Müller, den Auer nach der Haftentlassung kennenlernte, brachte ihm erstmals sozialdemokratisches Gedankengut nahe. Auer stellte sich erneut gegen die bestehende Ordnung, d. h. gegen das Zentrum, das in Niederbayern Staat und politische Gewalt verkörperte. Dessen Gegner war auf dem Land der Bayerische Bauernbund als überwiegend kleinbäuerliche Interessenvertretung, und hier fand Auer sein erstes politisches Betätigungsfeld: Als Bauernbund-Agitator erlebte er den Reichstagswahlkampf 1893 in Niederbayern mit seinen scharfen Auseinandersetzungen zwischen Bauernbund und Zentrum.

Kurz darauf ging er nach München und leistete seinen zweijährigen Wehrdienst beim Infanterie-Leibregiment in der Türkenkaserne ab. Mit der Militärzeit erfolgte ein entscheidender Wandel im Leben des jungen Erhard Auer: Er mußte seine ländliche Heimat verlassen, kam in die Residenzstadt, machte dort zum ersten Mal auch praktisch die Bekanntschaft mit der Partei seines Onkels – womit sich für ihn ganz zwangsläufig der Wechsel vom Bauernbündler zum Sozialdemokraten ergab.

Der »getreue Ekkehard« Georg von Vollmars

Sicherlich half ihm hier auch sein Name weiter: Georg von Vollmar wurde auf ihn aufmerksam und besorgte ihm eine Stelle als Ausgeher beim Kaufhaus Tietz am Stachus. Der junge Auer war fleißig, besuchte abends einen Handelskurs und wurde zum Kaufmann ausgebildet. In dieser Zeit (1897) heiratete er Sophie Doyle, 1899 bis 1903 wurden drei Töchter geboren. Ab 1900 selbständiger Kaufmann, arbeitete Auer bei der Ortskrankenkasse und betätigte sich gleichzeitig als Sekretär Georg von Vollmars, ohne Bezahlung und zunächst ohne Einfluß.

Auer wohnte in der Daiserstraße, seine Parteisektion war das Schlachthausviertel. 1902 wurde er hier zum Vorsitzenden gewählt und als solcher am 24. April 1902 erstmals in der *Münchener Post* erwähnt. Sein organisatorisches Geschick trat schon früh deutlich hervor, die Sektion wuchs in den nächsten Jahren von 60 auf 200 Mitglieder im Jahre 1907. Auf dem Parteitag von 1904 in Augsburg war Auer erstmals Delegierter, ebenso 1905 auf dem Gautag Südbayern.

Zu diesem Zeitpunkt besaß Auer bereits das uneingeschränkte Vertrauen Georg von Vollmars, der sich zunehmend aus dem politischen und Partei-Alltag zurückzog: Seine Knieverletzung aus dem Krieg von 1870/71 lähmte ihn, und dieser Zustand sollte sich in den folgenden Jahren so sehr verschlechtern, daß Auer gewissermaßen ganz von selbst in die Parteileitung hineinwuchs. Die alltägliche Arbeit, die organisatorisch notwendig gewordene Umstrukturierung der Partei zwischen 1902 und 1906 – sie war im wesentlichen Auers Werk. Georg von Vollmar war der geistige Vater, Auer der Vollstrecker.

1907 wurde Auer zum Landtagsabgeordneten gewählt. Im März 1908 beendete er seine Tätigkeit bei der Ortskrankenkasse; er war nun hauptamtlich 1. Landessekretär der bayerischen Sozialdemokratie und bestimmte damit wesentlich die Politik der Partei in Bayern. Freilich war er nach wie vor der »getreue Ekkehard« Georg von Vollmars, ihm absolut ergeben und loyal. Der Briefwechsel Auer–Vollmar illustriert dieses Verhältnis sehr deutlich.

Im Landtag entfaltete Erhard Auer eine rege – wie man damals zu sagen pflegte: »agitatorische« – Tätigkeit. 1912 war ein erster Skandal perfekt: Auer hatte sich mit den christlichen Gewerkschaften angelegt, ein Beleidigungsprozeß war die Folge, von Auer und der *Münchener Post* im übrigen publizistisch glänzend genutzt; das Urteil lautete auf vier Wochen Gefängnis – Gefängnis für einen königlich bayerischen Abgeordneten!

Den Strafantritt konnte er selbst bestimmen; als indes König Ludwig III. von der Affäre erfuhr, ließ er Auer mitteilen, er müsse die Strafe selbstverständlich nicht antreten und werde begnadigt. Auer dankte dem König – und fand sich unverzüglich zum Strafantritt in Stadelheim ein – ein propagandistischer Coup, den er publizistisch weidlich auszunutzen verstand. 1913 forderte Auer als erster und einziger bayerischer Landtagsabgeordneter die formale Bestandsaufnahme und Klärung des Vermögens des Hauses Wittelsbach – zu diesem Zeitpunkt fürwahr eine revolutionäre Forderung, die 1922 bei der sog. Fürstenabfindung noch einmal eine wichtige Rolle spielen sollte.

Der »Kampf um die Proletariermassen«

Bei Ausbruch des Ersten Weltkriegs meldete Auer sich trotz einer erheblichen Bruchverletzung unverzüglich; er nahm an den schweren Stellungskämpfen in Flandern teil und wurde durch einen Bajonettstich verwundet, wofür er militärische Auszeichnungen erhielt. Nach seiner Verwundung wurde er zur Militärverwaltung in Roubaix abkommandiert.

1916 kehrte Auer nach München zurück. Die Partei befand sich in keinem guten Zustand, viele der Mitglieder standen »im Feld«, die Stimmung war schlecht. Dazu kam es im Frühjahr 1917 zur Abspaltung der USPD, die freilich in Bayern und München zunächst noch keine große Rolle spielen konnte. Auer und andere Genossen waren Mitglieder des vom König einberufenen Ernährungsbeirats. Die Versorgung der Bevölkerung hatte sich zu diesem Zeitpunkt etwas verbessert, Partei und Gewerkschaften konnten Einfluß nehmen und saßen in den Entscheidungsgremien, es schien, als könne man wieder nach den politischen Vorstellungen Georg von Vollmars Reformkonzepte in praktische Politik umsetzen.

Im Herbst 1917 versuchte dies die Mehrheits-Sozialdemokratische Partei (MSPD) mit einem der wichtigsten politischen Anträge dieser Jahre, dem Antrag auf Verfassungsreform, der die Umwandlung der Monarchie Bayern in eine parlamentarische Demokratie mit monarchischer Spitze forderte – und scheiterte wider eigenes Erwarten in der Kammer der Abgeordneten. Auer – und mit ihm alle, die auf eine Änderung gehofft hatten – war zunächst erstarrt, dann zunehmend verärgert; er zeigte dies auch deutlich: Sein Ton wurde schärfer, unmißverständlich drohte er den Staatsorganen und der Regierung, wies auf die »Proletariermassen« hin.

Der Januar-Streik 1918, in München vor allem auf Rüstungsbetriebe beschränkt, kam dennoch – trotz Eisners Ankündigungen – für Partei und Gewerkschaften unerwartet und brachte für beide eine Zerreißprobe. Gelang es jetzt nicht, den Streik unter die Kontrolle der Gewerkschaften und die politische Aufsicht der Partei zu bringen, würde die Spaltung konkret und massiv, würde die MSPD ihren Anspruch, die »Proletariermassen« auch in Bayern allein zu vertreten, nicht mehr aufrecht erhalten können.

Auer handelte – ganz wie es seinem unrevolutionären, parlamentarisch-demokratischen Verständnis entsprach: Er ging auf die Straße, trat den Vertretern der USPD gegenüber, die den ohnehin schon politischen Streik noch weiter zu politisieren und zu einem Generalstreik auszuweiten trachteten, sprach in den Betrieben. Er unternahm alle Anstrengungen, um dem Streik seine eigentliche politische Spitze, die er für gefährlich hielt, abzubrechen – bzw., wie Auers Gegenspieler Kurt Eisner von der USPD wenig später formulierte, ihn »in geordnete Bahnen, ... d. h. ins Leere« zu lenken.

Kurt Eisner und weitere Streikführer wurden am 31. Januar 1918 verhaftet, Auer und andere Führer der Mehrheits-Sozialdemokratie in München konnten sich an die Spitze des Streiks stellen und ihn als Demonstrationsstreik mit einer Abschlußkundgebung ruhig zu Ende führen. Kurt Eisner war offensichtlich der festen Überzeugung, er habe seine Verhaftung unmittelbar dem Einwirken oder gar einer Denunziation Erhard Auers zu verdanken – Beweis bzw. Gegenbeweis lassen sich nicht eindeutig führen, doch ist klar, daß allein dieser Verdacht das zukünftige Verhältnis der beiden Männer aufs Schwerste belasten mußte.

Im Lichte von Auers Ausführungen in der bayerischen Abgeordnetenkammer von Ende Januar 1918 ist freilich das übliche Bild des »reaktionären Bremsers« der revolutionären Bewegung, wie es in der Literatur vorherrscht, zu modifizieren. Denn er verurteilte den Streik keineswegs pauschal, sondern führte ihn auf das Mißtrauen der Arbeiter gegenüber der Politik der Reichsregierung zurück. Wenn die Regierung weiterhin ihre annexionistische und kriegshetzerische Politik verfolge, werde er selbst an der Spitze der Streikbewegung stehen. Auer setzte – ganz in der Tradition Georg von Vollmars – auf die Reform von oben, für die der Druck von unten als Beschleunigungsmittel dienen sollte.

Der November 1918 brachte den Zusammenbruch der alten Ordnung. Sicher ist, daß Erhard Auer – im Gegensatz zu Kurt

Eisner – den Umsturz nicht gewollt und nicht vorangetrieben hat. Er fürchtete seine unvorhersehbaren und unkontrollierbaren Folgewirkungen. Die Diktatur einer Klasse, so führte er noch unmittelbar zuvor aus, müsse zu andauerndem Bürgerkrieg führen und könne wieder die Gewaltherrschaft des Säbels bringen – eine wahrhaft prophetische Prognose!

Auf den Revolutionsverlauf selbst sei hier nicht weiter eingegangen. Als die bayerische Monarchie am Abend des 7. November buchstäblich durch die Hintertür abgetreten war, kam es in der Nacht noch zu einem Gespräch mit dem Kgl. Innenminister Friedrich von Brettreich, in dem Auer deutlich machte, daß er und die MSPD-Führung einen »Putsch« nicht unterstützen und wohl auch eine gewaltsame Niederschlagung und die Festsetzung der Revolutionäre dulden würden, wenn es noch in dieser Nacht geschehe – sonst sei es zu spät, und die Mehrheitssozialdemokratie könne dann nur versuchen, auf der Grundlage der neugeschaffenen Verhältnisse an der Stabilisierung der inneren Ordnung mitzuarbeiten.

An der in diesem Zusammenhang von Auer geäußerten Bemerkung, ob denn um alles in der Welt nicht einmal mehr die 500 zuverlässigen Mann aufzutreiben seien, die man zur Aushebung und Festsetzung der Revolutionäre benötige, sollte er freilich noch lange zu kauen haben: Sie wurde in den folgenden Jahren von der Linken immer wieder dahingehend verfälscht, Auer selbst habe mit diesen Truppen die Revolution niederschlagen wollen.

Trotz eines distanzierenden Artikels, der, von Auer gezeichnet, am Morgen des 8. November in der *Münchener Post* erschien, konnte und wollte Auer sich der zu diesem Zeitpunkt gebildeten provisorischen Regierung als MSPD-Repräsentant nicht entziehen. Er übernahm im neuen Kabinett Eisner den Schlüsselposten des Innenministers im neuen Freistaat, ganz wie es der von ihm auch zuvor schon geäußerten Grundüberzeugung entsprach: Die MSPD war grundsätzlich gegen Revolutionen, noch schwerer wog jedoch die Sorge vor anarchischen Zuständen, und deshalb war sie bereit, auch in einer durch Revolution zur Macht gekommenen Regierung mitzuarbeiten.

Innenminister der Regierung Eisner

Bei dieser Vorgeschichte mußte das Verhältnis Eisner–Auer und USPD–MSPD im Kabinett naturgemäß schwierig werden. Und es war von mancherlei Streitigkeiten, Mißverständnissen und scheinbaren wie tatsächlichen Gegensätzen gekennzeichnet, wenngleich das Studium der Ministerratsprotokolle deutlich macht, daß es in diesen Monaten zwischen MSPD- und USPD-Ministern im Grunde nur in Detailfragen wirkliche Meinungsverschiedenheiten gab. Natürlich war Auer außerhalb des Kabinetts dem linken Flügel von Anfang an ein Dorn im Auge, man sah in ihm den »Hort der Reaktion« und den Gegner einer revolutionären Lösung. Und das durchaus nicht zu Unrecht: Zwar war Auer flexibel, was die Beteiligung von Räten an der Herausbildung und Gestaltung des politischen Gemeinwillens betraf, in einem Punkt jedoch war er unbeirrbar und ließ sich auf keine Diskussion ein: Seine Vorstellung von Demokratie war das parlamentarische System, neben dem Parlament konnte es für ihn keinen weiteren Souverän mehr geben, und daraus folgte seine Ablehnung jeglicher Einmischung der Räte in die innere Organisation und Verwaltung des Staates.

Auers Hauptsorge galt zu diesem Zeitpunkt freilich vor allem der Ernährung der Bevölkerung; eine weitere Verschlechterung der Lage war um jeden Preis zu verhindern, immerhin stand der Winter vor der Tür. Und dennoch – das sei hier nur am Rande vermerkt – bewies Auer auch in dieser schwierigen Situation Weitblick und Zukunftsperspektive: Seit etwa 1900 hatte sich Oskar von Miller vergeblich um die Verwirklichung seines Lebenswerks, des Baus des Walchensee-Kraftwerks, bemüht; als Auer Innenminister wurde, kam endlich Bewegung in dieses zukunftsweisende Projekt: Binnen vier Wochen war Oskar von Miller Staatsrat, schon Anfang Dezember 1918 begann der Bau. Es war für die damalige Zeit eine grandiose Leistung, sowohl technisch wie politisch, waren doch die prognostizierten Kosten hoch, und niemand wußte eigentlich so recht, wohin mit dem vielen Strom. Dennoch sollte sich diese Entscheidung als echte Zukunftsinvestition herausstellen, die

die Elektrifizierung und damit die Technologisierung Bayerns erst in Gang setzte.

Die letzten Wochen des Jahres 1918 und der Beginn des Jahres 1919 waren gekennzeichnet vom Wahlkampf für die Landtagswahlen am 12. Januar und die Wahlen zur Deutschen Nationalversammlung am 19. Januar 1919, den die MSPD und vor allem auch Erhard Auer persönlich mit großem Engagement führten. Ergebnis war – begünstigt durch die außergewöhnliche Situation – ein Wahlerfolg von rund 33 Prozent in beiden Wahlen; nur die neugegründete Bayerische Volkspartei als Nachfolgeorganisation des Zentrums lag mit 35 Prozent geringfügig höher, war zu diesem Zeitpunkt jedoch nicht »regierungsfähig«. Die Wahlen von Anfang 1919 bedeuteten eine klare Absage der bayerischen Wählermehrheit an die revolutionäre Linke; die KPD war noch nicht angetreten, die USPD erhielt in Bayern nur 2,5 bzw. 4 Prozent. Wie ein Vergleich mit den für sie viel schlechteren Wahlergebnissen des Jahres 1920 zeigt, hatte die MSPD als Exponentin einer Politik von Ruhe und Ordnung Anfang 1919 offensichtlich in breitem Umfang auch bürgerliche Wählerschichten anziehen können, die längerfristig an sich zu binden ihr freilich nicht gelang.

Als sich am 21. Februar 1919 die gewählten Abgeordneten ins Landtagsgebäude zur konstituierenden Sitzung des neuen Landtags begaben, schienen Auer und die bayerische Sozialdemokratie unmittelbar vor dem größten Erfolg der bisherigen Parteigeschichte zu stehen. Eisner war auf dem Weg, seinen Rücktritt zu erklären, und Auer durfte sich als designierter neuer Ministerpräsident fühlen. Das Wahlergebnis schien der Sozialdemokratischen Partei endlich die Möglichkeit zur demokratisch legitimierten Machtausübung zu bringen. Arbeiter und Kleinbürgertum hatten MSPD gewählt. Endlich konnte man, so die sozialdemokratische Überzeugung, die Neugestaltung Bayerns in Angriff nehmen und das Vermächtnis Georg von Vollmars erfüllen. Auch das Verhältnis Bayern und Reich, das Problem der neuen Reichsverfassung, schien letztlich lösbar. Auer gehörte der Deutschen Nationalversammlung in Weimar an, und ein Artikel in der *Münchener Post* vom 22. Januar 1919 hatte seine Einstellung deutlich gemacht: Auer bekannte sich zum vorläufigen Entwurf der Reichsverfassung, trat aber für die Auflösung Preußens in nach »Stammesart und Wirtschaft« zu bildende neue Staaten ein. Gleichzeitig wandte er sich gegen eine Rückkehr zur Kleinstaaterei und setzte sich vor allem für eine wirksame Gewaltenteilung zwischen Reich und Ländern ein, d. h. gegen einen überzogenen Reichszentralismus und die Aufgabe »bundesstaatlichen Eigenlebens«. Die ersatzlose Aufhebung des Bundesrats hatte er bereits mehrfach bedauert. Der vorliegende Entwurf der Reichsverfassung fand insofern keineswegs seine vorbehaltlose Zustimmung, insbesondere der eigenen Partei machte er klar, daß dieser Entwurf für ihn und die bayerische Sozialdemokratie nur partiell annehmbar sei und daß »... Demokratie und Sozialismus... in Deutschland... ohne einen Einschlag bundesstaatlicher Freiheit« nur schwer gedeihen könnten.

Die unmittelbar folgenden, gänzlich unerwarteten Ereignisse machten diese hoffnungsvollen Perspektiven freilich unumkehrbar zunichte. Kurt Eisner wurde, auf dem Weg in den Landtag, Opfer eines Attentats, das Anton Graf von Arco auf Valley auf ihn verübte. Im Landtag herrschte daraufhin naturgemäß große Empörung und Erregung. Um 11 Uhr ergriff Auer das Wort zu einer Gedenkrede auf Kurt Eisner, die Abgeordneten erhoben sich von ihren Plätzen, als plötzlich ein Mann auf den Ministertisch zueilte und zwei Schüsse auf Auer abfeuerte; Auer rutschte schwer verletzt vom Stuhl auf den Boden, Panik brach aus, die Abgeordneten drängten zu den Ausgängen, auch von der Tribüne fielen Schüsse. Erst 20 Minuten später konnten Sanitäter Hilfe leisten; Auer wurde in die Chirurgische Klinik gebracht und von ihrem Leiter, Prof. Sauerbruch, sofort operiert. Tagelang schwebte er in Lebensgefahr. Einige Zimmer weiter lag der Eisner-Attentäter Arco-Valley, der von Eisners Leibwächtern schwer verwundet worden war.

Im Landtag herrschte unterdessen Hektik. Als Attentäter, der die Schüsse auf Auer abgegeben hatte, wurde noch am Tatort ein Metzger namens Alois Lindner identifiziert, der allerdings zunächst unbehelligt aus dem Landtagsgebäude fliehen und München verlassen konnte; erst später wurde er verhaftet. Sein Motiv für den Anschlag auf Auer: Er habe geglaubt, Auer habe bei der Ermordung Kurt Eisners die Hand mit im Spiel gehabt.

Verlust der Glaubwürdigkeit

Diese Ereignisse, verbunden mit der Sprengung des Landtags, führten zu einer erneuten starken Radikalisierung der Massen bis weit in die Reihen der Sozialdemokratie hinein. Auer selbst war durch die Folgen seiner Verwundung mehr denn ein Jahr ausgeschaltet. Als er im Frühjahr 1920 in die aktive Politik zurückkehrte, war die für die MSPD scheinbar so günstige Ausgangsposition nach den Wahlerfolgen vom Januar 1919 endgültig verspielt bzw. von der Wucht der darauf folgenden Entwicklungen buchstäblich hinweggefegt worden. Die im März 1919 – abermals auf der Grundlage einer Koalition von MSPD und USPD – neugebildete Regierung unter dem ehemaligen Kultusminister und stellvertretenden Ministerpräsidenten Johannes Hoffmann verlor gegenüber den Räten zunehmend an Autorität und wich nach Ausrufung der Räterepublik Anfang April 1919 nach Bamberg aus. Da für Verhandlungen sowohl aufgrund der Unnachgiebigkeit der – seit Mitte April von den Kommunisten gestellten – Räteführung in München, die in der Mehrheits-Sozialdemokratie das Haupthindernis für die Durchsetzung ihrer revolutionären Forderungen sah, wie angesichts des starren Verfassungs- und Legalitätsverständnisses des neuen bayerischen Ministerpräsidenten Hoffmann kein Spielraum vorhanden war und die Bamberger Exilregierung nur über unzureichende Machtmittel verfügte, mußte sie schließlich das Reich zu Hilfe rufen und die militärische Niederschlagung der Räterepublik in München durch Reichswehr und Freikorps hinnehmen, ohne selbst Einfluß ausüben zu können; Hoffmann befand sich in einer Zwangslage, »in der er immer nur das Falsche tun konnte«.

Dazu kam, daß sich die Regierung Hoffmann, die noch bis März 1920 auf der Grundlage einer Koalition mit Bayerischer Volkspartei und Deutscher Demokratischer Partei im Amt blieb, mit ihrer Zustimmung zur militärischen Niederschlagung der Räterepublik im Grunde jeder weiteren politischen Entscheidungsgewalt und Wirkungsmöglichkeit begeben hatte: Weder vermochte sie nach dem Ende der Räterepublik dem »bürgerkriegsmäßigen Wüten« und dem brutalen weißen Terror der Sieger zu steuern, der Hunderte von – häufig völlig unbeteiligten – Opfern forderte, noch reichte später ihr Einfluß aus, Begnadigungen für die zahlreichen wegen Hochverrats zu langjährigen Zuchthausstrafen Verurteilten durchzusetzen. Von der politischen Rechten alsbald mit den Räterepublikanern in einen Topf geworfen, verlor sie auf der anderen Seite bis weit in die Reihen der eigenen Mitgliedschaft hinein ihre Basis bei der politischen Linken und war um so weniger fähig, Druck nach rechts zur Durchsetzung ihrer eigenen Reformvorstellungen auszuüben.

Im März 1920 stürzte die Regierung Hoffmann im Zusammenhang mit dem Kapp-Lüttwitz- bzw. Kahr-Putsch – und im März 1920 ließ sich der von der Attentatsverletzung genesene Auer von seinen Parteifreunden überreden, bei den im Juni 1920 anstehenden Landtagswahlen wieder als Spitzenkandidat anzutreten. Dies gelang freilich erst der zweiten Parteidelegation, die bei Auer vorsprach: Er schätzte, wie auch seine deutliche Kritik an der Politik der Regierung Hoffmann zeigt, die ungünstigen Ausgangsbedingungen der Sozialdemokratie bei den anstehenden Wahlen realistisch ein. Die Wahlschlappe war in der Tat vernichtend: In Bayern erreichte die MSPD gerade noch 16,4 Prozent (gegenüber 12,9 Prozent für die USPD), in München (MSPD: 18,9 Prozent) wurde sie von der USPD mit 20,4 Prozent sogar überflügelt. Auer gelangte aber mit einem Ergebnis von gut 8500 Stimmen in den Landtag und wurde zum Vizepräsidenten gewählt.

Seine Rückkehr in die aktive Politik wurde freilich von einer heftigen Hetz- und Verleumdungskampagne begleitet, die zunächst von seinen politischen Widersachern auf der linken Seite ausging, alsbald aber auch – anders akzentuiert – von den rechten Kampfblättern aufgegriffen wurde. Beide Seiten stilisierten Auer zum Urbild des sozialdemokratischen Parteibonzen bzw. des typisch mehrheitssozialdemokratischen Parteifunktionärs, zögerlich, schwerfällig, allem Neuen abhold, und unterstellten ihm Bestechlichkeit, Verrat und Liebedienerei gegenüber dem bürgerlichen Establishment. Die Anschuldigungen bezogen sich dabei nicht nur auf Auers Rolle in der Revolutionszeit von 1918/19; man versuchte ihn auch mit Behauptungen über unehrenhaftes Verhalten in der Kriegszeit (er habe sich in der Etappe in Roubaix persönlich bereichert, sei »Kriegsgewinnler« usw.) wie über seinen angeblich großbürgerlichen Lebensstil persönlich zu verunglimpfen. Am hartnäckigsten freilich wurde gegen Auer immer wieder die Beschuldigung vorgebracht, eine seiner Töchter habe dem Eisner-Attentäter Arco-Valley im Krankenhaus einen Rosenstrauß überbracht.

Im September 1922 mußte sich eine Generalversammlung der Münchener SPD mit dem »Fall Auer« befassen, wobei der junge Hoegner für und Toni Pfülf, die Auer für nicht mehr tragbar hielt, gegen Erhard Auer auftraten. Die Generalversammlung wies alle Vorwürfe gegen Auer als haltlos zurück und distanzierte sich eindeutig von der »Rosenstrauß-Affäre«; zwei Jahre später, als der »Fall Auer« noch einmal publizistisch hochgespielt wurde, mußte eine Münchener SPD-Versammlung erneut eine Ehrenerklärung für Auer abgeben. Erst danach verstummten die Vorwürfe allmählich.

Am 24. September 1922, knapp zehn Tage nach der soeben angeführten Generalversammlung, wurde in Bayern die Wiedervereinigung von Mehrheits-Sozialdemokraten und USPD vollzogen, nachdem deren linker Flügel sich Ende 1920 mit der KPD vereinigt hatte. Bis auf den ehemaligen Räteführer Ernst Toller, für den Auer 1919 der »Typ des zum Bourgeois erhobenen Proletariers« gewesen war, traten alle USPD-Abgeordneten der Vereinigten Sozialdemokratischen Partei Deutschlands (VSPD) bei, wie sie sich nun vorübergehend nannte. Erst mit diesem Beschluß verlor im übrigen die bayerische Sozialdemokratie »Bayern« als Namensbestandteil und wurde auch von der Nomenklatur her Teil der Sozialdemokratischen Partei Deutschlands.

Unterschätzung der nationalsozialistischen Gefahr

Das folgende Jahr brachte den Hitler-Putsch in München; die Nazis verwüsteten nicht nur die Redaktionsräume der *Münchener Post*, auch Erhard Auer war ihr unmittelbares Ziel. Seine Verhaftung mißlang jedoch, da Auer sich zu diesem Zeitpunkt nicht in München befand; die Auersche Wohnung wurde ebenfalls verwüstet, sein zufällig anwesender Schwiegersohn abgeführt.

Die Erfahrung des Hitler-Putsches 1923 war ausschlaggebend dafür, daß Auer die seit Anfang der zwanziger Jahre bestehenden sozialdemokratischen Selbstschutz-Formationen (die sogenannte »Auer-Garde«) in München und Südbayern gezielt auf- und ausbaute; sie gingen in dem 1924 gegründeten Reichsbanner Schwarz-Rot-Gold auf, zu dessen Vorsitzendem im Gau Südbayern Erhard Auer gewählt wurde. Ebenfalls 1924 wurde er Teilhaber des Verlags der *Münchener Post*, deren Schriftleitung er bereits seit 1920 innehatte. Um diese Zeit hatte er sich innerhalb der Partei wieder eindeutig durchgesetzt und war unbestritten die Nummer eins der SPD in Bayern. Seine Wirkungsmöglichkeiten blieben allerdings begrenzt, da sich die SPD in Bayern in ohnmächtiger Opposition befand und Auer nichtsdestoweniger auf Kandidaturen zum Reichstag verzichtete, um sich ganz auf die bayerische Landespolitik zu konzentrieren.

Daß Erhard Auers politisches Koordinatensystem im Grunde aus der Zeit vor dem Ersten Weltkrieg stammte, daß er der politischen Entwicklung seit 1918, die die Grenzen Vollmarschen Politikverständnisses immer wieder sprengte, häufig genug orientierungslos gegenüberstand und überholte Einschätzungen zur Grundlage seiner Reaktionen und Entscheidungen machte, hatte sich schon in der Revolution 1918/19 deutlich gezeigt. Noch krasser sollte dieses spezifische Unvermögen, bei dem der Wunsch zum Vater des Gedankens wurde, in Auers Unterschätzung der nationalsozialistischen Gefahr in den Ausgangsjahren der Weimarer Republik zutage treten. Insbesondere die Reichstagswahl vom November 1932, bei der die NSDAP zum ersten Mal wieder deutliche Stimmeneinbußen hatte hinnehmen müssen (die SPD war in Bayern freilich inzwischen auf 16,4 Prozent abgesackt), bestärkten ihn in der Überzeugung, daß der »Nazi-Spuk« bald vorbei sein werde. Daran änderte auch die Ernennung Hitlers zum Reichskanzler am 30. Januar 1933 wenig – zu sicher war sich Auer aufgrund seiner guten Kontakte zu den BVP-Ministern und zur Exekutive, daß man sich einem gewaltsamen Umsturzversuch der Nazis widersetzen könne und werde.

Nur wenige Jahre später, in seinem 1937 abgeschlossenen Manuskript »Flucht vor Hitler«, zeichnete Wilhelm Hoegner ein bösartig-plastisches Bild von Erhard Auer und seinem Verhalten Anfang 1933: Auer »thronte... in dem Lehnsessel seiner weitläufigen Redaktionsstube und stand den zahlreichen... [auswärtigen] Genossen, die sich in diesen Wochen besorgt nach dem Stand der Dinge erkundigten, Rede und Antwort. Unermüdlich strich er den grauen Spitzbart mit den schmalen, fast frauenhaften Händen, lächelte listig und sah dabei seine Besucher mit treuherzigen blauen Augen an. Dann setzte er den ängstlichen Frager mit überlegener Zuversichtlichkeit in die günstige Entwicklung der politischen Lage außer Gefecht. Er begann immer mit ein paar Andeutungen innerer Schwierigkeiten bei den politischen Gegnern, wodurch nebenbei auch sein Wissen um die Vorgänge im feindlichen Lager ins hellste Licht gerückt wurde. Bald aber lenkte er den staunenden Besucher in die schöneren Zeiten der Vergangenheit ab... Wenn dann der riesige breitschultrige Mann den massigen Bierbauch vorwölbte, sich zu seiner ganzen Größe erhob und zu einem Frühschoppen im benachbarten Bräustüberl einlud, wenn dann das Bier schäumte, die Weißwürste dampften, die Brezeln zwischen den Zähnen krachten und Erhard Auer mit zufriedenem Feldherrnblick die Runde seiner immer fröhlicheren Zechkumpane musterte, dann war der galligste Besucher davon überzeugt, daß in der bayerischen Politik alles zum Besten bestellt sei, und mancher schämte sich insgeheim der Zweifel und Ängste, die ihn nach München getrieben hatten. Dieser unverwüstliche Arbeiterführer, der Vater Auer, wie er von Schmeichlern genannt wurde, war wie geschaffen dazu, der sterbenden deutschen Sozialdemokratie die letzten rosigen Hoffnungen vorzugaukeln und ihr dadurch das Sterben zu erleichtern.«

Offensichtlich spekulierte Auer in diesen Wochen auf eine Restauration der bayerischen Monarchie oder zumindest die Einsetzung des Kronprinzen Rupprecht als Generalstaatskommissar als dem letzten Mittel, Bayern gegen die »braune Flut« zu halten. Hoegner weiß zu berichten, Auer hätte nichts dagegen gehabt, »am Ende seiner politischen Laufbahn doch noch königlich-bayerischer Minister zu werden, woran ihn zu seinem großen Bedauern nur die Revolution von 1918 gehindert hatte«, oder zumindest wieder im bayerischen Landtag »Seiner Majestät loyale Opposition« spielen zu können. Auch der ehemalige Vorsitzende des Bayerischen Heimat- und Königsbundes Erwein von Aretin, wenig später Auers Zellengenosse im Münchener Polizeipräsidium, berichtet ähnliches. Wie dem auch sei – am 9. März 1933 übernahmen die Nazis auch in München die Macht, stürmten das besetzte Gewerkschaftshaus und verwüsteten das Verlagsgebäude der *Münchener Post*, ohne daß Auers telefonischen Hilferufe bei Innenminister Stützel nach polizeilicher Hilfe auch nur das mindeste Ergebnis gezeitigt hätten.

Auer, immer noch Stadtrat, wurde in den folgenden Wochen mehrfach kurzfristig verhaftet; am 9. Mai 1933 wurde er zusammen mit den anderen anwesenden sozialdemokratischen Stadträten aus dem Rathaus-Plenum geprügelt und zusammengeschlagen. Aus der anschließenden Schutzhaft befreite ihn wohl eine persönliche Intervention des neuen Reichskommissars General Ritter von Epp, mit dem er aus früherer Zeit persönlich bekannt war. Auer blieb ausgeschaltet und machtlos, Ende 1933 wurde obendrein ein Aufenthaltsverbot für München gegen ihn erlassen. Bei den – nach Auflösung der Partei am 22. Juni 1933 – noch aktiven Sozialdemokraten, die sich auf Untergrundarbeit umzustellen begannen, hatte er ohnehin jeden Kredit verspielt; sie sahen in ihm nur mehr den Hauptverantwortlichen jener Politik der Sozialdemokratie, die 1933 so schmählich versagt habe.

Die letzten Jahre des »königlich-bayerischen Sozialdemokraten«

Da er kein Einkommen mehr hatte und ihm Bezüge und Renten gestrichen und Konten beschlagnahmt wurden, lebte Auer zunächst in Gräfelfing bei München, anschließend in verschiedenen Orten Württembergs, bis er 1934 oder 1935 die Bekanntschaft der Schwestern Scholl machte, die ihn und seine Frau nach Karlsruhe einluden; sie bauten dort ein Textilgeschäft auf, wobei Auer seine Erfahrungen als Kaufmann und seine organisatorischen Talente einbringen konnte. Nach dem Tod seiner Frau 1939 verschlechterte sich Auers Gesundheitszustand zusehends, seine Zuckerkrankheit nahm zu; er konnte kaum noch gehen, und 1944 mußte das – seinerzeit in Flandern verletzte – Bein amputiert werden. Die Gestapo wollte ihn nach dem 20. Juli 1944 wieder verhaften, dies unterblieb jedoch angesichts seines Gesundheitszustands.

Als im Frühjahr 1945 sich die amerikanischen Truppen Karlsruhe näherten, wurde Auer zusammen mit anderen Alten und Kranken Richtung Osten evakuiert. In Giengen an der Brenz, nur noch weniger Kilometer vor der bayerischen Grenze, starb er am 20. März 1945.

Die Versuche, den Leichnam nach München zu überführen, scheiterten. Erst am 15. Januar 1947 konnte die Urne auf Betreiben der Angehörigen Auers im Ostfriedhof in München beigesetzt werden; an der Feier nahmen 150 bis 200 Trauergäste teil, darunter natürlich die Spitze der wiedergegründeten Münchner SPD.

Wer also war Erhard Auer? Sicher Zeit seines Lebens ein »königlich-bayerischer Sozialdemokrat«, der mit der völlig veränderten Situation nach 1918 in vieler Hinsicht nicht mehr zurechtkam; und trotz aller Winkelzüge, mit denen er politische Gegner immer wieder auszuspielen trachtete, ein durch und durch aufrechter Verfechter der parlamentarischen Demokratie und der sozialen Gerechtigkeit, vorausschauend in vielen Bereichen der Politik, jedoch neuen Situationen gegenüber, die nicht in sein politisches Weltbild paßten, oft hilflos. Trotz seiner häufigen bösen Anwürfe gegen Auer hat Hoegner ihn Jahre später doch noch wohlwollend charakterisiert: »... Erhard Auer [war] der Mann aus dem Volke, mit allen Vorzügen und Schwächen des bayerischen Stammes ausgestattet, urwüchsig, breitleibig, ein Freund der Geselligkeit und des Humors. Er war reich an politischen Einfällen, rastlos in der Arbeit, wenn es sein mußte, aber auch ein großer Hasser und Menschenverächter. Unter Politik verstand er die Kunst, den Gegner in die Irre zu führen und zu überlisten. Bewundernswert war sein persönlicher Mut... Er stand immer mit beiden Beinen auf der Erde, war geschäftstüchtig und setzte seine Mitarbeiter am richtigen Orte ein. Seine Feindschaft gegen Kurt Eisner und eine gewisse Abneigung gegen intellektuelle Frauen in der Politik waren aus der echten Gegnerschaft des Realpolitikers gegen den Idealisten geboren, sie nahm aber gelegentlich Formen an, die Stoff zur Verleumdung abgaben und ihm bei der eigenen Partei schadeten. Aber er war ein begnadeter Politiker aus dem unerschöpflichen Schoße des Volkes, der immer wieder kernige Gestalten wie Erhard Auer gebiert.«

Max Huber

Carl und Ludwig Gandorfer: Großbauern aus Niederbayern

»... Verehrte Anwesende! Es ziemt sich für mich, heute, wo ich zum ersten Male Gelegenheit habe, vor Ihnen zu reden, vor den breiten Massen zu sprechen, die mit am Werke der Revolution gearbeitet haben, des Mannes zu gedenken, der durch einen unsinnigen Zufall ein Opfer der Revolution geworden ist. Durch die Zeiten wird einst wie eine Legendengestalt die Person des blinden Bauern aus Niederbayern schreiten, in dessen Kopf dieses Werk seherisch vorbereitet wurde. Wir, denen es vergönnt war, in diesen Tagen mitzuhelfen, haben bisher kein Wort in die Öffentlichkeit getragen, wie sich diese gewaltige Umwälzung vorbereitet, wie sie sich vollendet. Aber des einen Mannes wollen wir gedenken, des Bauern, des blinden Bauern aus Niederbayern, Ludwig Gandorfer, mit dem ich Arm in Arm an jenem wilden Nachmittag und Abend durch die Straßen Münchens gestürmt bin, an jenem Tage, der die neue Freiheit schuf. Sein Herz war voll der Ahnungen einer neuen Zeit. Und es ist ein grauenvolles Schicksal, daß er den Sieg seines Gedankens nicht überleben durfte. Aber dieses Zusammenarbeiten eines einfachen Schriftstellers, eines geistigen Arbeiters aus der Stadt, mit einem begabten, tapferen, heldenmütigen Bauern vom Lande: das ist ein Anzeichen, ein Symbol der neuen Demokratie, die hier in Bayern, in Deutschland, auf der Welt werden soll...«

So erinnert sich Kurt Eisner, seit den Novembertagen des Jahres 1918 als revolutionärer Ministerpräsident an der Spitze einer neuen Regierung und des provisorischen Nationalrats, einer Art Vorparlament, während der am 17. November 1918 im Münchner Nationaltheater stattfindenden Revolutionsfeier an Ludwig Gandorfer, den damaligen Zollhofbauern aus dem Markt Pfaffenberg. Gleichzeitig war der Bruder des so Geehrten, Carl Gandorfer, ein persönlicher Freund Eisners, als Bauernbündler Mitglied im provisorischen Nationalrat und zugleich unangefochtener Führer der Bayerischen Bauernräte.

Wer waren diese Brüder Gandorfer, die scheinbar eine so zentrale Rolle in der Novemberrevolution 1918 in Bayern gespielt haben? Welche Ziele hatten sie, welche politischen Richtungen und Ideen vertraten sie und woher schöpften sie ihre Legitimation?

Persönliche Verhältnisse

Das Brüderpaar Carl und Ludwig Gandorfer stammt vom Zollhof, dem mit der Hausnummer 1 größten und wohl auch mit ältesten landwirtschaftlichen Gutshof im Markt Pfaffenberg.

1871 hatte Anna Schmalhofer aus dem benachbarten Bayerbach den Holzhändler Lorenz Gandorfer aus Niederhummel bei Moosburg geheiratet. Aus dieser Ehe stammten neben einer Tochter Anna Maria der älteste Sohn Carl, geboren am 23. Februar 1875, und der jüngere Ludwig, der am 22. August 1880 das Licht der Welt erblickte. Unter diesen drei Kindern wechselte dann der Zollhof ständig seinen Besitzer.

1898, nach dem Tod der Mutter, erhielt der ältere Sohn Carl vom Vater eine am östlichen Ortsrand stehende Ziegelei mit einem neuerbauten Wohnhaus. Auf diesem Erbe mit ca. 10 ha Grund, einem landwirtschaftlichen Betrieb und einer zugehörenden Sägemühle, betrieb Carl vorwiegend eine florierende Bauunternehmung. Daß er seine Unternehmungen expansiv vorantrieb und den technischen Neuerungen positiv gegenüberstand, beweist der für 1902 durchgeführte Bau eines Elektrizitätswerkes, dem sich 1907 der Kauf der an der nahen Laber gelegenen Schierlmühle anschloß. Damit war Gandorfer Initiator und Produzent der seit 1902 durchgeführten Versorgung Pfaffenbergs mit elektrischer Energie.

Nicht so geradlinig und in der Datierung manchmal problematisch verlaufen die frühen Jahre seines Bruders Ludwig, des jüngsten Kindes des Zollhofbauern. Noch nichts Besonderes, das ihn aus den niederbayerischen Burschen der damaligen Zeit herausragen ließe, war seine nachgewiesene Rauflust; so sind insgesamt 15 Urteile gegen ihn aktenkundig, die vom

13. April 1896 bis zum 7. Februar 1903 reichen. Die letzte Strafe mußte er bis 27. November 1903 im Gefängnis absitzen. Außergewöhnlich aber ist, daß Ludwig bald darauf, wahrscheinlich 1904, nach Deutsch-Ostafrika auswanderte und dort in der Nähe von Daressalam eine Farm bewirtschaftete. Nach einem relativ kurzen Aufenthalt dort – als Grund wird eine heimtückische Krankheit, in deren Gefolge eine zunehmende Erblindung eintrat, vermutet – kehrt er wieder in die niederbayerische Heimat zurück. Vermutlich noch 1904 erhält er, finanziert durch das väterliche Erbe, einen 92 ha großen Einzelhof mit Jagdrecht bei Illbach in der Nähe von Wallkofen. 1908 heiratete Ludwig Katharina Lang, mit der er allerdings eine unglückliche Ehe führte, die mit der testamentarischen Enterbung der Ehefrau und der Scheidung endete. Schon 1907 oder 1909 kehrte er auf den Zollhof zurück, als sein Vater Lorenz das Erbe aufteilte und sich ins Privatiersleben zurückzog. Seinen jetzt 45 ha großen Hof, den er von dem Gutsverwalter Xaver Seitz bewirtschaften ließ, führte er mit moderner Aufgeschlossenheit. Selbst nach seiner Erblindung, die 1913 durch Netzhautablösung erfolgt sein soll, war sein gastfreies Haus, das er spätestens seit 1916 zu einem palazzoähnlichen Hof ausbauen ließ, weitum bekannt, ebenso wie sein für die provinzielle Enge Pfaffenbergs ungewöhnlicher Lebenswandel.

Die politische Tätigkeit der Brüder bis ins Jahr 1913

Das Brüderpaar Gandorfer zählte in der Zeit vor dem Ersten Weltkrieg zu den mittleren bis großen Bauern mit einer durchaus geschickten Betriebsführung und wirtschaftlichem Erfolg. Schon früh nahmen beide auch, zuerst in gleichem Interesse, dann bald in unterschiedlichen Bereichen, aber in doch ziemlich identischer Zielsetzung Kontakt zum politischen Leben auf. Beider Ausgangspunkt war die lokale Ebene.

Im benachbarten Mallersdorf befand sich zur damaligen Zeit das Bezirksamt, in dem der Bezirksamtmann Karl Pracher seit 1902 seinen Dienst versah. Gegen seine Person richtete sich eine der ersten nachweisbaren politischen Aktionen der Gandorfer im Jahre 1905. Als Ludwig Gandorfer am 13. April 1905 das Amt aufsuchte, um dort den Staatsbürgereid zu leisten, lehnte Pracher den gleichzeitig vorgebrachten Wunsch nach einem Jagderlaubnisschein im selbstherrlichen »Paschaton« ab. Überhaupt gab das Verhalten des Bezirksamtmanns zu vielfältigen Klagen Anlaß, die dann alle auf der von den Sozialdemokraten organisierten Volksversammlung – Organisator war Erhard Auer, der auch den Vorsitz führte – am 8. Oktober 1905 zur Sprache kamen. Daß beide Gandorfer das Zustandekommen dieser von Pracher mit allen Mitteln hintertriebenen Versammlung tatkräftig unterstützten, läßt sich mannigfach belegen. Am 29. April des Jahres erstattete der Bezirksamtmann Bericht an die Kammer des Inneren über die Klage Carl Gandorfers gegen einen vom Bezirksamt bevorzugten Brükkenbaumeister wegen Bestechlichkeit.

Interessant ist in diesem Zusammenhang, daß in einem weiteren Bericht Prachers vom 4. Oktober Carl als »der Vertreter des christlichen Bauernvereins vom Zentrum«, Ludwig aber als »der sozialdemokratische Agitator« bezeichnet wird. Beide Behauptungen werfen Fragen auf: War Carl Gandorfer nicht schon seit der Jahrhundertwende Mitglied im Bayerischen Bauernbund, der seit den neunziger Jahren des 19. Jahrhunderts die antiklerikale, partikularistische, antimonarchische und pragmatische Oppositionspartei des flachen Landes war, oder erfolgte erst später ein Wechsel? Vermutlich verließ er den Christlichen Bauernverein, dessen Obmann er war, aus Protest gegen die Kandidatur des Straubinger Stadtpfarrers Wagner, der ihm persönlich vorgezogen wurde, um das Jahr 1907. Weiterhin: War Ludwig Gangdorfer zu dieser Zeit schon »leidenschaftlicher Sozialist« mit dem Versuch zur Gründung einer sozialistischen Bauernorganisation in Bayern zu Beginn des zwanzigsten Jahrhunderts oder trat er erst im Gefolge der Pfaffenberger Volksversammlung, also 1905, in parteipolitischer Aktivität bei den Sozialdemokraten auf? In beiden Fällen lassen sich exakte Datierungen nicht durchführen.

Noch nachhaltiger als die Auseinandersetzungen Carl Gandorfers war die Feindschaft Ludwigs zu Pracher, denn am 2. September 1905 war er »im Namen des Königs von Bayern«

wegen der im Zusammenhang mit seiner abgeschlagenen Bitte um den Jagdschein erfolgten »Störung des öffentlichen Friedens im Mallersdorfer Bezirksamt« zu zwei Monaten Gefängnis verurteilt worden.

So verwundert es nicht, daß Ludwig selbst mit seinem Knecht Plakate für die Versammlung im Oktober 1905 anschlug, die der Bezirksamtmann per Erlaß konfiszieren ließ, und daß besonders seine Eindrücke vom Bezirksamt Gegenstand der Versammlungsrede, die der Redakteur der sozialdemokratischen »Münchner Post« Gruber hielt, waren. Seit dem 25. Januar 1907 gehört Ludwig dann nachweislich zur SPD, als deren Kandidat zur Reichstagswahl im Wahlkreis Kelheim er mit 548 Stimmen den fünften Platz belegte; am 31. Mai des gleichen Jahres erreichte er bei seiner Landtagswahlkandidatur mit 76 Stimmen die vierte Stelle. Eine weitere deutliche Verbesserung errang er mit seiner Bewerbung zur Reichstagswahl im Januar 1912 wieder im Bezirk Kelheim, als er den dritten Platz mit immerhin 737 Stimmen belegte. Damals erreichte in diesem Wahlkreis, zu dem auch Pfaffenberg zählte, der Kandidat des Bayerischen Bauernbundes (BBB) mit 2574 Stimmen den zweiten Platz hinter dem siegreichen Zentrumsabgeordneten. In Pfaffenberg gewann Ludwig Gandorfer von 169 schon 66 Stimmen und lag damit deutlich vor dem BBB-Kandidaten auf dem zweiten Platz. Nie aber erreichte Ludwig Gandorfer ein Mandat oder ein Parteiamt. Zwei weitere Schwerpunkte lokaler politischer Aktivität der Brüder Gandorfer fallen in das Jahr 1911. Um die Mitte des Jahres tritt Ludwig auf einer weiteren sozialdemokratischen Versammlung in Hölskofen, Bezirk Mallersdorf, als Redner auf. Nach dem Bericht der *Münchner Post* vom 10. Juni 1911 »brandmarkte (er) unter tosendem Beifall die jahrhundertelange Knechtung und Ausbeutung des Volkes bis auf den heutigen Tag«.

Der Wahlkampf, den Carl Gandorfer 1911 in Pfaffenberg um das Bürgermeisteramt führte, sah dann die Brüder in ihren politischen Aktionen wieder vereint. Ludwig verfaßte den Aufruf für das gegen den amtierenden und zur Wiederwahl kandidierenden zentrumsnahen Karl Stöttner auftretende »Wahlkomité der freien Bürger«, wo er heftig gegen das »... Willkürregiment, ... die Unterrockspolitik, ... das Schreckensregiment...« des bisherigen Gemeindekollegiums zu Felde zog. Bis 1908 war sein Bruder Carl als Vorstand selbst im Gemeindekollegium, bis er wegen interner Auseinandersetzungen abgesetzt wurde. Jetzt führte er seine Kandidatur als Rehabilitationskampf – und gewann ihn deutlich (14 von 16 Sitzen gingen an seine Parteigänger).

Der weitere politische Aufstieg Carl Gandorfers vollzog sich dann sehr rasch. Den Nachfolger seines alten, wegen »Beförderung« zurückgetretenen Gegners Wagner, den Pfarrer Zeiler von Grafentraubach, der im Juni 1913 als Zentrumskandidat bei der fälligen Nachwahl zum Bayerischen Landtag antrat, schlug er mit knappen 53 Stimmen Mehrheit und zog als Abgeordneter und Mitglied der Bauernbundsfraktion in den Landtag ein.

Die Politik der Gandorfers bis zur Revolution 1918

Mit großer politischer Vehemenz, mit ehrlichem Wollen und charakterlicher Selbständigkeit betrieb Carl Gandorfer als Landtagsabgeordneter das, was bis heute sowohl in der Forschung als auch in populärwissenschaftlichen Publikationen als »radikale Politik des linken Bauernbundflügels« apostrophiert wird.

Schon vor Carl Gandorfers Wahl in den Landtag ging ein tiefer Riß durch die Kammer der Abgeordneten, in dem sich der Bayerische Bauernbund mit den Sozialdemokraten und den Liberalen gegen das übermächtige Zentrum und die Konservativen stellte. Diesen Gegensatz setzte gewissermaßen Gandorfers Wahlkampf gegen den Zentrumskandidaten Zeiler, den er mit knapper Mehrheit schlug, fort.

Sicher brachte Gandorfer neben die von Bauernbundfraktionsführer Georg Eisenberger bewußt zur Schau gestellte und manchmal derb-komisch wirkende krachlederne Bäuerlichkeit eine klare, aus seinem bisherigen kritischen Verhältnis zur staatlichen Obrigkeit und zum Zentrum resultierende politisch-argumentative Richtung. So zeugt es vielleicht noch nicht von seiner »egalitär-demokratischen« Überzeugung, sicher aber von einer kritischen, wenn auch noch nicht antimonarchischen und an der Meinung vieler Bürger vorbeigehenden Haltung, als er anläßlich der Debatte am 31. November 1913, die die Erhöhung der Zivilliste anläßlich der Krönung Ludwig III. beschloß, als einziger Bauernbündler opponierte.

Wesentlich an Schärfe nahmen Gandorfers – er war übrigens der jüngste Abgeordnete des Bayerischen Bauernbundes – Reden in Form und Inhalt dann nach dem Ausbruch des Ersten Weltkrieges zu. Freilich lieferten hierzu sowohl die Verhältnisse in den Kammern wie auch gerade auf dem vom Bauernbund vertretenen flachen, d. h. fast rein agrarischen Land, mannigfaltigste Ansatzpunkte.

In den Jahren 1915/17 – der Krieg nahm die Wende, die Spaltung der SPD kündigte sich schon an – zeigt eine Reihe von Reden und Anträgen wie auch sein Verhalten bei Abstimmungen ganz klar Gandorfers politisch progressiven Standort. So bezog er am letzten Tag der ab 21. Februar 1917 stattfindenden Ernährungsdebatte ähnlich wie der SPD-Fraktionsführer Auer in scharfer Form Stellung gegen die nördlichen Reichsgebiete: »Unsere Lebensmittel aber gelangen, wenn sie nicht auf rechtmäßige Weise hinaufkommen, durch Schwindel hinauf, und wir herunten dürfen hungern. Ich stehe ja selbst auf dem Standpunkt, es solle Gleichheit und Einigkeit herrschen; aber die da droben sagen ganz anders, sie sagen, wir greifen zu, wo wir zugreifen können. Ich denke, wir sollen uns einmal sagen, wir müssen uns auf die Füße stellen und müssen den Rücken nach Norden kehren (Heiterkeit).«

Dabei klingt in dieser Rede nicht mehr an als die dem bündlerischen Parteiprogramm entsprechende Interessensvertretung bäuerlicher Wünsche und eine dem damaligen Bayern insgesamt nicht fremde Portion partikularistischen Selbstbewußtseins. Wesentlich radikaler und in direkten Angriffen gegen die zuständige bayerische Beamtenschaft ging der älteste bauernbündlerische Abgeordnete Lutz in der Ernährungsdebatte dabei im Abgeordnetenhaus ins Gericht.

Hatte sich dieser schon Ende Juli 1914 gegen die Eisenbahnreverspolitik in der Abgeordnetenkammer ausgesprochen, so brachte Gandorfer während des Krieges den Antrag ein, im Eisenbahnverkehr eine Einheitsklasse zu schaffen.

Als am 28. September 1917 im Bayerischen Landtag der »Antrag Auer–Süßheim« einging, mit dem die SPD eine schnelle Demokratisierung in Bayern forderte, hob der Fraktionsführer des Bauernbundes Eisenberger bei seiner insgesamt ablehnenden Stellungnahme ausdrücklich hervor, daß Carl Gandorfer sich hierin der Fraktion nicht angeschlossen habe. In der Ernährungsdebatte vom 9. bis 12. Oktober 1917 zog er sich allerdings für die Behauptung, daß im Zusammenhang mit seiner Forderung nach mehr bayerischer Selbständigkeit in der Lebensmittelversorgung die Regierung die Bauern immer anlüge, einen Ordnungsruf des Präsidenten zu.

1918, im letzten, nicht nur von der Frontlage her, sondern auch innenpolitisch problembeladenen Kriegsjahr, verschärfte sich, wobei Gandorfer keine Ausnahme bildet, der Ton der Debatten im Landtag immer mehr. Am 24. Juli 1918 nahm Carl Gandorfer eine Etatrede zum Anlaß, die Kriegspolitik allgemein anzugreifen und der im Lande herrschenden Friedenssehnsucht Ausdruck zu geben: »Das Volk hat Geduld gezeigt, wiederholt zeigt es Geduld, auch noch, obwohl die Versprechungen, die wegen des Unterseebootkrieges gegeben worden sind, noch nicht eingelöst wurden. Wie lange soll das Volk noch geduldig zusehen? Das Volk will Frieden, und ich erkläre deshalb, daß wir Vaterlandspartei, Alldeutsche oder sonst eine Partei, die den Krieg verlängern will, bekämpfen bis aufs äußerste.« Weiter fuhr er fort: »Zum Begräbnis meines Antrags könnte noch ein anderes Begräbnis hinzukommen, und es ist nicht ausgeschlossen, daß bei diesem Begräbnis unsere Kämpfer an der Front und die Kriegsinvaliden als Totengräber mitwirken.« Außerdem forderte er noch, daß die Heerführer von Verdun vor ein Kriegsgericht gestellt werden sollten und daß die Zensur fallen müsse.

Der Franktionsvorsitzende Eisenberger schwächte am folgenden Tag, als Gandorfer Kaiser und König nach ihren Bemühungen um die Verhinderung des Krieges befragte, die Äußerungen seines Parteifreundes dahingehend ab, daß wohl nicht von Revolution, immerhin aber von einem Verständigungsfrieden gesprochen worden sei. Damit wird klar, daß sich im Bauernbund die Haltung Gandorfers immer mehr dem Standpunkt der USPD in der Friedensfrage näherte, wie auch Zentrum und Liberale in der Debatte äußerten, während Eisenberger mehr dem abwartenden Vorgehen der gemäßigten MSPD zuneigte. Gandorfer stimmte dann zwar dem Militäretat zu, war aber wie auch Vertreter anderer Fraktionen bei der Gesamtetatabstimmung nicht anwesend.

Noch einmal, am 25. Oktober 1918, übte Carl Gandorfer in einer Bauernbundsinterpellation heftige Kritik, diesmal an der staatlichen Fleischversorgungsstelle: »Weiß das Königliche Staatsministerium des Innern, daß 1. die Viehkommissäre und Aufkäufer der bayerischen Fleischversorgungsstelle dem Vieherzeuger das Jungvieh unter dem vom Königlichen Staatsministerium zuerkannten Preis abdrücken, 2. die Viehabnahmekommissäre, die vom Viehkommissär oder Aufkäufer den Vieherzeugern bezahlten Preis heruntersetzen?« Zur Begründung fügte er hinzu, daß durch diese »Wucherstelle« das dem Kleinbauern abgepreßte Vieh dem Großgrundbesitzer billigst verkauft werde. Einen letzten Vorstoß, die bayerische Regierung zum Abschluß eines Separatfriedens zu bewegen – damit wohl eher auch die Wittelsbacher Monarchie von ihrem gewaltsamen Untergang zu retten als sie zu stürzen – unternahm Gandorfer zusammen mit zwei seiner Parteikollegen am 30. Oktober 1918 mit einer Vorstellung beim Ministerpräsidenten Dandl; dieser versuchte sie zu beschwichtigen und zu beruhigen.

Neben seinen Tätigkeiten im Landtag war Gandorfer sowohl in seiner Heimatgemeinde als auch in seinem Wahlkreis als Bauernbundspolitiker aktiv. Aus dem bisher nur lückenhaft geführten Nachweis dieser politischen Aktionen ragt neben einer regen Versammlungstätigkeit vor allem ein Aufruf heraus, der mit dem Titel »Das Gebot der Stunde« im bauernbündlerischen, vom Parteifreund Kübler geleiteten Presseorgan *Landauer Volksblatt* am 21. Oktober 1918 publiziert wurde:

»Deutschland ist militärisch zusammengebrochen. Die Rettung des deutschen Volkes kann nur dadurch in letzter Stunde herbeigeführt werden, daß das deutsche Volk selbst sein Schicksal in die Hand nimmt. Nur wenn alles und alle beseitigt werden, was schuld am Kriege und seiner Fortsetzung war, nur wenn sich Deutschland von Grund aus erneuert, können wir darauf hoffen, daß wir einen Frieden erreichen, in dem wir leben können. Jetzt ist auch die Stunde der Bauern gekommen. Ihr müßt mithelfen, daß ein freies Deutschland ersteht, daß ein Völkerbund des Friedens für den Wiederaufbau des Zerstörten arbeitet... Den Bauern im deutschen Süden, insbesondere in Bayern, fällt die wichtige Aufgabe zu, im Kampf um Freiheit und Volksrechte mit an der Spitze zu marschieren. Das ist die Rationalverteidigung, die allein zum Ziele führt, daß wir uns verteidigen gegen die schuldigen Feinde im Innern und uns von ihnen befreien. Der Bayerische Bauernbund muß auf dem Lande überall die Führung übernehmen. Der Bauernbund muß dahin wirken, daß sofort eine wirkliche Volksregierung in Bayern eingesetzt wird: eine mächtige Bewegung der freien bayerischen Bauern wird auf den sofortigen Friedensschluß von größtem Einfluß sein. Bauern, Bauernbündler! Eure Stunde ist gekommen! Erkennt die Zeichen der Zeit! Heute spreche ich nur im Namen meiner Wähler. Ich hoffe und erwarte, daß in wenigen Tagen der ganze Bauernbund sich zu diesen Zielen bekennen und die bayerischen Bauern sich um die Freiheitsfahne des Bayerischen Bauernbundes scharen werden.«

Trotz des baldigen Widerrufs läßt dieser Aufruf deutliche Zielsetzungen im Hinblick auf die Revolution erkennen, die nicht nur darin bestehen, daß sie einige alliierte Friedensbedingungen aufgreifen und zum politischen Programm erklären, sondern auch eine enge Affinität zu den damals in USPD-Kreisen geäußerten Methoden des politischen Kampfes aufweisen. Und zweifellos liegt der Schluß nahe, daß Carl Gandorfer mehr oder minder eng mit der politischen Vorstellungswelt seines Bruders Ludwig konfrontiert worden war und sie wenigstens in Teilen auch übernahm.

Dessen Werdegang seit dem Jahre 1912 nachzuweisen ist wegen der mangelnd erschlossenen Quellenlage weitaus problematischer. Irgendwann in den Jahren bis 1918 muß bei ihm der Wechsel zur USPD, deren bayerischer Organisator seit der Gründung in Gotha zwischen dem 6. und dem 8. April 1917 Kurt Eisner, sein persönlicher Bekannter, war, stattgefunden haben.

Sicher kann sein gastfreies Haus in der Mangelwirtschaft des Krieges Parteigenossen in der SPD auf den Zollhof geführt haben, und ebenso glaubhaft ist es wohl, daß hierbei politische Gespräche im Mittelpunkt standen. Wann jedoch der Kreis der politischen Freunde seine Einengung auf die »Freunde der Revolution« (Hundhammer) erfuhr, wann und ob der Zollhof tatsächlich zur »revolutionären Zelle« (Schmalze) wurde, ist immer noch Gegenstand dunkler Vermutungen. Eisner, Schneppenhorst, Kübler, Süßheim, Unterleitner und Nimmerfall waren als Gäste auf dem Hof ebenso zugegen wie der 16jährige Wilhelm (»Helmi«) Liebknecht, dessen Vater sich seit 1915 in einem Berliner Zuchthaus befand. Kurt Eisner, die zentrale Figur der Revolution, befand sich nachweisbar am 28. Oktober nach seiner Haftentlassung zum Auftakt des Wahlkampfes und wieder am 3. November nach einer USPD-Großkundgebung auf dem Zollhof in Pfaffenberg.

Ohne Nachweis aber bleibt, trotz aller Spekulation, ob zu dieser Zeit wirklich die Revolution für den 7. November in München konkret geplant wurde; noch fragwürdiger wird das Unterfangen, Carl als den weiteren, bewußten Drahtzieher der Revolution zu stilisieren, wenn es auch sicher scheint, daß er Kontakt zu den Personen und Vorgängen auf dem Zollhof hatte und auch Eisner in München schon bekannt geworden war. Unzweifelbar aber steht die Beteiligung beider Brüder an den revolutionären Vorgängen ab dem 7. November 1918 fest.

Die Gandorfers in der Revolution in München

Das, was wir über Ludwig Gandorfers Aktivität in der Revolution wissen, ist schnell gesagt. Auf der Demonstration auf der Theresienwiese sprach nach Eisner der blinde Ludwig ein paar kurze Sätze, in denen er die Unterstützung der Revolution durch die Bauern zusagte und die Garantie für die Aufrechterhaltung der Lebensmittelversorgung Münchens aussprach. Dann zog er an der Spitze des revolutionären Demonstrationszuges, Arm in Arm mit Eisner, durch die Stadt.

Seine Rede brachte ihm den falschen Ruf ein, als Bauernführer und Bauernbündler gehandelt zu haben. Heute scheint es aber klar, daß Carl, der wirkliche Bauernbündler, denn Ludwig war nie beim Bauernbund, selbst nicht aktiv an den Revolutionsvorgängen vom 7. auf den 8. November beteiligt war, daß somit der Bayerische Bauernbund bei der Auslösung der Revolution nicht mitgewirkt hat.

Wir treffen Carl erst in den späten Abendstunden bei der Konstituierung des provisorischen Nationalrats. Selbst daß die Errichtung von Bauernräten, die schon in der Revolutionsnacht geplant wurde, unter Initiative Ludwig Gandorfers unternommen worden ist, ist aus den verfügbaren Quellen nicht nachzuweisen. Überliefert ist lediglich die Beauftragung und eine Ermächtigung mit dem Wortlaut: »Herr Ludwig Gandorfer, Pfaffenberg, ist ermächtigt, 50 Mitglieder des Bauernrates für die provisorische Nationalversammlung einzuladen. München, den 9. November 1918. Der Präsident des Ministeriums Kurt Eisner.« Und am 8. November in den *Münchner Neuesten Nachrichten* erschien der Aufruf »An die ländliche Bevölkerung Bayerns!«, in dem mit der Unterschrift Kurt Eisners und Ludwig Gandorfers die Aufrechterhaltung des Grenzschutzes und die geordnete Demobilisierung durch den in der Nacht zum 8. November im Landtag konstituierten provisorischen Arbeiter-, Bauern- und Soldatenrat garantiert wird und die Bauern zur Unterstützung der Lebensmittelversorgung der Städte aufgefordert werden.

Damit erschöpft sich Ludwig Gandorfers Beitrag zur Revolution in München, denn am Sonntag, den 10. November 1918 – am Samstag soll er an seine Angehörigen auf dem Zollhof telefonisch eine Siegesmeldung durchgegeben haben – verunglückte der blinde Zollhofbauer aus Pfaffenberg mit einem Auto bei Lohof/Schleißheim tödlich. Am 13. November wurde er unter großer Anteilnahme auf dem Kirchhof seiner Heimatgemeinde beigesetzt. Am Grab erklang die Marseillaise, Kübler und Nimmerfall sprachen.

Ludwigs begonnenes Werk führte – sicher unter manch anderen Vorzeichen, denn trotz aller persönlichen Nähe zum Bruder unterschied sich der politische Standort von USPD und Bauernbund auch noch in der Revolution deutlich – nun Carl Gandorfer weiter, der nach dem Tode seines Bruders jetzt den elterlichen Zollhof übernahm. Zwar ist der Zeitpunkt, zu dem unter seiner Leitung die Bildung der Bauernräte vorgenommen wurde, ungewiß, vermutlich aber liegt seine Ernennung zum Präsidenten des Bauernrates durch Eisner schon ganz am Beginn der revolutionären staatspolitischen Umbildung. Schon in der Gründung des provisorischen Nationalrates während der Revolutionsnacht war Carl als Abgeordneter des Bauernbundes dort Mitglied.

Daß der Bauernbund den Ereignissen der Revolution in München in seiner Gesamtheit eher positiv gegenüberstand, belegen neben der Äußerung des Franktionsführers Eisenberger am 14. Dezember 1918 im Nationalrat, der Bayerische Bauernbund sei »schon seit einem Vierteljahrhundert für die politische Freiheit der Bauern eingetreten«, auch die widerstandslose Übernahme der anderen fünf Landtagsmitglieder der Fraktion in den neuen Zentralbauernrat.

Darüber hinaus hat Carl Gandorfer die meisten der dort vertretenen Bauernräte selbst ernannt, womit sicherlich der Bauernrat (auch Landesbauernrat oder Zentralbauernrat genannt) eine Aktionsplattform des Bauernbundes wurde. In seiner ersten Sitzung am 17. November 1918 wurde Gandorfer als Vorsitzender bestätigt, sein Gutsverwalter Fink zum zweiten Schriftführer, Xaver Seitz, der Gutsverwalter des verstorbenen Bruders Ludwig, zu dessen Stellvertreter gewählt. So erstaunt es auch nicht, daß die nach den »Vorläufigen Richtlinien für die Bauernräte« vom 26. November 1918 überall im Land gebildeten Bauernräte auf Gemeinde-, Bezirks- bzw. Distriktbasis überwiegend unter der Ägide der USPD wie des Bayerischen Bauernbundes installiert wurden.

Gleichzeitig war Carl Gandorfer in doppelter Funktion als Mitglied des Bauernrates wie auch als Bauernbundabgeordneter des gestürzten Landtags übernommenes Mitglied im provisorischen Nationalrat, wo er auf Auers Vorschlag hin zum zweiten Schriftführer gewählt wurde. Als Nationalratsmitglied war er auch in den neu gebildeten Nationalgerichtshof entsandt worden. So lassen sich häufig seine Tätigkeiten in ihrem Legitimationsursprung nicht ganz klar erkennen. Als Bauernrat unterzeichnete er einen Aufruf an die »Soldaten, Landsleute, Kameraden«, nachdem er schon in der Revolutionsnacht zum 8. November im Nationalrat die Aufrechterhaltung der Lebensmittelversorgung garantiert hatte.

Auf der schon erwähnten Sitzung des provisorischen Nationalrats vom 14. Dezember 1918 unterstützte Eisenberger den von Gandorfer ganz im Simme der bäuerlichen Standesvertretung gestellten Antrag auf die Errichtung eines Landwirtschaftsministeriums, zu dem dann am 2. Januar 1919 abgestimmt werden sollte, was aber ein Abänderungsantrag der Mehrheitssozialdemokraten verhinderte. Zwischendurch befand sich Gandorfer außerhalb Münchens, um seine und des Bauernbundes Haltung in der Revolution Wählern, Bauern und Bundesmitgliedern zu erläutern. Schließlich wurde am 4. Januar 1919, als er auch die Auflösung der Fideikommisse, die Aufteilung des Großgrundbesitzes über 1000 Tagwerke forderte, seinem erneut vorgebrachten Antrag auf die Errichtung des Landwirtschaftsministeriums seine endgültige Niederlage zuteil. Zu der schon damals strittigen Sozialisierungsfrage nimmt sich die Stellung der Linken recht interessant aus, deren Blatt, die *Rote Fahne*, am 6. April 1919 noch schrieb: »Herr Gandorfer hat mitteilen lassen, Grundstücke bis zu 1000 Tagwerk dürfen nicht angetastet werden.«

Eine erneute Legitimation, zugleich ein persönlicher Triumph Gandorfers wie auch des Bayerischen Bauernbundes und eine Bestätigung seiner geradlinigen Politik, stellt die am 12. Januar 1919 durchgeführte Landtagswahl statt. Mit landesweiten 9,1 Prozent Stimmenanteil, in Niederbayern waren es 30,8 Prozent, im Wahlkreis Mallersdorf sogar mehr als 60 Prozent, war Carl Gandorfer einer der neugewählten 15 Abgeordneten des Bauernbundes. Diesem Stimmenzuwachs tat auch der leichte Rückschlag in der Wahl zur Nationalversammlung am 19. Januar 1919, wo mit 8,3 Prozent der Stimmen Eisenberger, Dirr, Männer und Gandorfer gewählt wurden, keinen Abbruch, da diesmal in Franken und der Pfalz keine Bauernbundkandidaten aufgestellt waren.

Zu Beginn des Monats Februar formierte sich auch im Bauernbund der Widerstand gegen Carl Gandorfer. Als dann mit der Ermordung Eisners und der blutigen Zersprengung des Landtags die erste Revolution in die zweite mündete, bewies Carl Gandorfer zusammen mit Kübler persönlichen Mut, indem er nicht wie andere Abgeordnete über die Dachrinne aus dem Landtag flüchtete, sondern an der schußbereiten Postensperre vorbei das Gebäude durch die Tür verließ.

Noch am 21. Februar, dem Bluttag der Revolution, bildeten die Arbeiter-, Bauern- und Soldatenräte einen 13köpfigen Zentralrat, in dem vom Bauernrat neben Hofmann und Wutzlhofer auch Carl Gandorfer saß. In dieser Funktion ist auch Gandorfers Unterschrift unter der Bekanntmachung »zum Schutz der Revolution« am 23. Februar zu finden, mit der die Verhaftung von Geiseln bekanntgegeben wurde; die Unterschrift allerdings ist nicht von ihm autorisiert, sondern in seiner Abwesenheit von Hofmann, der tatsächlich auch die Haftbefehle unterzeichnete, gegeben worden.

Nachdem sich am 25. Februar der Rätekongreß in München versammelt hatte, hielt dort Gandorfer eine Rede, in der er die Schuld an der Ermordung Eisners dessen Partei- und Pressegegnern zuwies, die Arbeiter und Bauern zur Zusammenarbeit aufforderte und sagte: »Mir persönlich wäre es ja lieb (...) gewesen, wenn der Landtag dem Lande Ordnung gebracht hätte... Aber zu positiver Arbeit der Mitglieder des Landtags kam es leider nicht, denn diese verließen fluchtartig, ohne Arbeit geleistet zu haben, die Arbeitsstätte. Nun bleibt nichts anderes übrig – die Arbeit muß durchgeführt werden –, als daß die Männer, die sich am achten November an die Arbeit machten... sich wieder hergeben, positive Arbeit zu leisten.« Neben dem Nachweis, den Gandorfer hier für ein Mitwirken schon am 8. November erbringt, zeigt sich, daß er in der konkreten Situation der politischen Notlage – an Landtagsarbeit war nicht zu denken – Handlungsbereitschaft als politische Verantwortung verstand und weiterhin die Räte als Instanz anerkannte. Damit war auch Gandorfers Mitarbeit in dem am 1. März 1919 neugebildeten 33köpfigen Aktionsausschuß des Zentralrats als Mitglied des Zentralbauernrats und als Landtagsfraktionsmitglied des Bayerischen Bauernbundes eine logische Konsequenz, ebenso wie sein Verbleiben im neugewählten 7köpfigen Zentralrat vom 7. März 1919.

Bei der im März in Nürnberg verhandelnden Einigungskommission der Rätekongreßdelegierten von MSPD, USPD und Bauernbund, die am 8. März dann ein Einigungsprogramm aufstellte, in dem der einzuberufende Landtag über die Räte gestellt werden sollte, war Gandorfer nicht zugegen: Bis auf ihn treten nach der Einigung alle Bauernbundsabgeordneten aus dem Zentralrat aus, worauf Gandorfer den neuen Zentralbauernrat durch Ernennung in gehabter Manier ergänzte.

Der Bruch zwischen Landtag und Rätekongreß war dann endgültig, die dritte Revolution, die zur Räterepublik führte, kündigte sich an, als sich auf zwei kurzen Sitzungen des Landtags am 17. und 18. März nicht die vom Zentralrat vorgelegte Ministerliste durchsetzte, sondern das neue Ministerium Hoffmann gewählt wurde. Gandorfer, der am 4. April nach München zurückkehrte, nahm an der Sitzung des Vollzugsrats am Abend des gleichen Tages im Kriegsministerium teil und unterstützte dort den Antrag zur Ausrufung der Räterepublik. Zur Erhellung seiner Motive gab er am nächsten Tag im Zentralbauernrat eine Stellungnahme ab, in der er die Aufrechterhaltung von Ruhe und Ordnung (ein wohl seltsames Argument für einen »Revolutionär«!) im Land als oberstes Ziel, gleichgültig unter welcher Form, von Herrschaft angab.

Am 6. April fuhr er dann nach Mallersdorf, um dort auf einer Versammlung den Plan zur Proklamation der Räterepublik bekanntzugeben. Seine Unterschrift als Bauernratsvorsitzender im revolutionären Zentralrat findet sich dann am gleichen Tag unter dem Aufruf »An das Volk in Bayern«, wo es heißt: »Die Entscheidung ist gefallen. Baiern ist Räterepublik. Das werktätige Volk ist Herr seiner Geschichte. Die revolutionäre Arbeiterschaft und Bauernschaft, darunter auch all unsere Brüder, die Soldaten sind ... sich einig. Die Diktatur des Proletariats, die nun zur Tatsache geworden ist, bezweckt die Verwirklichung eines wahrhaft sozialistischen Gemeinwesens, ... einer gerechten sozialistisch-kommunistischen Wirtschaft...« Im Wortlaut seiner Rechtfertigung im Zentralbauernrat ähnlich erging auch noch ein von Gandorfer unterzeichneter Aufruf an die Landbevölkerung.

Trotz aller kommunistisch-sozialistischen Diktion in der von Toller verfaßten Proklamation vom 6. April zeigt sich Gandorfer eher als Vertreter einer zwar radikalen, aber keinesfalls marxistischen Politik; so indifferent sich seine Haltung zum Staats- und Herrschaftssystem auch ausnimmt, die in die kommunistische Räterepublik mündete, so sehr leuchteten durch seine Ziele die Programmpunkte bäuerlicher und auch bauernbündlerischer Politik: Erhalt der bayerischen Selbständigkeit, die in der staatlichen Neuformierung der Weimarer Republik zu betonen war, findet sich ebenso wie Aufrechterhaltung von Ruhe und Ordnung, worunter auch der Verzicht auf die Sozialisierung mit Ausnahme des Besitzes über 1000 Tagwerk zu verstehen ist. Hierbei kann Gandorfer für sich in Anspruch nehmen, die weitgehenden Sozialisierungspläne Dr. Otto Neuraths im Zentralrat verhindert zu haben.

Am 11. April 1919 hat Carl Gandorfer, also noch vor der vierten Revolution, die Landeshauptstadt verlassen, angeblich weil gegen ihn bereits ein Haftbefehl der Kommunisten, denen er zweifellos als Gegner der Sozialisierungspolitik ein Dorn im Auge war, vorlag. Eine weitere interessante Variante von Gandorfers Haltung zur vierten Revolution bringt sein Freund Erich König 13 Jahre später unter dem Titel »Wie ich Carl Gandorfer kannte. Ein Stück Revolutionsgeschichte« im *Landauer Volksblatt*:

»Im Ministerzimmer des Justizpalastes hatte ich mit Konrad Kübler, dem damaligen Volksbeauftragten für Justiz, und

Gandorfer vereinbart, der kommunistischen Räterepublik den Garaus zu machen durch gegen München anrückende... Bauern. Auf nächsten Dienstag war das vereinbart. Und drei Tage vor diesem Dienstag, Samstag, fuhren Gandorfer und Kübler im Auto nach Pfaffenberg.«

Warnte Gandorfer in der gleichen Zeitung am 12. April 1919 die Bauern vor einem Lebensmittellieferstreik, so distanzierte er sich auch, allerdings relativ spät am 24. April 1919, von den an die Macht gelangten Kommunisten und Anarchisten: »Der Landesbauernrat kann in der gegenwärtigen Regierung nicht mehr mitarbeiten, da sie die Bedingungen des Zentralrats nicht annimmt.« Damit war das Todesurteil für den Zentralbauernrat gesprochen, der dann am 25. April für immer geschlossen wurde.

Ein paar Tage später, am 30. April wurde Gandorfer, der schon einmal am 14. April in Schutzhaft genommen, aber dann in Nürnberg wieder auf freien Fuß gesetzt worden war, vom Straubinger Garnisonskommando ohne Strafantrag der Staatsanwaltschaft verhaftet.

Carl Gandorfers politisches Wirken bis zu seinem Tod 1932

Zunächst konnte wegen der doppelten Immunität Carl Gandorfers, er war im Januar 1919 sowohl in den Landtag wie auch in die Nationalversammlung gewählt worden, kein Prozeß stattfinden. So kam die Anklage wegen Hochverrats nicht zustande, und erst im Jahre 1922 erfolgt nach der endgültigen Aufhebung des Mandatschutzes in Reichs- und Landtag eine Verurteilung vor dem Landgericht Kempten wegen Beihilfe zu verbotswidriger Einfuhr zu einer Geldstrafe von 1170140 Mark. Die Verdachtsmomente des Betrugs und der Veruntreuung von Staatsgeldern im Gefolge des Heerespferdeverkaufs durch den Zentralbauernrat wurden nie anklagereif. Auch der im Mai 1919 erfolgte Ausschluß aus dem Bayerischen Bauernbund wurde noch am 28. November des gleichen Jahres revidiert. Am 14. Februar 1921 wurde er nach Eisenberger und Dirr auf den dritten Platz in die Parteispitze gewählt.

Seinen parteipolitischen Platz hat er also beibehalten,

ebenso wie er wiederholt noch als Abgeordneter kandidiert und gewählt wird. In der Landtagswahl 1920 gewinnt er neben Wartner, Steiner und Klarhauser in Niederbayern. 1924 tritt er für keine der Wahlen als Mandatsbewerber an. Erst am 20. Mai 1928 zieht Gandorfer als Kandidat des Wahlkreises Niederbayern-Oberpfalz, wo seine Bauernbunds- und Mittelstandspartei 24,5 Prozent der Stimmen erhält, in den Reichstag ein. Als Reichstagsabgeordneter stirbt der Zuckerkranke dann am 20. August 1932 während einer Sitzung und wird vier Tage später in Pfaffenberg unter großer Anteilnahme begraben.

Fazit

Das Bild, das die historische Forschung Ludwig Gandorfer bis heute abgewonnen hat, ist noch relativ indifferent. Er gilt zu Recht als Sozialist und Revolutionär, der die Ereignisse in München am 7. November entscheidend mit vorangetrieben hat. Nicht viel anders steht es um Carl Gandorfer. So umstritten seine Person auch bis in die heutige Zeit ist, so ist er wohl nicht der kritiklose Gefolgsmann Eisners gewesen, der so ohne eigene Überlegung »von seinen sozialistischen Freunden in eine Stellung links von der Mehrheitssozialdemokratie sich hatte ziehen lassen« und den linken Bauernbundflügel »zum unentbehrlichen Handlanger des zugewanderten Fremdlings Kurt Eisner (machte), als dieser ... gegen den Willen der freilich untätig zusehenden Mehrheit des bayerischen Volkes, das... Königshaus stürzte und damit die Fanfare gab... zum Zusammenbruch unseres Volkes«, wie Alois Hundhammer ihn in seiner Studie über den Bauernbund in die Ecke abzudrängen versucht.

Vielleicht kommt man seinem Bilde näher, wenn man ihn wie Erich König im *Landauer Volksblatt* am 4./5. September 1932 kurz nach seinem Tod beschrieb: »Er war ein aufrechter Mann von Format, großem wirtschaftlichen Denken und ein guter Mensch... Der Pfarrer nannte ihn beim Begräbnis den größten Wohltäter des Bezirkes.«

Richard W. Dill

Ein Unfall, der gelegen kam: Der Tod Ludwig Gandorfers am 10. November 1918

Die Folklore läßt sich von der Geschichtswissenschaft, diesem vermeintlichen Ausbund von Objektivität und Rationalität, nicht an die Kandare nehmen. Barbarossa lebt. Geheime Meuchelmörder, deren Namen niemand kennt, haben den König Ludwig, egal was die Wissenschaft dazu ermitteln mag, »in den See von hint' nei g'stess'n«. Auch Aufsässigen und Revoluzzern wird gelegentlich folkloristische Verklärung zuteil, ob es sich nun um den Kneissl handelt, den boarisch'n Hiasl oder den Wildschütz Jennerwein.

Auch des Todes von Ludwig Gandorfer, des »roten« niederbayerischen Bauernführers, hat sich eine unterschwellige Legende bemächtigt. Natürlich stutzt man als kritischer Zeitungs- und Verlautbarungsleser bis zum heutigen Tage, wenn man hinnehmen soll, daß er am 10. November 1918, drei Tage nach der Revolution in Bayern, die er mit seinem Freund und Streitgenossen Kurt Eisner erhofft, geplant und durchgesetzt hat, bei einem Autounfall ums Leben gekommen sein soll. Zuletzt hat Rupert Sigl 1984 an die hartnäckigen Gerüchte erinnert, die sich um diesen Tod ranken. Die Leichenfrau, so hat er es gehört und so gibt er es wieder, habe behauptet, auf der Stirn des toten Gandorfer die Zeichen eines Kopfschusses gesehen zu haben.

Zwei unangepaßte Landwirte aus Pfaffenberg

Pfaffenberg ist ein Markt an der kleinen Laaber zwischen Neufahrn und Straubing. Heute ist es mit dem kirchlichen Zentrum Mallersdorf zu einer Gemeinde vereinigt. Direkt hinter der Kirche liegt das Anwesen Nr. 1, der Zollhof, eines der sehenswertesten Anwesen in Niederbayern. Er erinnert daran, daß Pfaffenberg schon 1585 Marktrechte bekam. Heute sieht man noch das ehemalige Amtshaus aus dem 17. Jahrhundert, ein schloßartiges Herrenhaus mit Walmdach und einem Türmchen aus dem 16. Jahrhundert. Es gehört heute einem Enkel von Carl Gandorfer.

Bei meinem ersten Besuch dort mit einem Veranstaltungsplakat des »Gandorfer-Kreises« im Heckfenster meines Autos, erklärte mir die etwa 80jährige Witwe des Gandorfer-Sohnes Karl: »Die Politik ist eine Hure, und mit der wollen wir nix zu tun haben.« Enkel Burkhart, der heutige Hofbesitzer, lebt zurückgezogen. Dagegen bekam ich Besuch von seinem Bruder Ludwig, einem Lagerhausbesitzer aus dem Oberbayerischen, der sich vergewissern wollte, daß mit dem Namen Gandorfer nicht unerlaubt linke Assoziationen hergestellt würden.

In der Geschichtsschreibung der Revolution und der Weimarer Republik wird ausführlich über Carl Gandorfer berichtet, den Führer des linken Flügels des Bayerischen Bauernbundes (BBB), einer Interessenvertretung der Bauern, die zwischen 1893 und 1932 im bayerischen Landtag und im deutschen Reichstag vertreten war. Die beiden Brüder unterstützten sich häufig gegenseitig, ohne deswegen unterschiedliche politische Auffassungen aufzugeben.

Die weitaus interessantere, wenn auch gebrochenere Figur der »Gebrüder Gandorfer«, ist Carls jüngerer Bruder Ludwig. Er ist am 22. August 1880 als letztes von sechs Kindern des Zollhofbauern Lorenz Gandorfer geboren.

Ludwig war ein hitzköpfiger, unangepaßter und unzähmbarer Außenseiter mit einem beachtlichen niederbayerischen Vorstrafenregister wegen Körperverletzung, also Rauferei, und Sachbeschädigung. Nach einer Haftstrafe von sieben Monaten wanderte er 1904 nach Deutsch-Ostafrika aus, dem heutigen Tansania, und versuchte sein Glück als Farmer. Nach einem Jahr kam er nach Deutschland zurück. Die Motive: Heimweh, Krankheit, landwirtschaftlicher Mißerfolg und ein verlockendes Angebot des Vaters, der ihm einen 92-Hektar-Hof in Illbach (Gemeinde Geiselhöring) kaufte.

Bereits 1905 legt sich Ludwig erneut mit der Obrigkeit an, nennt den Bezirksamtmann – so nannte man den Vorgänger der heutigen Landräte – einen »Pascha«, weil der ihm einen

Jagdschein verweigert, und droht mit »Fuchsmühler« Verhältnissen. Fuchsmühl ist ein Dorf in der Oberpfalz, in dem es Ende des vorigen Jahrhunderts wegen eines Streits um Forstrechte zwischen Bauern und Adeligen zu blutigen Zusammenstößen gekommen war, bei denen gegen die Bauern Soldaten eingesetzt und zwei Bauern getötet wurden. Ludwig Gandorfer tat das, womit man auf dem flachen Land die Obrigkeit am meisten in Wallung brachte: er wurde Sozialdemokrat. 1907 kandidierte er (mit miserablem Ergebnis) erstmals für diese Partei sowohl für den Landtag wie für den Reichstag, und zwar im Wahlbezirk Kelheim, zu dem Pfaffenberg gehört.

Im Bayerischen Landtag hatte seit 1899 das Zentrum die absolute Mehrheit. Die Liberalen, die 1881 noch 40 Prozent erzielt hatten, halbierten sich bis 1912. Langsam, aber scheinbar unaufhaltsam entwickelte sich die Sozialdemokratie, die 1893 mit 3,8 Prozent begann, aber 1912 schon bei 20 Prozent angelangt war.

Der Bayerische Bauernbund, 1897 gegründet, sammelte seine Stimmen vor allem bei den Mittel- und Kleinbauern, war föderalistisch, demokratisch und antiklerikal.

Der Zollhof – ein Treffpunkt der Revolutionäre

Etwa 1909, wohl im Zusammenhang mit der Übergabe durch den Vater, gab Ludwig den Hof in Illbach auf und übernahm den Zollhof mit 45 Hektar, während Bruder Carl aus Familienbesitz die Sägemühle und die Ziegelei übernahm, eine Baufirma betrieb, die fast alle neuen Häuser in Pfaffenberg baute, Rinder züchtete und auch ein Elektrizitätswerk in Betrieb nahm. Karl Gandorfer wird 1911 Bürgermeister von Pfaffenberg. In der *Münchner Post* vom 23.12.1911 frohlockt ein lokaler Berichterstatter: »Zur Brechung der schwarzen Macht in unserem Rathaus taten sich die freien Bürger zusammen...«; 14 Sitze und das Bürgermeisteramt für den Bauernbund, nur zwei Sitze für das Zentrum.

Ludwig kandidiert im Reichstagswahlkreis Kelheim 1912 erneut für die SPD. Während der Zentrumsmann Steindl es auf über 11000 Stimmen bringt, kommt Ludwig nur auf 737. In

Pfaffenberg selber ist das Verhältnis etwas besser, aber keineswegs überwältigend – 94:66.

Während des Weltkriegs wird der Zollhof zum Sammelpunkt von linken Regimegegnern in Bayern. Auch wenn sie nicht hungern müssen, haben die Bauern die Nase voll vom Krieg mit seiner strengen Abgabewirtschaft, der Abwesenheit der Söhne, der Einschränkung der Bewegungsfreiheit. Ein nicht unbeträchtlicher Teil der Bauern ist bereit, mit den Sozialdemokraten gemeinsam den Frieden zu erzwingen, das militärische preußische Regime abzuschütteln, den König zu verjagen, der das alles geduldet hat, die Republik und einen neuen demokratischen Rechtsstaat einzuführen.

Arbeiter-, Bauern- und Soldatenräte sollte es geben, allerdings nicht als Regierung, sondern so, wie es Eisner vorschwebte, und wie es der Name sagt, als Beiräte zur Umsetzung von Regierungsbeschlüssen, zur Organisation der Demilitarisierung des Heeres, der Aufrechterhaltung der Wirtschaft und der Nahrungsmittelversorgung. Eisner war einer der wenigen glaubwürdigen und publikumswirksamen Sprecher einer wachsenden Unmutsbewegung, auch unter den Bauern, die den Krieg beenden wollte.

Kurt Eisner in Niederbayern

Am Sonntag, dem 3. November 1918, streiken die Matrosen in Kiel und eröffnen nach unveränderter Ansicht der Rechten den Dolchstoß der Etappe gegen die unbesiegt kämpfende Front, nach Ansicht der demokratischen Geschichtsschreibung den zweiten (vergeblichen) Anlauf Deutschlands nach 1848 zu einer normalen demokratischen staatlichen Existenz. An diesem Tag ist Kurt Eisner in Pfaffenberg in Niederbayern auf dem Zollhof von Ludwig Gandorfer. Er war gerade zehn Tage vorher, am 24. Oktober, aus dem Gefängnis in Stadelheim entlassen worden. Eingesperrt hatte man ihn am 27. Januar, weil er sich an den Vorbereitungen des Munitionsarbeiterstreiks beteiligt hatte. Weil er sich bei einer Nachwahl in München als Kandidat der Unabhängigen Sozialdemokraten USPD um ein Mandat bewarb, mußte er freigelassen werden.

Auf dem Zollhof lebt seit 1915 der Sohn des ebenfalls eingesperrten Karl Liebknecht. Es treffen sich dort Mitglieder und Sympathisanten der SPD, der USPD, der Bauernbewegung und des linken Gewerkschaftsflügels. Die späteren Minister Hans Unterleitner und Ernst Schneppenhorst sind da. Der Nürnberger Gewerkschafter Schneppenhorst war es gewesen, der Eisner nach Pfaffenberg gebracht und damit die Zusammenarbeit mit den Brüdern Gandorfer begründet hatte. Die SPD-Politiker Hans Nimmerfall und Max Süßheim gehen auf dem Zollhof ein und aus, ebenso wie der Bauernführer Konrad Kübler, dessen *Landauer Volksblatt* das wichtigste und schärfste Sprachrohr der systemkritischen Bauern ist. Aus dem Unfallakt Gandorfer erfahren wir von einem weiteren Nürnberger Gewerkschafter, der auf dem Zollhof Urlaub machte: der spätere Münchner Polizeipräsident Josef Staimer.

Die immer wieder geschilderte, rührend wirkende Geste des Arm-in-Arm-Gehens mit Eisner ist darauf zurückzuführen, daß Ludwig blind ist. Schon in jungen Jahren stieß ihm ein Ochse, so heißt es, ein Auge aus. Die Familienüberlieferung macht eine aus Afrika mitgebrachte Malaria für den Verlust des zweiten Auges verantwortlich. Verwalter Xaver Seitz gibt als Zeuge an: »Die Erblindung trat im Jahre 1912 ein infolge Netzhautablösung des einen Auges, nachdem das andere Auge bereits früher durch einen Unglücksfall erblindet war.« Im übrigen behauptet der Volksmund, daß Ludwig nicht nur wegen mangelnden Sehvermögens gern mit Männern Arm in Arm ging. Ludwigs Ehe mit Katharina Lang (geschlossen 1908) war kinderlos und ging bald auseinander.

Felix Fechenbach, der engste Mitarbeiter Eisners, der »rote Korporal«, der während Eisners Haft in seiner Passauer Garnison für die Revolution geworben hatte, schreibt als Zeitzeuge in seinem Buch *Der Revolutionär Kurt Eisner* (1929) über diesen Aufenthalt: »München hat ein rein agrarisches Hinterland. Sollte eine revolutionäre Erhebung... nicht von den Bauern erstickt werden, dann konnte sie nicht gegen die Bauern, sie mußte mit ihnen durchgeführt werden. Eisner nahm deshalb noch im Oktober die Verbindung mit radikalen Bauern auf, vor allem mit dem blinden Bauern Ludwig Gandorfer, und dessen Bruder Carl... Beide Brüder hatten Bauernhöfe in Pfaffenberg in Niederbayern. Der blinde Gandorfer war ein weitgereister Mann mit stärkstem Interesse für das politische Leben und seit längerer Zeit Sozialist. Unabhängig von Eisner war in ihm der Gedanke einer großen Volksbewegung gereift. Er hatte Helmi Liebknecht, den Sohn Karl Liebknechts, bei sich aufgenommen, der sich am Gymnasium nicht mehr halten konnte, seit der Vater wegen seiner politischen Einstellung eingesperrt war. Man wollte ›Schluß machen mit dem Schwindel‹, wie in Bayern die allgemeine Redensart über den Krieg hieß. Diese Stimmung war besonders stark unter den Bauern. Die Bauern waren erbittert über die Zwangswirtschaft und hegten einen wütenden Haß gegen die Berliner Zentralstellen.« Außerdem hätten die Bauern befürchtet, daß Bayern durch den Zusammenbruch Österreichs Kriegsgebiet werden könnte.

Am Sonntag, 3. November, sprach Eisner vormittags um 10 Uhr auf der Theresienwiese zu einem »Häuflein von kaum tausend Menschen«, die von der USPD zu einer Kundgebung eingeladen waren. »Nach Beendigung der Rede mußte er sofort zur Bahn, um nach Pfaffenberg zu dem Bauernführer Ludwig Gandorfer zu fahren, mit dem am Nachmittag die letzten Vereinbarungen für die geplante revolutionäre Erhebung und ihre Unterstützung durch die Bauern getroffen wurden.«

Revolution in München

Donnerstag, der 7. November. MSPD und USPD haben zum erstenmal seit der Spaltung zu einer gemeinsamen Kundgebung aufgerufen. Auer denkt, er kann Eisner in Schach halten. Das erweist sich als Irrtum.

Augenzeuge Fechenbach: »Oben an der Bavaria, auf der großen Freitreppe, stand Erhard Auer, dann folgten die anderen Redner am Wiesenhang entlang mit 50 Meter Abstand, und weit unten stand Kurt Eisner, der Hauptredner der USPD.« Über hunderttausend Menschen sind versammelt, fordern den sofortigen Abschluß eines Waffenstillstands. Die Soldaten stehen mit roten Fahnen bei Eisner. »Drei Redner sprechen an dieser Stelle. Zuerst Kurt Eisner, kurz und bündig... Der Bauernführer Ludwig Gandorfer verspricht, daß das Landvolk die Arbeiter nicht im Stich lassen werde. Dann trete ich vor in Uniform, die rote Fahne in der Hand... Soldaten! Auf in die Kasernen!« Eisner und Gandorfer ziehen – natürlich Arm in Arm – über die Donnersberger Brücke zu den Kasernen, wo sie die Soldaten erfolgreich dazu aufrufen, sich der Revolution anzuschließen.

Als Ausführungsorgane der Regierung werden Arbeiter-, Soldaten- und Bauernräte gegründet. Eisner übernimmt den Vorsitz der Arbeiterräte, Ludwig Gandorfer den der Bauernräte.

Eisner und Gandorfer geben einen Aufruf an die Landbevölkerung heraus. Sie wird laut Fechenbach daran erinnert, daß sie »einen baldigen Frieden mit allen Mitteln verlangt habe. Sie wird von der Umwälzung in Kenntnis gesetzt und darüber beruhigt, daß der Grenzschutz aufrechterhalten bleibe, zum Schutz ihres Lebens und Eigentums. Um Hungerkrawalle mit ihren Folgen für die Landbevölkerung zu verhindern, werden die Bauern aufgefordert, die neue Regierung sofort durch rege Lebensmittellieferungen in die Städte zu unterstützen.« Eisner bittet Gandorfer, sofort nach Niederbayern zu fahren und die zugesagten und erwarteten Lebensmittellieferungen zu organisieren.

Todesfahrt

Wir nähern uns dem Unfalltag. Die Unterlagen, durchaus nicht lückenlos, stammen aus einem Akt der Bayerischen Finanzverwaltung. Nach dem Unfall verlangen nämlich vier Personen Schadenersatz, verhandeln und prozessieren deswegen, teilweise bis 1925, mit dem Bayerischen Staat.

Hauptzeuge in der Unfallsache ist Ludwig Seitz, zum Zeitpunkt des Unfalls 27 Jahre alt. Er stammt aus einem Bauernhof in Immelstätten. Seit etwa 1915 ist er Gutsverwalter von Ludwig Gandorfer. Er gibt zu Protokoll: »Ministerpräsident Eisner sagte zu mir: Ein Auto bekommen Sie zur Verfügung, es wird morgen früh am Landtagsgebäude zur Abfahr bereit stehen.«

Gandorfers Todesauto ist ein Fiat, im September 1915 bei der Firma Matthias in Straßburg gekauft. Der Zeitwert wird zuerst auf 35 000, später auf 55 000 Reichsmark geschätzt. Drei Sitzbänke, mehrfach bereift, ein nicht ganz unauffälliges Luxusauto.

Der Besitzer des Wagens ist nicht ganz unprominent und mit seinem Fahrer sicher nicht nach München gekommen, um Eisner zu unterstützen. Es ist Prinz Joachim Albrecht von Preußen. Er ist mit dem gerade noch amtierenden Kaiser Wilhelm II. über den Preußenkönig Friedrich Wilhelm III. verwandt, dessen Urenkel sie beide sind. Kurz vor dem Eisner-Mord im Februar 1919 wird er unter falschem Namen – als Graf März – ebenfalls im Bayerischen Hof einquartiert sein. Fechenbach wird seine falsche Identität lüften, aber ihn nur unter Hausarrest stellen. »Wir wollen zeigen, daß wir anders verfahren als die alte Regierung.« Ob der Prinz mit Putsch- und Mordplänen zu tun hatte, ist nicht aufgeklärt.

Im Urteil der 1. Kammer für Zivilsachen beim Landgericht München I vom 9. 4. 1920 liest sich der weitere Verlauf so: »Am 9. November 1918 habe sich im Regina Palast Hotel eine Abordnung des Soldatenrates München eingefunden und erklärt, daß sie im Auftrage des Soldatenrates den dem Kläger (also dem Prinzen von Preußen) gehörenden Kraftwagen beschlagnahmen müsse, da er für Regierungszwecke zu einer Aufklärungsfahrt in ländliche Bezirke benötigt werde.« Wagen und Ausrüstung würden anschließend zurückgegeben.

Sonntag, 10. November, früher Vormittag, Landtagsgebäude Prannerstraße. Sieben Personen besteigen den Fiat. Am Steuer der Techniker Sebastian Scharrer, Kraftfahrer beim Kraftfahr-Ersatzbataillon München. Sicher kein Mann, der schon oft einen großen Fiat steuern durfte. Ein späteres Gutachten wird ihm jedoch attestieren, daß er mehrere Jahre als Kraftwagenführer ausgebildet und mit der Strecke »vollständig vertraut« war. Neben dem Fahrer der Unteroffizier Otto Hörschle. Auf dem Fahrersitz Pakete mit Zeitungen und Drucksachen, Propagandamaterialien, von denen später erörtert werden wird, ob sie den Fahrer behindert oder den Wagen überlastet hätten. Auf der mittleren Sitzbank nehmen Platz: der Ökonom Franz Xaver Eckmann, von dem später festgestellt werden wird, daß er die Fahrt freiwillig mitgemacht habe, und der Vizewachtmeister Engelbert Kohlschmidt. Auf dem Rücksitz in der Mitte sitzt der neue Vorsitzende des Bauernrats, Ludwig Gandorfer, eingerahmt von seinem Gutsverwalter Xaver Seitz und von dem Unterzahlmeister Simon Schelle. Schelle ist im Zivilberuf Obersekretär bei der Ortskrankenkasse in München.

Seitz als Zeuge: »Ich machte die Fahrt mit im Auftrag meines Dienstherrn, welcher selbst von dem Herrn Ministerpräsidenten Eisner am 9. November zu der Fahrt bestimmt worden war.« Die beiden Militärs, Kohlschmidt und Schelle, haben sich Gandorfer, wie sich Seitz erinnert, im Lesezimmer des Landtags »zur Begleitung und Sicherheit« angeboten. »Mein Dienstherr hat das Angebot sofort angenommen, zumal er einen militärischen Schutz für dringend notwendig erachtete.«

Eisner wird diesen Auftrag am 28. Januar 1919 mit seiner eigenen Unterschrift bestätigen. Gandorfer sei »im Auftrag des Volksstaates Bayern« nach Niederbayern gefahren, »um die Ablieferung und den Transport von Lebensmitteln nach München zu organisieren. Gandorfer und Seitz waren von dem unterzeichneten Ministerpräsidenten sowie vom Bauern- und Arbeiterrat mit dieser Aufgabe betreut worden.«

Seitz weiter: »Die Fahrt ging vom Landtagsgebäude aus, das Auto war offensichtlich gut, der Chauffeur fuhr in der Stadt vorsichtig und nahm dann außerhalb der Stadt ein gehöriges Tempo.« Den letzten Satzteil hat ein lesender Gutachter angestrichen.

Das Gericht erörtert später, ob jemandem ein Verschulden an dem Unfall angekreidet werden könne. »Die Fahrt nach Niederbayern barg keine besonderen Gefahren in sich. Die Benützung eines Autos war den Umständen angemessen und zweckentsprechend.« Das bei jeder Autofahrt mögliche Unfallrisiko sei den Beteiligten bekannt gewesen. Hätte eine fahrlässige Überhöhung der Geschwindigkeit vorgelegen, so hätten die Mitfahrer auf den Fahrer einwirken und ihm »das Schnellfahren« untersagen können. Die Fahrt geht Richtung Schleißheim. Wieso eigentlich Schleißheim? Wenn Pfaffenberg das Ziel war, im Laabertal, wäre der nächste Weg über Erding, meinetwegen über Freising – Moosburg – Landshut gewesen. Nicht mehr zu klären. Vielleicht waren die Straßen besser. Vielleicht hatte Gandorfer Angst, in die Städte rechts der Isar sei die Nachricht von der Revolution noch nicht durchgedrungen und man werde dort ein Revolutionskommando kurzerhand anhalten, einsperren oder schlimmeres. Nun der Unfall selbst; die Aussage des mitbetroffenen Zeugen Seitz:

»In der Nähe von Schleißheim kam eine Kurve; ob der Chauffeur vor dem Nehmen der Kurve bereits das Fahrtempo ermäßigt hatte oder nicht, weiß ich nicht; das eine aber kann ich angeben, daß das Auto ganz kurz vor der Kurve einen Ruck bekam und hinten ins Schleudern geriet, so daß es mit der rechten hinteren Seite an einen Alleebaum anstieß. Durch diesen Anprall stürzten die drei Insassen auf dem Rücksitz des Autos heraus und das Auto selbst lief rechts über die Böschung hinab. Ob das Auto umgefallen war, weiß ich nicht; ich glaube dies nicht, da die übrigen Insassen des Autos ja in ihm sitzen geblieben waren.« Der 38jährige Gandorfer ist sofort tot. Schädelbruch. Das Unfallauto verschwindet nach dem Unfall und taucht auch nicht mehr auf.

Ein Unfall, der gelegen kam

Man kann davon ausgehen, daß Ludwig Gandorfer, wie Eisner, bei den abgesetzten Machthabern in Regierung und Militär zu den meistgefürchteten und meistgehaßten Personen der Zeit gehört. Dutzende, wenn nicht Hunderte Arcos hätten sich in dieser Zeit bereiterklärt, ihn umzulegen. Aber im fahrenden Auto auf der Landstraße war ihr Objekt keine gute Zielscheibe.

Konnte der Unfall provoziert sein? Dann müßten die anderen Insassen ihre Verletzungen in Kauf genommen haben, ohne die gezielte Ausschaltung Gandorfers und seiner niederbayerischen Freunde garantieren zu können. Der Unfallhergang scheint glaubhaft. Alle Mordtheorien kranken daran, daß es zu viele Beteiligte gab, die nicht in eine Täter- oder Mitwissergruppe eingeordnet werden können.

Sicher ist aber auch: Hätte ihn der Unfall nicht ereilt, so wäre er für den Rest seines Lebens eine bevorzugte Zielscheibe der schießwütigen Schwarz-Weiß-Roten und der weißblauen Braunen geblieben und hätte die kurze Spanne der Republik kaum mit heiler Haut überstanden.

Ellen Beumelburg
Anita Augspurg: Pionierin des Frauenwahlrechts

8. November 1918: »Bayern Republik! Kurt Eisner hat das Wahlrecht der Frauen für Bayern proklamiert, Deutschland muß folgen.« Die sensationelle Nachricht ließ die bekannte Frauenrechtlerin Anita Augspurg in München keine Minute zögern. Gleich am frühen Morgen nach der Revolutionsnacht rief sie ihre Mitstreiterin und Lebensgefährtin Lida Gustava Heymann in Hamburg an, um ihr »freudselig«, wie diese in ihren gemeinsamen Erinnerungen *Erlebtes – Erschautes* schreibt, die Nachricht von der Verkündung des Frauenstimmrechts mit der Ausrufung des »Freistaats Bayern« mitzuteilen.

Der jahrzehntelange Kampf der Frauenbewegung hatte sich gelohnt, ein wichtiges Etappenziel auf dem Weg zur Gleichberechtigung war erreicht. Dabei gingen die Uhren in Bayern vor, wenigstens um ein paar Tage. Denn dank des Vorsprungs der Münchner Revolution vor der in Berlin mit der Ausrufung der (Weimarer) Republik waren die Frauen im neuen Freistaat die ersten in Deutschland, die das demokratische Wahlrecht erhielten. Die revolutionäre Reichsregierung (der »Rat der Volksbeauftragten« unter Friedrich Ebert) folgte erst vier Tage später, am 12. November 1918. Und es waren wieder die bayerischen Frauen, die wenige Wochen darauf, am 12. Januar 1919, bei der Wahl des neuen Bayerischen Landtags als erste tatsächlich zur Wahl gingen – eine Woche vor den reichsweiten Wahlen zur Deutschen Nationalversammlung in Berlin.

Das allgemeine und gleiche Stimmrecht, in der Freistaatsproklamation in dem Satz versteckt, es solle eine Nationalversammlung einberufen werden, »zu der alle mündigen Männer und Frauen das Wahlrecht haben«, war indes kein Geschenk von oben. Es war vielmehr ein Erfolg, der von den Frauen in einer fast ein dreiviertel Jahrhundert dauernden Kampagne durchgesetzt wurde. Die damals 61jährige bürgerlich-radikale

Frauenrechtlerin Anita Augspurg konnte sich einen Gutteil dieses Erfolgs auf ihre Fahnen schreiben.

Der Kampf um das Frauenstimmrecht

Erstmals öffentlich hatte das Frauenstimmrecht Louise Otto am 21. April 1849 in einem Leitartikel der *Frauen-Zeitung* gefordert. Bis zu seiner Durchsetzung in der Revolution 1918 war freilich nicht nur ein langer, sondern auch ein hürdenreicher, schwieriger Weg zurückzulegen. Im Reich der Hohenzollern wie der Wittelsbacher dominierte im 19. und beginnenden 20. Jahrhundert eine Haltung, die Meyers Konversationslexikon 1887 noch so beschrieb:

»Die Gleichstellung des weiblichen Geschlechtes mit dem männlichen auf dem Gebiet des Privatrechts entspricht einer Forderung der Gerechtigkeit, deren Erfüllung auf höherer Kulturstufe nicht abzuweisen ist... Daß die *politische* Gleichberechtigung des weiblichen Geschlechts ebenso allgemeine Anerkennung in Zukunft finden werde wie die privatrechtliche, unterliegt starkem Zweifel. Das auf politische Gleichberechtigung gerichtete Verlangen entspricht weniger einem praktischen Bedürfnis als einer theoretischen Anschauung von zweifelhaftem Werte. Die geistige Individualität der Frau sowie das bei ihr vorherrschende Gemütsleben lassen sie für eine tätige Teilnahme am öffentlichen Leben wenig geeignet erscheinen. Dem Mann der Staat, der Frau die Familie.«

Mutterschaft, Heim und Herd beschrieben den Platz der Frau in der Gesellschaft. Der Historiker Heinrich von Treitschke stellte 1889 fest: »Die Frau soll Kinder gebären und erziehen. Ihrer Familie soll sie den lauteren Quell ihrer fühlenden, liebevollen Seele spenden, Zucht und Sitte, Gottesfurcht und heitere Lebensfreude nähren und pflegen.« Für Politik war da kein Platz. Das bis 1908 auch in Bayern geltende Preußische Vereinsgesetz aus dem Jahr 1850 verbot »Frauenspersonen« praktisch eine politische Betätigung. Dort heißt es wörtlich: »Für Vereine, welche bezwecken, politische Gegenstände in Versammlungen zu erörtern, gelten nachstehende Beschränkungen: sie dürfen keine Frauenspersonen, Schüler und Lehrlinge als Mitglieder aufnehmen. Frauenspersonen, Schüler und Lehrlinge dürfen den Versammlungen und Sitzungen solcher politischer Vereine nicht beiwohnen.«

Daß es durchaus freche Frauenspersonen gab, die sich nicht an die Vorschriften der Herrschaft hielten und sich als Männer verkleidet trotzdem auf politische Versammlungen schlichen, sei nicht verschwiegen. Die politische Arbeit der bürgerlich-demokratischen Frauenvereine, in der 1848er Revolution entstanden, war dadurch freilich für lange Zeit zunichte gemacht. Die Frauenbewegung verlegte sich zunächst auf Mädchen- und Frauenbildung, um ihre Klientel wenigstens wirtschaftlich unabhängig zu machen, und auf karitative Tätigkeiten. Auf die Aufforderung der radikalen Frauenrechtlerin Hedwig Dohm 1873, es doch den Frauen in England und den USA gleichzutun, wo Stimmrechtsvereine für das Frauenwahlrecht mobilisierten, und endlich aus dem Dornröschenschlaf zu erwachen, »denn nur über das Stimmrecht geht der Weg zur Ebenbürtigkeit, zur Freiheit und zum Glück der Frau«, reagierte die gemäßigte bürgerliche Frauenbewegung abweisend: »Wir erklären, daß wir durchaus nicht zu den prinzipiellen Gegnern des Frauenwahlstimmrechts gehören. Anders stellen wir uns aber die Frage, ob es an der Zeit sei, diese Forderung zu erheben«, begründeten sie 1875 ihr geduldiges unpolitisches Zuwarten, bis die Gleichberechtigung gleichsam als Zugeständnis der Männer Wirklichkeit werden möge. »Wir gehen von dem Grundsatz aus, durch bessere, gründlichere Erziehung des weiblichen Geschlechts, durch die Ausbreitung der weiblichen Berufstätigkeit und eine Vertiefung der Bildung schrittweise den Boden zu bereiten und das Gebäude aufzuführen, für das alsdann das Frauenstimmrecht gleichsam zur Krönung würde.«

Freilich gärte es im bürgerlichen Lager längst, wo sich eine Abspaltung des vorwärtsdrängenden radikalen Flügels, darunter Anita Augspurg und Lida Heymann, vorbereitete. Druck kam nicht zuletzt von der proletarischen Frauenbewegung, die den Gemäßigten »frauenrechtlerische Harmonieduselei« vorwarf. Tatsächlich waren die Frauen auf der Linken mit der SPD inzwischen ein großes Stück weiter. Unterstützung fanden sie auch beim Parteiführer. Während der Parteitag 1875 den Antrag August Bebels noch abgelehnt hatte, das Frauenstimmrecht in das Programm aufzunehmen, rückte dessen Buch *Die Frau und der Sozialismus* 1878 die Frauenfrage in den Blickpunkt der Arbeiterbewegung. 13 Jahre später erklärte das vom Parteitag 1891 in Erfurt verabschiedete Parteiprogramm die Einführung des allgemeinen, gleichen, geheimen und direkten Stimmrechts endlich zu einem der erstgenannten Ziele der aufstrebenden Sozialdemokratie.

Nach der Jahrhundertwende hatte die organisatorisch breitgefächerte Stimmrechtsbewegung so regen Zulauf, daß ihre Gegner glaubten, auch in Beschimpfungen der »hysterischen Weiber, welche politische Gleichberechtigung forderten«, Zuflucht nehmen zu müssen.

Der Erste Weltkrieg setzte dann im Deutschen Reich wie im Königreich Bayern ganz neue Rahmenbedingungen, nicht nur im Verhältnis der unterschiedlichen Lager in der Stimmrechtsbewegung untereinander. Vor allem der entscheidende Beitrag der Frauen bei der Aufrechterhaltung des wirtschaftlichen Lebens an der »Heimatfront« machte ihre Emanzipationsforderung zunehmend unabweisbar. Ohne Frauen ging nichts mehr. Als die politische Lage des kaiserlichen Obrigkeitsstaates nach viereinhalb Kriegsjahren schließlich so verfahren war, daß die Opposition an der Regierung beteiligt werden mußte, ließen sich auch etliche von deren Forderungen nicht länger abweisen.

Im Königreich Bayern sollte eine Parlamentarisierung in letzter Minute vom alten Staat retten, was scheinbar zu retten schien. Am 2. November 1918 kam es zu einem Abkommen zwischen königlicher Regierung und den Landtagsparteien. Einer seiner zentralen Reformpunkte: die Einführung eines Verhältniswahlrechts und das Stimmrecht für alle erwachsenen Einwohner. Obwohl der König per Erlaß dieser Verfassungsreform noch zustimmte und eine neue Regierung unter Einbeziehung von Ministern aus den Reihen der Landtagsparteien gebildet werden sollte, war es für die »Reform von oben« zu spät. Die Revolution am 7. November war schneller. Dennoch war seine Einführung auch nach 69 Jahren Frauenwahlrechtskampagne in den Tagen der Novemberrevolution 1918 noch keineswegs eine Selbstverständlichkeit. »Als die Verkündigung des Wahlrechtes der Frauen in Bayern bekannt wurde«, erinnert sich Heymann, »meldete sich ein sehr bekannter und wahrlich keiner der schlechtesten Demokraten per Telefon bei Augspurg und erklärte: ›Man hält in politischen Kreisen das Frauenstimmrecht für Bayern doch wohl für übereilt. Sind Sie nicht auch überzeugt, daß es zu plötzlich kommt?‹ Wahrlich, dieser Mann hatte sich an die richtige Stelle gewandt! Augspurg machte ihm klar, daß die Frauen mit dem Wahlrecht eher zur politischen Reife gelangen würden als ohne es. Alsdann verständigte sie Kurt Eisner, daß gewisse Kreise gegen das Frauenwahlrecht agitierten, fragte, wie er sich zur Sache stelle, und erhielt von ihm die lakonische Feststellung ›Frauenstimmrecht ist Dogma‹. Das war die Erledigung der demokratischen Lauwärme.«

Kein Wunder also, daß sich die engagiertesten Frauenrechtlerinnen wenige Tage später, am 18. November 1918, auf einer Versammlung im Wagnersaal in der Münchener Sonnenstraße zur Republik bekannten und zur aufbauenden Mitarbeit bereit erklärten. Tags darauf suchten Augspurg und Heymann, die führenden Köpfe der bürgerlich-radikalen Frauenbewegung, den neuen Ministerpräsidenten Eisner auf. Was dieser Mann wollte, schreiben sie in ihren Memoiren, habe sich mit ihren Zielen gedeckt. Eisner und sie habe »die gleiche Sehnsucht nach Befreiung von jeder Knechtschaft, nach Freiheit und Gerechtigkeit für Mann und Frau« verbunden. »Wir sagten ihm, daß es uns auf Grund unserer im politischen Leben gemachten Erfahrungen ... nicht möglich wäre, Mitglied einer politischen Partei zu sein, weil Parteien mit der Zeit mehr oder weniger alle im Doktrinarismus erstarrten ... Wir fragten ihn, ob er unter diesen Umständen unsere Mitarbeit haben wolle, wenn ja, stünden wir zu seiner Verfügung. Er willigte ein und zeigte volles Verständnis für unsere Vorbehalte.«

Für Anita Augspurg und ihre Partnerin begann ein neues Leben. Nachdem das Vereinsgesetz, das Frauen politisches Engagement praktisch unmöglich gemacht hatte, 1908 gefallen war, fiel jetzt eine weitere Hürde. »Endlich konnten Frauen aus dem vollen schaffen. Frauenmitarbeit war auf allen politischen und sozialen Gebieten erwünscht.«

Wahlkampf für die USPD

Der neugebildete Provisorische Arbeiter-, Soldaten- und Bauernrat unter dem Vorsitz Kurt Eisners hatte in der Nacht zum 8. November 1918 den Provisorischen Nationalrat des Volksstaates Bayern gewählt, der bis zur Landtagswahl im Januar 1919 quasi als Parlament fungierte. Unter den 256 Delegierten waren nun erstmals Frauen. Als eine von acht gehörte ihm die USPD-nahe Dr. Anita Augspurg für den Bayerischen Verein für Frauenstimmrecht an. Die anderen waren die »Kaufmannsgattin« Hedwig Kämpfer (Landesarbeiterrat, USPD), die »Obersekretärsgattin« Emilie Mauerer (Sozialdemokratische Frauenvereine München, MSPD), die Verbandssekretärin Aloisia Eberle (Kathol. Arbeiter- und Arbeiterinnenvereine), die Bezirksoberlehrerin Marie Sturm (Kathol. Lehrerinnenverein), die Hauptlehrerin Helene Sumper (Bayer. Lehrerinnenverein) und zwei Vertreterinnen vom gemäßigten Flügel der bürgerlichen Frauenbewegung, Luise Kiesselbach (Rat Geistiger Arbeiter) und die Studiendirektorin a. D. Dr. Rosa Kempf (Hauptverband Bayer. Frauenvereine)

Obwohl parteilos, kandidierte Augspurg für die USPD am 12. Januar 1919 zum Bayerischen Landtag. Einen solchen Wahlkampf hatte Bayern noch nicht erlebt. »Mit Rucksäcken beladen, die das erforderliche Propagandamaterial und eine Glocke enthielten, durchwanderten Frauen die Gegend von Dorf zu Dorf.« So beschreibt Lida Heymann, die selbst auf Aufforderung Eisners hin als Parteilose auf dem aussichtslosen Platz 2 der USPD-Liste zur Deutschen Nationalversammlung kandidierte, Augspurgs Kandidatentour durch oberbayerische Orte zwischen Penzberg, Garmisch und Peißenberg. »Mit der Glocke wurde mächtig geklingelt, um die Bevölkerung in Schule oder Wirtshaus zur Versammlung zu laden, als Organ der Amtsgewalt der Vorsitzenden kam sie kaum zur Anwendung. Männer- wie Frauenversammlungen waren überfüllt, aber ihr Verlauf war ein sehr verschiedener. In ersteren herrschte Tabaksqualm, Bierdunst, Lärm, Pfeifen und Schreien; den durch den Krieg verrohten Männern gebrach es an Selbstbeherrschung, Anstand und dem erforderlichen Denkvermögen. Anders die Frauen. Sie zeigten großes Interesse, richteten sachliche Fragen an die Rednerinnen, über Ehe- und Erziehungsrecht der Frau sowie ihre ökonomische Stellung im neuen Staat. Bei einigen Bäuerinnen zeigte sich das Interesse so lebendig, daß sie sich den Rednerinnen anschlossen, mit ihnen durch hohen Schnee ins nächste Dorf stapften. Sie halfen ihnen, trugen die Rucksäcke, verteilten die Flugblätter, gingen mit der Klingel von Haus zu Haus, holten die Frauen zur Versammlung.«

Eine Frau als Kandidatin erregte in den katholischen Dörfern große Aufmerksamkeit, zu große für den Geschmack der Geistlichkeit. »Einfluß von außen konnte nicht geduldet, mußte zum mindesten immunisiert werden!« beschreibt Heymann die Gegenreaktion der Reaktion. »Darauf erschienen katholische Geistliche in den Frauenversammlungen, immer dieselben, auch sie zogen von Dorf zu Dorf, beteiligten sich an der Diskussion, sprachen gegen die Kandidatur einer Anita Augspurg, gebrauchten wieder und wieder die gleichen Argumente: Faselten von der drohenden Gefahr freier Liebe, freier Ehe, dem illegitimen Kinde. In Unterammergau rief nach einer solchen Rede des Geistlichen eine Stallmagd laut und vernehmlich in die Versammlung: ›Er hat ja selbst drei Uneheliche!‹«

Wie sich bald herausstellte, war die Aufgeregtheit unbegründet. Die USPD, für die Anita Augspurg als eine von fünf Frauen kandidiert hatte, erlitt bei der Landtagswahl am 12. Januar 1919 eine vernichtende Niederlage. Trotzdem zogen erstmals Frauen in den Landtag ein. Sechs (mit Nachrückerinnen acht) von 180 Abgeordneten waren weiblich. Aurelie Deffner und Emilie Mauerer von der MSPD, Käthe Günther und Rosa Kempf von der linksliberalen Deutschen Demokratischen Partei (DDP) sowie Ellen Ammann, Aloisia Eberle, Maria von Gebsattel und Therese Schmitt von der katholisch-konservativen Bayerischen Volkspartei (BVP). Augspurg, die prominenteste Vorkämpferin für das Frauenwahlrecht, war als USPD-Kandidatin nicht gewählt worden.

In dem nach der Ermordung Eisners nochmals in den Mittelpunkt rückenden Rätekongreß von Ende Februar bis Mitte März 1919 arbeitete Anita Augspurg jedoch als eine von fünf Frauen mit. Sie, die im zurückliegenden Wahlkampf die Macht der katholischen BVP auf dem Land zu spüren bekommen hatte, beantragte auf einer Sitzung am 7. März 1919 die Einrichtung von Frauenräten, »um die Frauen auf dem Lande in Stand zu setzen..., daß sie politisch aufgeklärt werden. Dafür halten wir als bestes Organ die Aufstellung einer Anzahl entsprechend politisch gebildeter und auf radikalpolitischem Boden stehender Volksschullehrerinnen.« Die Gemäßigten, die im Kongreß die Mehrheit bildeten, brachten den Antrag zu Fall.

Ein Leben lang für die rechtliche Gleichstellung der Frauen

Anita Augspurgs Engagement für die Revolution hatte seine tieferen Wurzeln in ihrem lebenslangen Wirken für die rechtliche Gleichstellung und politische Emanzipation des »inferioren« Geschlechts. Die 1857 in Verden an der Aller geborene Tochter eines Juristen hatte als ersten Schritt zur Selbständigkeit zunächst in Berlin das Lehrerinnenexamen abgelegt, dann als ausgebildete Schauspielerin von Riga bis Amsterdam auf der Bühne gestanden. Danach betrieb sie in München, der »geistig freiesten, wenigstens vorurteilsfreiesten« aller deutschen Großstädte, zusammen mit Sophie Goudstikker das renommierte Photoatelier Elvira in der Von-der-Tann-Straße, bevor sie sich mehr und mehr der Frauenbewegung zuwandte. Augspurg betrachtete die Frauenfrage zunehmend als Rechtsfrage. Sie begann ein Jurastudium, um gegen die Kodifizierung der Unmündigkeit der Frau bei der Ausarbeitung des neuen Bürgerlichen Gesetzbuches durch reine Männergremien juristisch versiert argumentieren zu können. Da die Universität München Frauen noch verschlossen blieb, promovierte sie vierzigjährig 1897 in Zürich, mit einer Dissertation über den Ursprung der Volksvertretung in England.

Ihr frauenpolitisches Engagement galt zunächst der Einflußnahme auf das in den 90er Jahren entstehende, 1896 schließlich gegen die Stimmen der SPD vom Reichstag verabschiedete BGB. Sie forderte, die dort festgeschriebene Benachteiligung der Frau zu beseitigen. Hauptziel ihrer Kritik war das Ehe- und Familienrecht, das die Frau zum unmündigen Objekt des Ehemannes degradierte. Entsprechende BGB-Paragraphen gab es zuhauf: Der Ehemann entscheidet über alle gemeinschaftlichen Angelegenheiten (§ 1354), ja sogar über die Berufstätigkeit der Frau (§ 1358). Das Vermögen der Frau wird der Verwaltung und Nutznießung des Ehemannes unterworfen (§ 1363). In allen Fragen der Sorge und Erziehung der Kinder hat der Vater das letzte Entscheidungsrecht (§ 1627).

Augspurg ging es um das Selbstbestimmungsrecht der Frau. In einem aufsehenerregenden »Offenen Brief«, den sie 1905 in der Zeitschrift *Frauenbewegung* publizierte, rief sie deshalb zum Boykott der bürgerlichen Ehe auf. Sie argumentierte, »die legitime Ehe bedeutet für die Frau den gesetzlichen Verzicht auf ihre Rechtsexistenz, umschließt nicht allein die für eine selbständige Individualität unwürdige Aufgabe ihres Namens und ihres Selbstbestimmungsrechtes, sondern in den meisten Fällen völlige pekuniäre Abhängigkeit und in allen Fällen gänzliche Rechtlosigkeit an ihren Kindern«.

Hatte Augspurg in den neunziger Jahren federführend den Protest gegen frauendiskriminierende Paragraphen im BGB organisiert, stand sie jetzt im Kampf um das Frauenstimmrecht wiederum an der Spitze. Bald zeigten sich innerhalb der bürgerlichen Frauenbewegung immer größere Meinungsunterschiede. Deren gemäßigter Flügel wollte den Frauen erst Bildungs- und Berufsmöglichkeiten schaffen, »um ihnen stufenweise über soziale Tätigkeit in der Gemeinde das Hineinwachsen in eine helfende und unterstützende Betätigung im bestehenden Männerstaat zu ermöglichen«, und forderte lediglich ein dem (ungleichen) Männerwahlrecht analoges Frauenwahlrecht. Dies lehnten die Radikalen als zu zögerlich und kompromißbereit ab. Sie pochten auf volle Gleichheit, wandten sich von dem 1894 gegründeten Bund deutscher Frauenvereine ab und schlossen sich 1899 unter maßgeblicher Mitwirkung Augspurgs zum Verband fortschrittlicher Frauenvereine zusammen. In scinen Statuten lehnte dieser ausdrücklich »jede Trennung der bürgerlichen Frau von der Arbeiterin entschieden ab«.

Seit 1899 redigierte und politisierte Anita Augspurg die *Parlamentsbeilage* der Zeitschrift *Die Frauenbewegung*. Obwohl für sie als Radikale Fragen der Erziehung und Bildung weiterhin wichtige Emanzipationsmittel waren, gelangte sie zusehends zu der Überzeugung, daß der entscheidende Hebel zur Veränderung das Frauenstimmrecht war. Erst durch die Ausübung des Wahlrechts werde die Frau »politisches Verständnis gewinnen, wie es der Mann auf dem gleichen Wege gewonnen hat«. Zusammen mit Heymann gründete sie deshalb 1902 den Deutschen Verein für Frauenstimmrecht. Von April 1912 bis Ende 1913 gab sie in München die Zeitschrift *Frauenstimmrecht* heraus. 1913 riefen Augspurg und Heymann schließlich den Bayerischen Verband für Frauenstimmrecht ins Leben.

Anita Augspurg war zu der Überzeugung gelangt, daß mit den bestehenden Parteien als Männerparteien keine echten Fortschritte für die Frauen durchzusetzen waren, weder mit der Freisinnigen Volkspartei, deren Mitglied sie kurzzeitig war, noch mit der SPD.

Von der proletarischen Frauenbewegung und der SPD, die doch ebenso wie der radikale Flügel der Frauenbewegung das allgemeine, gleiche Stimmrecht für Frauen im Programm hatten, trennte sie vor allem ein grundlegender Unterschied: Während für die Sozialdemokratin Clara Zetkin die Frauenemanzipation im Zuge des übergreifenden Klassenkampfes durchzusetzen war, vertrat Augspurg den zentralen Grundsatz der radikalen Frauenbewegung. Sie war überzeugt, daß die Teilung der Gesellschaft in Männer und Frauen von größerer Bedeutung sei als die Teilung in soziale Klassen.

Zudem blieben ihr die Männer in der SPD suspekt, beutete der sozialdemokratische deutsche Mann doch dort, wo am ehesten die Möglichkeit bestanden hätte, dies zu vermeiden, nämlich in der Familie, die Frau für seine persönlichen Zwecke in gleicher Weise aus wie die bürgerlichen Männer. »Er war von demselben Überheblichkeitskomplex beherrscht, stets bereit, den Frauen gegenüber den Despoten zu spielen und die besser bezahlten, sehr häufig weniger anstrengenden Berufe für das ›starke Geschlecht‹ zu reservieren, dem schwachen Geschlecht die mühevollen, schlechter bezahlten als die von der Natur für die Frau bestimmten zu überlassen.« Ebensowenig glaubte sie, die »Männer einer zur Herrschaft gekommenen Sozialdemokratie« würden außer auf dem Papier die politischen Rechte freiwillig auf die Frauen ausdehnen.

Obwohl im ganzen Reich aktiv und internationale Kontakte pflegend, u. a. als Zweite Vorsitzende des Weltbundes für Frauenstimmrecht, lag Augspurgs Haupttätigkeitsfeld längst in Bayern. Sie lebte nacheinander in München, in Kloster Schäftlarn, bei Irschenhausen im Isartal und bei Icking. In der Nähe von Peißenberg bewirtschaftete sie, die in Berlin einst auch einige Semester an der Landwirtschaftlichen Hochschule studiert hatte, den 1000 Tagwerk großen Siglhof.

Ein Höhepunkt der Stimmrechtsagitation im Königreich Bayern war im September 1912 in München der Internationale Frauenkongreß. In einem öffentlichen Vortrag trat Augspurg dort vehement dafür ein, das Stimmrecht für *alle* Frauen zu fordern. »Sie können nicht die Verleihung eines Rechts beanspruchen, welches bisher eine bevorzugte Klasse von Staatsangehörigen besitzt, wenn sie selbst, noch im Begriff, es zu erkämpfen, eine ausschließende Schranke zwischen sich und anderen Geschlechtsgenossinnen errichten wollten, die zur Zeit mit ihnen in der Entrechtung gleichgestellt sind.« Mit großer Mehrheit wurde eine entsprechende Resolution angenommen. Öffentliches Aufsehen erregte die erste »Frauenstimmrechtsfahrt«, die zum Abschluß des Kongresses am 24. September 1912 mit zwölf von Rappen und Schimmeln gezogenen, mit Laubgirlanden, Fahnen und Plakaten in den Verbandsfarben violett-weiß-grün geschmückten Wagen von Schwabing über die Leopold-, Ludwig- und Maximilianstraße und den Marienplatz zum Chinesischen Turm führte. »Viele Frauen, die keine Versammlungen besuchten, und Münchener Männer, die ihre Politik am Biertische trieben, erfuhren an dem Tage zum ersten

Mal, daß Frauen aus ganz Deutschland das Stimmrecht forderten«, erinnern sich Heymann und Augspurg. Der Chronist der *Münchner Neuesten Nachrichten* konstatierte am 24.9.1912 trocken, daß es »auch an drastischen Äußerungen Münchener Humors« nicht gefehlt habe.

Nach Ausbruch des Ersten Weltkrieges vertiefte sich die Kluft zwischen dem gemäßigten und dem radikalen Flügel der bürgerlichen Frauenbewegung. Die Radikalen um Augspurg fanden sich an der Seite der Pazifisten. Zusammen mit Heymann nahm Augspurg an der Internationalen Frauenfriedenskonferenz 1915 in Den Haag teil. Deren Beschlüsse, die in den »14 Punkten« US-Präsident Woodrow Wilsons drei Jahre danach ihren Niederschlag fanden, durften freilich in Bayern aufgrund eines Verbots durch das Kriegsministerium nicht verbreitet werden. Auch in der Internationalen Frauenliga für Frieden und Freiheit arbeitete Anita Augspurg federführend mit. Rede- und Publikationsverbot, Postüberwachung, Verbot von Auslandsreisen waren die Folge.

Als die Revolution begann, fand sich die bürgerlich-radikale Frauenrechtlerin, wie gezeigt, an der Seite der Linken, und es kam zu einem entsprechenden Zusammenschluß (Bund sozialistischer Frauen).

Nach der blutigen Niederschlagung der Räterepublik im Mai 1919 konzentrierte sich Anita Augspurg auf die Herausgabe der neuen kritischen Zeitschrift *Die Frau im Staat*, die von 1919 bis 1933 erschien und konsequent für Frauenpolitik und internationale Verständigung eintrat. Noch vor dem Hitler-Putsch 1923 verlangte Anita Augspurg zusammen mit anderen Frauen in einer Unterredung mit dem bayerischen Innenminister vergebens die Ausweisung des Österreichers Hitler. Als die Nationalsozialisten die Macht übernahmen, befanden sich Anita Augspurg und ihre Lebensgefährtin auf einer Mittelmeerreise. Sie kehrten nicht nach München zurück, sondern gingen ins Exil in die Schweiz – hatten sie doch, wie Lida Gustava Heymann zu berichten weiß, bereits 1923 beim Hitler-Putsch in München auf der Liste von Personen gestanden, die »einen Kopf kürzer« gemacht werden sollten. Auf ihr umfangreiches

Frauenarchiv und die Dokumentation ihrer Friedensarbeit in ihrer Münchener Wohnung konnte Anita Augspurg bei ihren publizistischen Arbeiten nicht mehr zurückgreifen. Die Nationalsozialisten hatten es beschlagnahmt und vernichtet. Ihr Jugendstilhaus am Englischen Garten, dessen berühmte Drachenfassade die Nazis hatten zerstören lassen, fiel 1944 Bomben zum Opfer. Ein Jahr vorher, am 20. Dezember 1943, war Anita Augspurg im Alter von 86 Jahren in Zürich gestorben.

IV. Zwischenspiel: Die Räterepubliken

An das Volk in Baiern!

Die Entscheidung ist gefallen. **Baiern ist Räterepublik.** Das werktätige Volk ist Herr seines Geschickes. Die revolutionäre Arbeiterschaft und Bauernschaft Baierns, darunter auch all unsre Brüder, die Soldaten sind, durch keine Parteigegensätze mehr getrennt, sind sich einig, daß von nun an jegliche Ausbeutung und Unterdrückung ein Ende haben muß. Die Diktatur des Proletariats, die nun zur Tatsache geworden ist, bezweckt die Verwirklichung eines wahrhaft sozialistischen Gemeinwesens, in dem jeder arbeitende Mensch sich am öffentlichen Leben beteiligen soll, einer gerechten sozialistisch-kommunistischen Wirtschaft.

Der Landtag, das unfruchtbare Gebilde des überwundenen bürgerlich-kapitalistischen Zeitalters, ist aufgelöst, das von ihm eingesetzte Ministerium zurückgetreten. Von den Räten des arbeitenden Volks bestellte, dem Volk verantwortliche Vertrauensmänner erhalten als Volksbeauftragte für bestimmte Arbeitsgebiete außerordentliche Vollmachten. Ihre Gehilfen werden bewährte Männer aus allen Richtungen des revolutionären Sozialismus und Kommunismus sein; die zahlreichen tüchtigen Kräfte des Beamtentums, zumal die unteren und mittleren Beamten, werden zur tatkräftigen Mitarbeit im neuen Baiern aufgefordert. Das System der Bureaukratie aber wird unverzüglich ausgetilgt.

Die Presse wird sozialisiert.

Zum Schutze der bairischen Räterepublik gegen reaktionäre Versuche von außen und von innen wird sofort eine rote Armee gebildet. Ein Revolutionsgericht wird jeden Anschlag gegen die Räterepublik sofort rücksichtslos ahnden.

Die bairische Räterepublik folgt dem Beispiel der russischen und ungarischen Völker. Sie nimmt sofort die brüderliche Verbindung mit diesen Völkern auf. Dagegen lehnt sie jedes Zusammenarbeiten mit der verächtlichen Regierung Ebert-Scheidemann-Noske-Erzberger ab, weil diese unter der Flagge einer sozialistischen Republik das imperialistisch-kapitalistisch-militaristische Geschäft des in Schmach zusammengebrochenen deutschen Kaiserreichs fortsetzt.

Sie ruft alle deutschen Brudervölker auf, den gleichen Weg zu gehen. Allen Proletariern, wo immer sie für Freiheit und Gerechtigkeit, wo immer sie für den revolutionären Sozialismus kämpfen, in Württemberg und im Ruhrgebiet, in der ganzen Welt, entbietet die bairische Räterepublik ihre Grüße.

Zum Zeichen der freudigen Hoffnung auf eine glückliche Zukunft für die ganze Menschheit wird hiemit der 7. April zum **Nationalfeiertag** erklärt. Zum Zeichen des beginnenden Abschieds vom fluchwürdigen Zeitalter des Kapitalismus ruht am Montag, den 7. April 1919, in ganz Baiern die Arbeit, soweit sie nicht für das Leben des werktätigen Volkes notwendig ist, worüber gleichzeitig nähere Bestimmungen ergehen. —

Es lebe das freie Baiern! Es lebe die Räterepublik! Es lebe die Weltrevolution!

Der revolutionäre Zentralrat Baierns:

Niekisch, Gustav Landauer, Erich Mühsam, Gandorfer (Bauernrat), Dr. Franz Lipp, Albert Schmid.

Für den revolutionären Soldatenrat:

Kohlschmid, Johann Wimmer, Max Mehrer.

Proklamation der »Räterepublik Baiern«, April 1919

Hans-Günter Richardi

Eine kurze Herrschaft: Die Räte regieren in München

Mißtrauisch nahm Lenin die Nachricht, die vor 75 Jahren aus München zu ihm nach Moskau gedrungen war, zur Kenntnis. Er konnte es noch nicht glauben, daß Bayern an diesem Montag, dem 7. April 1919, dem Beispiel der »Räterepublik Rußland« gefolgt war und ebenfalls eine Republik der Räte ausgerufen hatte.

So bat er um 13.45 Uhr seinen Gesinnungsfreund Béla Kun, der als Volkskommissar für Äußeres in Budapest der ungarischen Räterepublik vorstand, per Funk um nähere Informationen über die Ereignisse in Bayern. Der Funkspruch, mit dem er in der folgenden Nacht um 2.15 Uhr seine Bitte wiederholte, lautete: »Bitte geben Sie uns Einzelheiten über die vollzogene Revolution in Baiern. Wir wissen nichts außer dem kurzen Funkspruch der baierischen Räteregierung. Bitte teilen Sie uns mit, wie die Ereignisse dort verlaufen und ob die neue Ordnung voll und ganz herrscht.«

Lenins Zweifel waren unbegründet. »Baiern«, das nach dem Willen der Revolutionäre in München nun wieder wie in der Zeit vor König Ludwig I. ohne »y« geschrieben wurde, hatte in der Tat eine atemberaubende Umwälzung erlebt. »Die Entscheidung ist gefallen«, prangte es in großen Buchstaben auf Plakaten in der Stadt. »Baiern ist Räterepublik. Das werktätige Volk ist Herr seines Geschickes.«

Die Entscheidung zum Sturz der Regierung des sozialdemokratischen Ministerpräsidenten Johannes Hoffmann war in der Nacht zum 7. April im Wittelsbacher Palais gefallen, wo die Delegierten der sozialistischen Parteien, der Gewerkschaften und des Bayerischen Bauernbundes zusammengekommen waren und sich auf diesen Schritt geeinigt hatten. Die Kommunisten versagten der Versammlung jedoch ihre Zustimmung, weil sie befürchteten, »durch Proklamierung einer Schein-Räterepublik«, wie sie spotteten, »den Gedanken des Rätesystems zu verwässern oder zu erwürgen«.

Über das Ergebnis der dramatischen Nachtsitzung unterrichtete der Schriftsteller Erich Mühsam die Öffentlichkeit in einer Presseerklärung, die am 8. April in der Abendausgabe der *Münchner Neuesten Nachrichten* (MNN) erschien: »Ohne Rücksicht auf die Streitigkeiten ihrer Führer hat sich die werktätige Bevölkerung im Willen zusammengeschlossen, den Sozialismus, den Kommunismus zu verwirklichen! Der Landtag ist fortgeschickt, das von ihm eingesetzte kleinbürgerlich-sozialistische Ministerium existiert nicht mehr. Ein provisorischer Rat von Volksbeauftragten und ein provisorischer revolutionärer Zentralrat haben die Geschäfte des Landes vorläufig zu besorgen.«

Und weiter stellte Mühsam dem verschreckten bürgerlichen Leser eine Zukunft in Aussicht, die nun von Bayern und Rußland gemeinsam gemeistert werden sollte: »Aus dem Rätesystem wird die sozialistische Gesellschaft herauswachsen, die keinen arbeitslosen Wohlstand und keine Armut des Fleißigen mehr kennen wird. Im Bunde mit dem revolutionären Rußland und Ungarn wird das neue Baiern die revolutionäre Internationale herstellen und der Weltrevolution die Wege ebnen!«

Das waren Worte, die Wladimir Iljitsch Lenin – er lebte übrigens vor dem Ersten Weltkrieg vorübergehend in München im Exil – begeistern mußten. Bereits am 9. April empfing er vom »provisorischen Zentralrat der Räterepublik Baiern« die Nachricht, die ihm wie Öl einging: »Die Räterepublik Baiern hat sofort alle Beziehungen mit der Scheidemann-Regierung (in Berlin, Anm.d.Red.) abgebrochen. Die Räterepublik in Baiern entbietet der russischen und der ungarischen Räterepublik ihre Grüße; sie knüpft mit diesen beiden Räterepubliken Beziehungen an.«

Das Pflänzchen der angestrebten sozialistischen Brüderschaft blühte schnell auf. Schon am nächsten Tag erreichte die Räte in München folgender Funkspruch aus Moskau, den der russische Volkskommissar des Auswärtigen, Tschitscherin, im Auftrag Lenins abgefaßt hatte: »Mit unaussprechlicher Freude haben wir von der Räterepublik Baiern erfahren. Wir senden unsere herzlichsten Grüße der neuen Schwesterrepublik, unserem jüngsten Bundesgenossen auf dem Kampffelde des Sozialismus. Den Räterepubliken Rußland, Livland, Estland, Litauen, Weiß-Rußland, Ukraine und Ungarn ist die Räterepublik Baiern gefolgt.«

Diese Feststellung eilte jedoch der Entwicklung weit voraus; denn in Wahrheitt stand es mit der Herrschaft der Räte in München nicht zum besten, und die Zeit arbeitete gegen sie. Die gestürzte Regierung Hoffmann, die nach Bamberg geflüchtet war, hatte ihren erbitterten Widerstand angekündigt, und die Kommunisten verweigerten dem »Revolutionären Zentralrat Baierns«, den der Schriftsteller Ernst Toller leitete, jede Unterstützung. Sein Ende kam schneller, als sich die Revolutionäre gedacht hatten. Seit der Proklamation der Räterepublik waren gerade erst sechs Tage vergangen, als die Kommunisten den gescheiterten Putschversuch der »Republikanischen Schutztruppe«, die Ministerpräsident Hoffmann wieder zur Macht verhelfen wollte, am Palmsonntag, dem 13. April, zum Anlaß nahm, die »Schein-Räterepublik« zu stürzen und eine eigene Herrschaft zu errichten.

Erste Gewaltakte der Weißen

Aber auch der Zweiten Räterepublik war keine lange Dauer beschieden, obwohl die Kommunisten alles daransetzten, die Positionen ihrer Roten Armee unter der Führung des Matrosen Rudolf Egelhofer schnell auszubauen und zu festigen. Den Rotgardisten, erkenntlich an den roten Armbinden, die sie über ihren Uniformen trugen, gelang es sogar, bei Dachau einen militärischen Erfolg über die Regierungstruppen zu erringen und die Weißen, so genannt nach ihren weißen Binden am Arm, aus dem Markt zu vertreiben. Aber auf die Dauer waren sie den Truppen aus Preußen und Württemberg, die unter dem Oberbefehl des Generalleutnants Ernst von Oven auf München zurmarschierten, nicht gewachsen.

Verstärkt wurden die Weißen noch von Freikorps, die dem Ruf des Reichswehrministers Gustav Noske in Berlin gefolgt waren. Die bekanntesten, aber auch berüchtigsten unter den Freiwilligenverbänden, von denen die Nationalsozialisten später einen regen Zulauf erhielten, waren die »Marinebrigade Ehrhardt«, die bereits damals das Hakenkreuz am Stahlhelm trug, das »Freikorps Oberland«, das der Gründer der antisemitischen »Thule-Gesellschaft«, Rudolf Freiherr von Sebottendorff, am 19. April 1919 ins Leben rief, und das »Freikorps Epp«, das am 11. Februar 1919 auf dem Truppenübungsplatz Ohrdruf in Thüringen aufgestellt wurde und dem sich Männer anschlossen, die wenige Jahre danach führende Positionen in der NSDAP einnahmen: Ernst Röhm, Rudolf Heß und Gregor Strasser. Ziel der Regierungstruppen und der Freikorps war es, München einzuschließen und nach der Erstürmung der Stadt mit den Roten abzurechnen. Schon auf dem Vormarsch der Weißen kam es zu den ersten Gewaltakten: In einer Kiesgrube bei Lochham wurden 53 kriegsgefangene Russen aus dem Lager Puchheim, die von der Räteregierung freigelassen worden waren, von einer unbekannten Truppe »ohne Verhör und Urteil«, wie Oskar Maria Graf berichtet, erschossen. Und an einem Bahndamm endete eine Arbeiter-Sanitäter-Kolonne, die bei Starnberg eine Übung abgehalten hatte, im Kugelhagel der Weißen. Nur ein Mann, der Referendar Schlesinger, blieb verschont.

Tod auf dem Schulhof

Als die Greueltaten in München bekannt wurden, kam es bei den Roten in der ersten Erregung zu einer Kurzschlußhandlung. Ihr Haß richtete sich gegen die »Thule-Gesellschaft«, deren konspirative Tätigkeit gegen die Räterepublik den Revolutionären nicht verborgen geblieben war. Die »Kommission zur Bekämpfung der Gegenrevolution« schloß zunächst das Büro der Gesellschaft an der Marstallstraße, beschlagnahmte das gesamte Belastungsmaterial und verhaftete sieben Angehörige der Gesellschaft, die sie ins Luitpoldgymnasium an der Müllerstraße bringen ließ, wo sich der Stützpunkt der Räteregierung befand. Anfangs dachte niemand der Roten daran, den Festgenommenen ein Haar zu krümmen. Die Verschleppten – unter ihnen eine Frau, Haila Gräfin von Westarp – wurden vielmehr als ein Faustpfand betrachtet, das die herannahenden Regierungstruppen von Gewalttaten abhalten sollte.

Als es dann aber doch zu den erwähnten Massenerschießungen bei Lochham und in der Nähe von Starnberg gekommen war, ordnete der Kommandant des Luitpoldgymnasiums, Fritz Seidel, in einer eigenmächtigen Entscheidung an, die Geiseln als Vergeltung für den Terror der Weißen am Nachmittag des 30. April auf dem Hof der Schule erschießen zu lassen. Bereits am Vormittag waren zwei preußische Soldaten am selben Ort der Rache der Roten zum Opfer gefallen.

Die Nachricht von der Ermordung der Geiseln rief in der Stadt, wie die MNN meldeten, »Entsetzen und unbeschreibliche Aufregung« hervor. Für die Regierungstruppen und für die Freikorps, die München inzwischen eingeschlossen hatten, war sie das Signal, mit dem Angriff auf die Stadt am Donnerstag, dem 1. Mai, nicht länger zu warten. Der Widerstand der Roten brach schnell zusammen, und nach vierundzwanzig Stunden war München in der Hand der Weißen. Die Stadt bot den einmarschierenden Truppen einen gespenstischen Anblick. »Die Straßen«, berichtet ein Weißgardist, »sind menschenleer, ohne Licht, die Läden verschlossen. Das Glas der zertrümmerten Fensterscheiben liegt fußhoch auf der Straße.«

Sauerbruch in Lebensgefahr

Die Kämpfe um München kosteten 93 Rotarmisten und 38 weißen Soldaten sowie sieben Bürgern und sieben Russen das Leben. Standrechtlich erschossen wurden 42 Angehörige der Roten Armee und 144 Zivilisten. Durch Leichtsinn oder durch Verquickung unglücklicher Umstände fanden 184 Personen den Tod. In 42 Fällen blieb die Todesursache unbekannt. Insgesamt kamen in den Tagen vom 30. April bis zum 8. Mai 1919 in München 557 Menschen ums Leben.

Wie die Zahl der Toten zeigt, haben sich beide Seiten im Kampf um die Räterepublik nichts geschenkt. Sowohl die Roten als auch die Weißen trugen den Terror nach München und beglichen dort gegenseitig ihre blutigen Rechnungen. Daß dabei auch Unbeteiligte in Lebensgefahr gerieten, erfuhr der berühmte Chirurg Ferdinand Sauerbruch am eigenen Leib. Ihm wurde von den Roten verübelt, daß er den schwerverletzten Leutnant Anton Graf von Arco auf Valley, der nach seinem Attentat auf den bayerischen Ministerpräsidenten Kurt Eisner am 21. Februar 1919 niedergeschossen worden war, auf dem Operationstisch dem Tod entrissen hatte. Nur einem Russen, der den Arzt von früher kannte und schätzte, war es zu verdanken, daß Sauerbruch lebend den Revolutionären entkam, die seine Ermordung bereits beschlossen hatten.

Und auch Michael Kardinal von Faulhaber mußte um sein Leben bangen. Die Roten hatten dem Erzbischof von München angedroht, ihn an einem Glockenseil der Frauenkirche aufzuhängen, wie dem *Berliner Lokalanzeiger* zu entnehmen war. Doch als sie in der Nacht zum Palmsonntag, dem 13. April 1919, in den Bischofshof eindrangen und das Mobiliar im Schlafzimmer demolierten, trafen sie ihn zum Glück nicht an. Faulhaber hatte sich zuvor zu Weihen nach Freising begeben, was ihm vermutlich das Leben rettete. In einem Güterzug kehrte er unbemerkt nach München zurück, wo er weiter seinen Pflichten nachging. Bevor es den Rotgardisten gelang, den Erzbischof vor ein Revolutionstribunal, was sie mit größter Entschlossenheit beabsichtigten, zu stellen, war ihre Erhebung schon wieder zusammengebrochen.

Ernst Piper

Ernst Toller: »Ich will es mit Liebe umpflügen«

»Ich will das Lebendige durchdringen«, schrieb Ernst Toller im Dezember 1917 an Gustav Landauer, »in welcher Gestalt es sich auch immer zeigt. Ich will es mit Liebe umpflügen, aber ich will auch das Erstarrte, wenn es sein muß, umstürzen, um des Geistes willen«. Toller studierte damals in Heidelberg Soziologie und hatte eben mit anderen den Kulturpolitischen Bund der Jugend gegründet. Toller interessierte sich in zunehmendem Maße für politische Fragen und kam dabei, neben Gustav Landauer, mit so unterschiedlichen Persönlichkeiten wie Max Weber, Theodor Heuß und Kurt Eisner in Verbindung. Noch gab es einen Kaiser in Berlin und einen König in München.

Ein Jahr später war alles ganz anders. Der deutsche Kaiser war in die Niederlande geflohen, der österreichische in die Schweiz. Der bayerische König verbarg sich auf dem Jagdschloß seines Oberstallmeisters. Die Republik war ausgerufen, in Berlin und München regierten die so lange geschmähten Sozialdemokraten, inzwischen in einen Mehrheits- und einen unabhängigen Flügel gespalten. Doch bei den Wahlen zum bayerischen Landtag erlitt die Regierung von Kurt Eisner eine vernichtende Niederlage. Ganze drei Sitze entfielen auf seine USPD, dagegen 61 auf die Mehrheitssozialdemokraten und 66 auf die Bayerische Volkspartei. Die liberale Deutsche Volkspartei kam auf 25 Abgeordnete, der Bayerische Bauernbund auf 16 und die Mittelpartei auf neun. Die Spartakisten, die sich wenig später zur KPD formierten, hatten zum Boykott der Wahl aufgerufen. Am 21. Februar befand sich Eisner auf dem Weg in die Prannerstraße zur konstituierenden Sitzung des neugewählten Landtags, um dort den Rücktritt seiner Regierung zu erklären. Als er gerade den Promenadeplatz überquert hatte, wurde er von dem jungen Anton Graf Arco hinterrücks erschossen. Der Schriftsteller Josef Hofmiller notierte tags darauf in seinem Tagebuch: »Eisner forderte durch sein ganzes Verhalten zu seiner gewaltsamen Entfernung heraus.«

Die Nachricht von der Ermordung Eisners verbreitete sich wie ein Lauffeuer in der Stadt. Alle Geschäfte wurden geschlossen, der Verkehr ruhte, die Arbeiter verließen die Betriebe und versammelten sich zur Abwehr befürchteter gegenrevolutionärer Aktionen zu einer großen Kundgebung auf der Theresienwiese. Ein dreitägiger Generalstreik wurde durchgeführt, die bürgerlichen Zeitungshäuser besetzt; die Zeitungen erschienen nicht. Ihre Hetze gegen Eisner wurde weithin als Ursache dafür angesehen, daß der friedliche Versuch einer Demokratisierung Bayerns ein so blutiges Ende genommen hatte. Als die Zeitungen wieder herauskamen, unterstanden sie einem Zensurrat, dem unter anderem Oskar Maria Graf angehörte.

Zentralrat contra Regierung

In dem politischen Machtvakuum etablierte sich noch am Tage von Eisners Ermordung ein Zentralrat, in dem die beiden sozialdemokratischen Parteien, die Kommunisten, die Arbeiter-, Soldaten- und Bauernräte und die Gewerkschaften zusammenarbeiteten. Am 24. Februar verkündete der Zentralrat die »Einheitsfront des Sozialismus«. Tatsächlich gelang es dem Zentralrat kaum, außerhalb Münchens, Augsburgs und vielleicht noch einiger südbayerischer Zentren Autorität zu entfalten. Der Landtag auf der anderen Seite trat am 17. März im ruhigeren Bamberg wieder zusammen und wählte eine Regierung unter Vorsitz des Mehrheitssozialdemokraten Johannes Hoffmann. Dieser Regierung gehörten wieder Mitglieder der beiden sozialdemokratischen Parteien und ein Unabhängiger sowie als Minister im neugeschaffenen Landwirtschaftsministerium erstmals auch ein Vertreter des Bauernbunds an. Die bayerische Landesregierung und der Zentralrat waren also von ähnlichen politischen Kräften getragen. Eine solche Parallelität alter und neuer politischer Institutionen, unter Suprematie des Landtags, hatte Eisner ausdrücklich gewollt.

Die Lage hatte sich scheinbar stabilisiert. Da geschahen zwei

Dinge, die die Gemüter in München aufs neue erregten. Am 21. März wurde in Ungarn die Räterepublik ausgerufen. Am 4. April kam eine Abordnung der Augsburger Arbeiter- und Soldatenräte nach München und forderte auch für Bayern die Etablierung einer Räterepublik, d. h. eines Staatswesens auf der Grundlage des Rätesystems. Tags darauf erklärte die Vollversammlung der Münchner Kasernenräte einstimmig: »Bei einem in München ausbrechenden Generalstreik erklärt die Garnison Münchens, daß ihre Sympathien auf der Seite der Arbeiter liegen. Die Garnison bleibt neutral. Bereitschaften, wenn solche gestellt werden, dienen in erster Linie dazu, die Arbeiterschaft zu schützen und Plünderungen zu verhüten.« Ein Schutz des Landtags wurde ausdrücklich abgelehnt. In der Nacht vom 6. auf den 7. April beschloß der Zentralrat auf seiner Sitzung im ehemaligen Schlafzimmer der Königin von Bayern nach langen Debatten mit großer Mehrheit die Ausrufung der »Räterepublik Baiern«.

»Räterepublik Baiern«

Ernst Toller, der als Nachfolger Eisners zum Vorsitzenden der USDP gewählt worden war, wurde nun auch Vorsitzender des Zentralrates; bisher hatte sein Freund Ernst Niekisch diese Position innegehabt. Als nunmehr revolutionäre Gegenregierung zu Hoffmann wurden zwölf Volksbeauftragte gewählt, die überwiegend aus dem Kreis der Arbeiter- und Soldatenräte kamen. Gustav Landauer schrieb an Fritz Mauthner: »Ich bin nun Beauftragter für Volksaufklärung, Unterricht, Wissenschaft, Künste und noch einiges mehr. Läßt man mir ein paar Wochen Zeit, so hoffe ich, etwas zu leisten; aber leicht möglich, daß es nur ein paar Tage sind, und dann war es ein Traum.«

Die Räteregierung war von Anfang an in einer äußerst schwierigen Lage. Sie mußte sich nicht nur gegen die Regierung Hoffmann behaupten, von den Reichsautoritäten ganz zu schweigen. Sie konnte sich auch auf die Mehrheitssozialdemokraten nicht verlassen, die sich nur gegen ihre innere Überzeugung beteiligten, um die Kontrolle über die Arbeiterschaft nicht ganz zu verlieren. Die Kommunisten auf der anderen

Seite lehnten das Experiment als »gewissenlose Revolutionsspielerei« ab, in Wahrheit aber, weil ihre Partei noch zu schwach war, die Führung zu übernehmen.

Die erste Räteregierung entwickelte in ihrer nur eine Woche dauernden Amtszeit zahllose Sozialisierungspläne, für den Bergbau, die Presse, die Banken, die Industrie und die Landwirtschaft. Praktische Arbeit leistete vor allem der Volksbeauftragte für das Wohnungswesen, der Jurist Arnold Wadler, der auch der zweiten Räteregierung angehörte. Er versuchte durch Beschlagnahmen, Umsetzungen von wohnungslosen Arbeiterfamilien, Aufteilungen von Bürgerhäusern usw. die große Wohnungsnot in München zu mildern. Doch die Tage der Räteregierung waren gezählt. Unternehmer, Mittelstand und Beamtenschaft standen der Regierung der Volksbeauftragten durchweg ablehnend gegenüber. Vor allem aber stellte sich auch der im Bauernbund organisierte fortschrittliche Teil der Landbevölkerung auf die Seite der Regierung Hoffmann. Bayern war das einzige Land, wo es neben Arbeiter- und Soldaten- auch Bauernräte gab. Doch ihnen ging die Entwicklung nun zu weit. Sie wollten, daß wieder Ruhe ins Land einkehrte, und mißbilligten vor allem die antiklerikale Programmatik der Räterepublik. In der Woche vom 6. bis 13. April, in der die erste Räterepublik bestand, verließen die meisten Mitglieder des Zentralbauernrates München und kehrten in ihre Heimatorte zurück. Dies verstärkte die auf dem Lande vorhandene Stimmung noch weiter, daß es nicht die Aufgabe der Bauern sei, die Unruhestifter in der Landeshauptstadt zu ernähren. Die Nahrungsmittelversorgung Münchens wurde von Tag zu Tag prekärer. In den letzten Tagen vor der Eroberung Münchens gab es kaum noch Lebensmittel außer Eier und Brot, und auch dies von schlechter Qualität und streng rationiert.

In dieser Situation kam es am 13. April zu dem ersten gewaltsamen Versuch, die Herrschaft der Räte zu beenden. Ein Teil der Republikanischen Schutztruppe putschte mit Billigung der Regierung Hoffmann, aber auch der Münchner Mehrheitssozialdemokraten. Mehrere Mitglieder der Räteregierung und des Zentralrates, unter ihnen auch Erich Mühsam, wurden verhaftet. Doch noch am selben Tag gingen Einheiten der sich seit einigen Wochen formierenden Roten Armee zum Gegenangriff über und besiegten in einem blutigen Gefecht die Putschisten, die sich im Hauptbahnhof verschanzt hatten. Diese erfolgreiche militärische Aktion hatte zur Folge, daß die Sympathien eines Großteils der Münchner Arbeiterschaft jetzt auf die KPD als der entschiedensten revolutionären Kraft übergingen. Der für den folgenden Tag ausgerufene Generalstreik, »bis der volle Sieg gesichert ist«, wurde deshalb auch allgemein befolgt.

46000 Mann gegen München

Ministerpräsident Hoffmann, zu seiner Ehre sei es gesagt, hatte sich bisher der Gewaltanwendung widersetzt, ganz im Gegensatz zu seinem Parteifreund Gustav Noske, Reichswehrminister in Berlin, der sich bald als »Bluthund« einen Namen machte. Doch Noske hatte nicht nur die Entsendung von Truppen der Reichswehr angeboten. Er ließ auch, hinter dem Rücken der bayerischen Regierung, ein »Bayerisches Freikorps für den Grenzschutz Ost« aufstellen, dessen Kommando er Oberst Ritter von Epp übertrug, Hitlers späterem Reichsstatthalter in Bayern. Hatte Hoffmann Noskes Hilfsangebot am 4. April noch rundweg abgelehnt, so bat er zehn Tage später telefonisch die Reichsregierung »alle Vorbereitungen zu treffen, um Reichstruppen nach Bayern werfen zu können«.

Während Ernst Toller, als Abschnittskommandeur der Roten Armee, durch geschicktes Verhandeln noch den unblutigen Abzug der Weißen Garde aus Dachau erreichte, zogen die preußischen, württembergischen und bayerischen Truppen, insgesamt etwa 46000 Mann, den Belagerungsring um München bereits immer enger.

Die Stadt war von den wildesten Gerüchten erfüllt. Anstelle der gewohnten Zeitungen erschienen nur noch »Mitteilungen des Vollzugsrates der Betriebs- und Soldatenräte«. Die Bevölkerung war von allen Lebensmittelzufuhren abgeschnitten. Selbst an Kranke wurde nur noch bei unmittelbarer Lebensgefahr Milch ausgegeben. Außerdem herrschte ein akuter Banknotenmangel, da die Münchner Reichsbankfiliale alle Bargeldvorräte und Notenprägestöcke entfernt hatte, so daß keine Löhne ausgezahlt werden konnten. Der »rote Stadtkommandant« Rudolf Egelhofer verfügte, daß alle Bürger binnen 12 Stunden ihre Waffen abzuliefern hatten, andernfalls drohte Erschießung. Gleichzeitig wurde die Arbeiterschaft bewaffnet. Dadurch trieb man den kleinbürgerlichen Mittelstand zurück in eine Solidarität mit dem Großbürgertum, von dem er sich im Laufe des Krieges sozial wie politisch weit entfernt hatte.

In dieser Lage brachen die alten Gegensätze wieder auf. Die Unabhängigen Sozialdemokraten plädierten dafür, mit der Regierung Hoffmann zu verhandeln, während die Kommunisten für den bewaffneten Kampf eintraten. In den fast permanent tagenden Räteversammlungen wurden erbitterte Kontroversen ausgetragen. Erst traten Toller, Maenner, und Klingelhöfer zurück, dann, nachdem sie keine Mehrheit erreichten, ihre Gegenspieler, die Kommunisten Levien und Leviné. Die daraufhin geführten Verhandlungen Tollers mit der Regierung Hoffmann verliefen naturgemäß ergebnislos, da diese ihr Schicksal längst in die Hände der Reichsregierung gelegt hatte. Am 28. April stürmten die Spartakisten das Polizeipräsidium. Tags darauf wurde ein neuer Generalstreik ausgerufen in der verzweifelten Hoffnung, so den Gegner wirksam zu treffen. Am 30. April wurden im Luitpold-Gymnasium sieben Mitglieder der antisemitischen Thule-Gesellschaft zusammen mit zwei kriegsgefangenen Offizieren und einem weiteren vermeintlichen Thule-Mitglied erschossen. Wenngleich diese Mordtat gewiß ein Resultat der zunehmenden Verwirrung und Desorganisation in München war und von den Räten sofort verurteilt wurde, diente sie doch später als Symbol für den »roten Terror«, der in der Zeit der Räte angeblich geherrscht hatte.

Blutbad

Am 1. Mai begann der Einmarsch der Exekutionstruppen in München. Das Freikorps Epp und die anderen Truppen stießen bei der Eroberung Münchens nur vereinzelt auf Widerstand und hatten keine großen Verluste zu beklagen. Trotzdem richteten sie ein Blutbad an, das im deutschen Bürgerkrieg ohne Beispiel war. Durch Horrorgerüchte und antisemitische Parolen erzeugten die Drahtzieher des weißen Terrors eine regelrechte Pogromstimmung unter den Besatzungstruppen. Diese schossen eine Woche lang auf alles, was spartakistisch aussah, und das traf im Zweifel jeden Arbeiter, wobei die Soldaten sich, zu Recht oder zu Unrecht, durch einen Schießbefehl Noskes gedeckt fühlten. Auch eine Proklamation der Kommandeure der Besatzungstruppen, daß jeder Angehörige der Roten Armee als Feind des bayerischen Volkes anzusehen sei, öffnete der Willkür Tür und Tor. Erst als am 6. Mai 21 Mitglieder des Katholischen Gesellenvereins St. Joseph als angebliche Spartakisten niedergemetzelt worden waren, bemächtigte sich jähe Ernüchterung des Bürgertums und der neuen Machthaber. Da hinter dem Gesellenverein die Bayerische Volkspartei stand, wurden die Mörder sogar bestraft, während sonst durchweg Freisprüche erfolgten, soweit überhaupt Anklage erhoben worden war. Laut amtlicher Statistik wurden in den Tagen nach der Eroberung Münchens 557 Menschen getötet, von den vielen Verletzten nicht zu reden. In Wirklichkeit dürfte die Zahl der Toten etwa doppelt so hoch gewesen sein.

Fanal für die deutsche Demokratie?

Der Ausgang der großen Krise des Jahres 1919 besiegelte vielleicht noch nicht das Schicksal der Weimarer Republik, aber er zeigte doch deutlich, woran sie einmal scheitern würde. Die Sozialdemokraten waren die einzige unter den Weimarer Parteien, der es mit der Demokratisierung des Deutschen Reiches wirklich ernst war. Gleichzeitig lieferte sie sich bedingungslos ihren Feinden aus, den alten Machteliten in Heer und Verwaltung, um ihre Rivalen niederzuringen. Die verschiedenen politischen Strömungen der Arbeiterbewegung blieben als Folge dieser Auseinandersetzung um den richtigen Weg bis in den Untergang der Weimarer Republik und darüber hinaus tödlich zerstritten.

Die Männer der Räterepublik hatten voll Idealismus für eine

Sache gekämpft, von der viele von vornherein wußten, daß sie verloren war. Ernst Toller sah seinen Platz an der Seite der Bedrängten. Gleichzeitig intervenierte er immer, wenn Unbedachte sich z.B. zu Racheakten an Eisners Mörder, Graf Arco, oder anderen besonders verhaßten Gegnern hinreißen lassen wollten. Toller gelang es, sich zu verstecken, als der weiße Terror wütete. Später stellte er sich und wurde, da seine Verdienste um eine Begrenzung des Blutzolls bei den Auseinandersetzungen allzu offensichtlich waren, nur zu einer Haftstrafe verurteilt. Gustav Landauer war gleich bei seiner Ankunft im Gefängnis Stadelheim bestialisch ermordet worden, Egelhofer »auf der Flucht erschossen«. Eugen Leviné, Führer der zweiten, kommunistischen Räterepublik, wurde zum Tod verurteilt und hingerichtet. Die gleichen Richter, die rechtsradikalen Fememördern gern glühende Vaterlandsliebe attestierten, sprachen nun mit großer Begeisterung zahllose Todesurteile aus.

Ernst Toller sollte später noch einmal Glück haben. Als die SA ihn 1933 verhaften wollte, war er auf Vortragsreise im Ausland. Doch er litt darunter, nicht das Schicksal seiner Freunde Eisner, Landauer und Mühsam zu teilen. Am 22. Mai 1939 konnte er nicht mehr aushalten und erhängte sich im New Yorker Exil.

Der letzte Text, den er wenige Tage zuvor verfaßt hatte, war eine Antwort auf die Frage nach dem Beitrag der Emigranten zur Verteidigung der bedrohten Kultur. Er endete mit den Worten: »The threatened culture can be saved only if the subjugated nations keep alert the desire for freedom, justice, and human dignity and if this desire becomes so elementary that the desire turns into will and will into action.«

Wie die Hauptstadt der Bayerischen Räterepublik zur »Hauptstadt der Bewegung« verkam, hat Toller noch miterleben müssen. Zu sehen, wie verzweifelt illusionär seine Hoffnung auf deutschen Willen und Aktion zur Wiedergewinnung von Freiheit, Gerechtigkeit und Menschenwürde war, ersparte ihm sein früher Tod.

V. Die Reaktion erstickt die Revolution – ein bayerisches Schicksal

Weite Truppen in München
(Foto: Süddeutscher Bilderdienst)

Klaus Schönhoven

»Land der versäumten Gelegenheiten«. Die Revolution von 1918/19 und ihre Folgen

Über die Geschichte der Revolution von 1918/19 in Bayern ist schon viel geschrieben worden. Im Mittelpunkt standen dabei immer wieder folgende Fragen: Warum kam es ausgerechnet in diesem traditionsbewußten Einzelstaat zum ersten Königssturz bei Kriegsende? Warum entstand im Land der 800 Jahre regierenden Wittelsbacher die erste demokratische Republik auf deutschem Boden, der Freistaat Bayern? Weshalb prägte mit Kurt Eisner ein Linkssozialist den Verlauf des Umsturzes und bildete die Revolutionsregierung? Was kennzeichnete zwischen November 1918 und Mai 1919 das bayerische Revolutionsgeschehen, das zunächst mit der Ermordung Eisners und dann mit der Niederwerfung der Münchener Räterepublik seine blutigen Gipfelpunkte erreichte? Muß man im Falle Bayern von einer regionalen Sonderentwicklung mit reichsweiten Folgen sprechen, weil hier der Revolution die Konterrevolution auf dem Fuße folgte? War der Staatsumsturz vom November 1918 der erste Schritt auf dem Weg zum Staatsumsturz vom März 1933? Konnten die »braunen Revolutionäre« nur deshalb München zur Hauptstadt ihrer Bewegung machen, weil die »roten Revolutionäre« ihnen den Boden bereitet hatten?

Auf diese Fragen gibt es in der Forschung unterschiedliche Antworten, wobei sich in der bayerischen Landesgeschichtsschreibung die von Michael Doeberl bereits 1920 formulierten Verdikte über die Revolution von 1918/19 besonders zählebig behaupteten. Aus seiner Sicht war der Sturz der Wittelsbacher Monarchie das Werk bindungsloser und größtenteils landfremder Sozialisten und Juden. Ihnen lastete er den »politischen Karneval« der Räterepublik an, der »München und Bayern seine geordneten Finanzen, dem zweitgrößten Staate Deutschlands seine Stellung im Reiche, vielleicht seine staatliche Existenz, der Kunst- und Fremdenstadt ihre Geltung in der

Fremde, dem bayerischen Stamme seine Sympathien in der Welt, der bayerischen Geschichte ihren Ehrenschild gekostet und das Schicksal Bayerns als das Land der versäumten Gelegenheiten besiegelt« habe.

Fünfzig Jahre später schlug Albert Schwarz in seinem Beitrag für das *Handbuch der bayerischen Geschichte* nochmals das gleiche Leitmotiv wie Michael Doeberl an, als er feststellte, die Fragen nach den Ursachen für Eisners Erfolg hätten zu folgenden »grundlegenden Erkenntnissen« geführt: »In einem Zustand der Erschöpfung und Verzweiflung durch die Leiden und Enttäuschungen eines hoffnungsfroh begonnenen, unabsehbar gewordenen Krieges wollte eine breite demoralisierte Masse – nicht Volk, sondern entwurzelter Mob und ihm willenlos folgend Arbeiter, Soldaten und bürgerliche Elemente – dem Blutvergießen eines Völkermordes ohne Ende ein Ende ohne Blutvergießen bereiten. Sie waren geführt von einer Handvoll Doktrinäre und Literaten, die Schwabing mit München und Bayern verwechselten.«

Gegen derartige Deutungsmuster, die Revolution und Räterepublik zum Ergebnis der verhängnisvollen Wühlarbeit von Landfremden und Literaten, von Juden und Sozialisten sowie des von ihnen verführten Mobs stilisieren, konnte sich die seriöse Geschichtsschreibung nur schwer behaupten. Dies gilt namentlich für die von Karl Bosl und seinem Schülerkreis unternommenen Forschungsanstrengungen, deren Ziel es war, den Staatsumsturz von 1918 in einen Kontinuitätszusammenhang zu stellen und nach der politischen und sozialen Vorgeschichte der Revolution zu fragen. Die hier erarbeiteten Befunde, wonach die Wurzeln der bayerischen Revolution in einem lange vor 1914 bereits einsetzenden Strukturwandel sowie im dramatischen Legitimitätsverlust des monarchischen Obrigkeitsstaates während des Ersten Weltkrieges zu suchen seien, paßten jedoch nicht so recht in das populäre Bild einer heilen weißblauen Stammes- und Staatsgeschichte. Deshalb gab und gibt es immer wieder Anstrengungen, alles aus der Landesgeschichte wegzuretuschieren, was den königlich-bayerischen Horizont verdunkeln könnte.

Wenn man allerdings das Diktum Doeberls, Bayern sei »das Land der versäumten Gelegenheiten«, vom Kopf auf die Füße stellt, kommt man nicht daran vorbei, nach den sozialgeschichtlichen Ursachen der Revolution von 1918/19, nach ihren politischen Merkmalen und nach ihren mittel- und langfristigen Folgen zu fragen. Der enge Zusammenhang von Revolution und Gegenrevolution, von demokratischem Aufbruch und antidemokratischem Umbruch, der Bayern einerseits zum Experimentierfeld sozialistischer Utopien und andererseits zum Aufmarschgebiet des Rechtsradikalismus werden ließ, kann nur analysiert werden, indem man das Ausmaß der Staats- und Gesellschaftskrise am Ende des Ersten Weltkrieges, die Konfliktkonstellationen und Machtverhältnisse während der Revolutionsmonate und die Nachwirkungen der Liquidation der Münchener Räterepublik ins Zentrum der Betrachtung rückt. Ohne eine Konturierung des sozialen Hintergrunds bliebe das Bild Bayerns in der Übergangszeit zwischen Monarchie und Republik unscharf.

Der Desintegrationsprozeß während des Ersten Weltkriegs

Wie überall in Deutschland war auch in Bayern die Revolution von 1918/19 das Produkt eines politischen und gesellschaftlichen Desintegrationsprozesses, der während des Ersten Weltkrieges allmählich alle zahlenmäßig relevanten Schichten der Bevölkerung erfaßte. Je länger die Selbstzerfleischung der europäischen Staaten auf den Schlachtfeldern im Westen und Osten andauerte, um so größer wurden Kriegsverdrossenheit und Friedenssehnsucht. Wirtschaftliche Not und berufliche Überforderung, die Angst vor sozialer Deklassierung und die Unzufriedenheit über vielerlei Einschränkungen und Benachteiligungen schufen nach und nach eine oppositionelle Massenstimmung, die sich gegen den monarchischen Staat und seine Repräsentanten richtete. Der fast mit Händen zu greifende Unmut der Bauern, Handwerker, Kleinbürger und Angestellten artikulierte sich zwar nicht in einem politischen Programm oder in einer organisierten Protestbewegung mit klaren Zielen, aber die Ablehnung der bestehenden Zustände und die Forderung nach Abhilfe waren wirkungsmächtige sozialpsychologische Faktoren. Nur sie erklären, daß es im noch schwach industrialisierten Bayern, in dem ein bäuerlich oder mittelständisch geprägtes Besitzbürgertum dominierte und ein religiös fundierter konservativer Traditionalismus das Alltagsleben formte, zu einer schichtenübergreifenden politischen Radikalisierung kam, die im Herbst 1918 im Staatsumsturz mündete.

Natürlich gingen auch in Bayern die stärksten revolutionärenn Impulse von der Arbeiterbewegung aus. Doch ihr politisch-organisatorischer Rückhalt außerhalb der wenigen städtischen Ballungszentren des Flächenstaates blieb zu gering, um die Wende von der Monarchie zur Republik allein erzwingen zu können. Für die Sozialdemokratie war der Boden des Landes stets ein besonders steiniger politischer Acker gewesen, der intensiver Pflege bedurfte und wenig Ertrag versprach. Immerhin stiegen die Mitgliederzahlen der SPD bis 1914 im rechtsrheinischen Bayern auf rund 79000 an – mit der linksrheinischen Pfalz näherte man sich der Marke von 100000 Mitgliedern –, wobei das stärker industrialisierte Nordbayern mit dem Zentrum Nürnberg einen klaren organisatorischen Vorsprung vor Südbayern mit dem Regierungssitz München besaß. Die informelle Vernetzung des sozialdemokratischen Milieus durch Gewerkschaften und Arbeitervereine, Konsumgenossenschaften sowie die regionale Parteipresse war weit entwikkelt und trug entscheidend dazu bei, daß sich die Rekrutierungsbasis der Partei über das städtische Industrieproletariat hinaus ausdehnte und namentlich in Mittel- und Kleinstädten auch Sozialgruppen erfaßte, die nicht mit Fabrikarbeit ihr Brot verdienten.

Dieser »volksparteiliche« Charakter der bayerischen Vorkriegssozialdemokratie spiegelte sich auch in ihrer reformorientierten politischen Praxis wider. Das Hauptaugenmerk der Partei konzentrierte sich auf die alltägliche Sorgen der kleinen Leute im Gegenwartsstaat und weniger auf die von Marx programmatisch inspirierten proletarischen Emanzipationshoffnungen. Ihre am Pragmatismus orientierte Politik brachte den bayerischen Sozialdemokraten im Kaiserreich zwar häufig die harsche Kritik der Berliner Parteiführung ein; aber diese Prinzipienreiterei beeindruckte weder die Parteiführer in Bayern noch ihre Kollegen in den anderen süddeutschen Ländern, wo ebenfalls ein reformistisches Politikverständnis zu Hause war.

Allerdings, das sollte sich im Laufe des Ersten Weltkrieges immer deutlicher zeigen, war die reformistische Politik der bayerischen SPD auf konkrete Erfolge angewiesen, wollte sie ihre Akzeptanz bei den Mitgliedern und Wählern der Partei nicht verlieren. Da sich die Herrschaftseliten der Wittelsbacher Monarchie im Krieg aber als ebensowenig innovationsfähig erwiesen wie die Führer des Hohenzollernreiches, alle Anläufe zu einer Verfassungsreform in Bayern abblockten und in der Kriegsziel- und Friedensfrage einen harten Kurs steuerten, verlor der sozialdemokratische Reformismus viel an Plausibilität und Massenresonanz. Die durch Einberufungen ohnedies schon kräftig zur Ader gelassene bayerische SPD – ihre Mitgliederzahl betrug im März 1917 im rechtsrheinischen Bayern nur noch 28000 – entfremdete sich von einem Teil ihrer Anhänger, deren immer schwieriger werdende Lebensverhältnisse sie am Sinn einer kooperativen Politik mit den Verfechtern des Burgfriedens zweifeln ließ.

Hinzu kam, daß sich während des Krieges die Zusammensetzung der Arbeiterschaft veränderte. Die Plätze der an die Front abgerückten aktiven Sozialdemokraten und Gewerkschafter wurden in den Betrieben mit organisationsunerfahrenen Frauen, Jugendlichen, Fremdarbeitern und Kriegsgefangenen besetzt. Ihr Lohn reichte gerade für das Allernötigste, wenn es überhaupt etwas zu kaufen gab. Mit der Rationierung der Grundnahrungsmittel wurde die Not existenzbedrohend, weil nun der Hunger vor allem mit billigen und kalorienarmen Ersatzstoffen gestillt werden mußte und für die Erneuerung von Kleidern, Schuhen und Wäsche das Geld fehlte. Schon im zweiten Kriegsjahr kam es in Bayern zu ersten Lebensmittelkrawallen, die im »Kohlrübenwinter« 1916/17 noch stärker aufflackerten und zum spontanen Ausdruck eines weitverbreiteten, politisch aber noch ungeformten Unmuts wurden. Gegen diesen gärenden Volkszorn vermochten auch die Gewerkschaftsführer nichts auszurichten, denen ihre Mitglieder mehr und mehr entglitten. Dieser Vertrauensschwund in den Reihen der Arbeiterbewegung war ein Charakteristikum der vorrevolutionären Lage.

Wie tief die Loyalitätskrise zwischen der sozialdemokratischen und gewerkschaftlichen Führung auf der einen und der organisierten und unorganisierten Arbeiterschaft auf der anderen Seite reichte, offenbaren die Januarstreiks von 1918. Sie brachen überall im Reich in der Rüstungsindustrie aus und gipfelten in der Forderung nach Frieden, Brot und Demokratie. Auch Bayern wurde von der Streikwelle erfaßt. In Nürnberg konnte sie von den Partei- und Gewerkschaftsgremien noch zu einem befristeten Warnstreik kanalisiert werden; in München ließ sich die Ausstandsbewegung von den Burgfriedensbefürwortern aber nicht mehr kontrollieren. Hier war Kurt Eisner der Mann der Stunde. Er hatte sich während des Krieges immer mehr von der SPD distanziert und war nach anfänglichem Zögern den Weg bis zur Gründung der USPD mitgegangen. Obwohl Eisner in der Münchener USPD nie ein offizielles Parteiamt innehatte, war er ihr intellektueller Kopf. Seinen flammenden Friedensappellen hatten die Spitzenpolitiker der SPD – die Partei nannte sich seit der Abspaltung der USPD im Frühjahr 1917 MSPD (d. i. Mehrheits-Sozialdemokratische Partei) – wenig entgegenzusetzen, wie sich bei allen Massenversammlungen während der Januarstreiks in München zeigte. Erst als Eisner und andere Streikführer verhaftet wurden, erlangte die MSPD die Kontrolle über den Ausstand und brachte ihn zum Abflauen.

Seit den Januartagen von 1918 bestand ein kaum mehr überbrückbarer Gegensatz zwischen USPD und MSPD in Bayern. Personifiziert und bis zur persönlichen Feindschaft verhärtet wurde dieser Gegensatz durch Kurt Eisner und Erhard Auer, der seit Herbst 1918 als Landesvorsitzender der Mehrheitssozialdemokratie in Bayern amtierte. Der gouvernemental eingestellte Auer und der auf revolutionäre Veränderungen hindrängende Eisner prallten im Oktober 1918 als Reichstagskandidaten ihrer Parteien aufeinander, als in München eine Nachwahl für das von Georg von Vollmar niedergelegte Mandat anstand. Bereits in den Wahlreden, die Eisner in den letzten Oktober- und ersten Novembertagen hielt, klangen die Leitmotive seiner Politik als Ministerpräsident an. Er forderte den Rücktritt des Kaisers und aller Bundesfürsten, bekannte sich zur deutschen Kriegsschuld, trat für Gebietsverzichte und Reparationszahlungen ein und wollte das Reich zu einer sozialen Republik mit rätedemokratischen Strukturen machen.

Kapitulation vor der revolutionären Veränderung

Diese Verknüpfung von Friedens- und Revolutionspropaganda ließ Eisner zum Repräsentanten einer Massenstimmung werden, in der Erbitterung und Verzweiflung über die sozialen und politischen Folgen des verlorenen Krieges, aber auch die Hoffnung auf die Verständigung mit den alliierten Kriegsgegnern und einen demokratischen Neuanfang in dem von seinen Monarchen und Fürsten zugrundegerichteten Land zusammenflossen. Dagegen konnte weder der »Regierungssozialist« Auer etwas ausrichten, dem das visionäre Charisma Eisners fehlte, noch die bayerische Staatsregierung, deren überstürzte Demokratisierungspolitik Anfang November zu spät kam, um den revolutionären Zusammenbruch der Wittelsbacher Monarchie noch zu stoppen. Die kampflose Kapitulation des alten Systems vor der Umsturzbewegung am 7. November 1918 bewies nicht nur, wie morsch und ausgehöhlt der Obrigkeitsstaat, sondern auch, wie stark der revolutionäre Veränderungsdruck war, der den Weg zu einer sozialen Demokratie ebnen wollte.

Eisners am 8. November 1918 gebildetes Revolutionskabinett war eine Koalitionsregierung mit einer überraschend schmalen Machtbasis für den neuen Ministerpräsidenten. In der Stunde des Triumphes verzichtete der Revolutionär Eisner darauf, sich als diktatorischer Volkstribun zu etablieren. Er suchte vielmehr sofort den Kompromiß mit der Mehrheitssozialdemokratie und hoffte auf die Lernfähigkeit des überkommenen Staatsapparates, der weitgehend unangetastet blieb. Als Verfechter einer gewaltfreien Politik und eines ethisch fundierten Sozialismus warb Eisner um die freiwillige Unterstützung der Bevölkerung und argumentierte in seinen Reden und Aufrufen mit idealistischem Pathos für die Klassenversöhnung und gegen den Klassenkampf. Sein Konzeption ging davon aus, daß man die Bürger zur Demokratie befähigen müsse, wobei er in der rätedemokratischen Selbstverwaltung und Selbstkontrolle das wichtigste Instrument sah, um Volksherrschaft zu erlernen und zu praktizieren. Ihm schwebte ein Modell der Machtverzahnung zwischen Räten und Parlament vor, in dem sich repräsentative und direktdemokratische Elemente miteinander verbinden sollten. Allerdings wurde diese Gewaltenverschränkung während der Regierungszeit Eisners nicht zu einem handhabbaren verfassungspolitischen Strukturprinzip ausformuliert, so daß die Formel »Räte und Parlament« in den politischen Auseinandersetzungen immer mehr von der Losung »Räte oder Parlament« überlagert werden konnte.

Die Einstellung der MSPD zu den Räten war von Anfang an zwiespältig. Man akzeptierte sie nolens volens als revolutionäre Übergangsorgane, wollte ihnen aber kein verfassungspolitisches Gewicht auf Dauer geben. Dies führte zu Auseinandersetzungen im Ministerrat, die sich Anfang Dezember immer mehr zuspitzten, als es darum ging, einen Wahltermin für den Verfassunggebenden Landtag festzulegen. Während Eisner und die USPD das revolutionäre Interregnum für Strukturreformen und weitere Demokratisierungsschritte nutzen wollten, verstanden sich die von Auer angeführten MSPD-Politiker lediglich als Platzhalter des Parlaments, dessen Entscheidungen man nach ihrem Demokratieverständnis nicht vorgreifen durfte. Dieser Grundsatzkonflikt über die revolutionäre oder repräsentative Legitimierung der entstehenden Republik überschattete die gesamte Regierungstätigkeit der beiden Parteien, deren Vorrat an Gemeinsamkeiten in Bayern nie besonders groß gewesen war und nach dem Staatsumsturz schnell verbraucht wurde. Die Münchener Koalitionsregierung konnte unter diesen Voraussetzungen kaum mehr als ein ungeliebtes Notbündnis sein, aus dem sich insbesondere die MSPD so schnell wie möglich wieder zu befreien suchte.

Die Hunderttage-Regierung Eisners war also von ihrer Geburtsstunde an mit schweren Hypotheken belastet. Dazu gehörten nicht nur die politischen und persönlichen Spannungen zwischen den Repräsentanten von USPD und MSPD, sondern auch die vielfältigen Irritationen, die mit der Gründung und Machtausübung von lokalen und regionalen Räteinstanzen einhergingen. Der alltägliche Kleinkrieg zwischen dem überkommenen Behördenstaat, der seine Regelungsbefugnisse in Verwaltung, Justiz und Armee zäh verteidigte, und den Arbeiter- und Soldatenräten, die Kontrolle und Mitsprache einforderten, hatte auf vielen Politikfeldern destabilisierende Auswirkungen und ließ die Befürworter von »Ruhe und Ordnung« in der öffentlichen Diskussion bald wieder die Oberhand gewinnen. Die zunächst große Autorität Eisners als revolutionärer Hoffnungsträger zerbröselte unter den Herausforderungen der ersten Nachkriegswochen, in denen viele Menschen eine unmittelbare Verbesserung ihrer Lebenssituation erwarteten und nicht mehr den langen Atem für eine Politik der schrittweisen Erneuerung besaßen.

Die immer größer werdende Kluft zwischen den emanzipatorischen Forderungen und den tatsächlichen Veränderungen konnte der Nimbus Eisners allein nicht mehr schließen, zumal der Ministerpräsident als Politiker schon bald zwischen allen Stühlen saß: Aus der Sicht der Mehrheitssozialdemokratie war sein Kurs zu radikal, weil er nicht eindeutig auf eine repräsentative Parlamentsdemokratie hinauslief; aus der Sicht der extremen Linken, die sich teils in anarchistischem, teils in kommunistischem Fahrwasser bewegte, war seine politische Generallinie zu versöhnlerisch, weil sie weder ökonomisch noch gesellschaftlich direkt auf das Ziel der sozialistischen Demokratie zusteuerte. Spätestens am Jahresende 1918, als sich auch auf der Reichsebene die Fronten polarisierten, blieb für Eisners Konzept der »produktiven Demokratie«, das zwischen Bolschewismus und Parlamentarismus, aber auch zwischen Kommunismus und Kapitalismus angesiedelt war, kein politischer Freiraum mehr.

Obwohl die Regierung Eisner im November 1918 eine über

die Arbeiterschaft weit hinausreichende Basis in der Bevölkerung gehabt hatte – auch Teile der Bauernschaft unterstützten die Umsturzbewegung –, scheiterte das Projekt einer umfassenden Demokratisierung Bayerns bereits im Januar 1919 bei den Landtagswahlen. Die Mehrzahl der Wähler war mittlerweile revolutionsmüde oder revolutionsenttäuscht und erwartete sich von der Fortführung der Eisnerschen Politik nichts mehr. Zu diesem Stimmungswandel hatten verschiedene Faktoren beigetragen. So bot die Uneinigkeit des Regierungslagers und die von Konflikten und Krisen immer wieder gestörte Zusammenarbeit von MSPD und USPD den bürgerlich-konservativen Kräften genügend Zeit zur organisatorischen Sammlung und viele Gelegenheiten zur agitatorischen Gegenoffensive. Vor allem kam es schon im November 1918 zur Neuformierung des politischen Katholizismus unter dem Firmennamen Bayerische Volkspartei (BVP). Da diese Partei einerseits an die christlich-soziale Tradition des *Zentrums* anknüpfte und schon deswegen die volle Unterstützung von Kirchenvolk und Klerus erhielt und andererseits mit der Forderung »Los von Berlin« einen in Bayern besonders populären Partikularismus propagierte, konnte sie sehr schnell als gegenrevolutionäre Massenpartei des weiß-blauen Sonderbewußtseins Fuß fassen.

Die Landtagswahlen vom 12. Januar 1919 dokumentierten den Niedergang und die innere Zerrissenheit der demokratischen Linken, aber auch die rasche parteipolitische Erholung ihrer konservativen Gegner, die zwei Monate vorher noch kopf- und orientierungslos vor der revolutionären Flutwelle kapituliert hatten. Die organisatorisch noch weitgehend ungefestigte USPD brachte es nur auf 2,5 Prozent der Stimmen und drei Landtagssitze; die MSPD gewann ein Drittel der Wähler und 61 Mandate; der Bauernbund, dessen Führer Eisner unterstützt hatten, erhielt 9,1 Prozent der Stimmen und 16 Abgeordnete. Eindeutiger Wahlsieger war die bürgerliche Opposition, die fast 55 Prozent der gültigen Stimmen und 100 von 180 Sitzen sammelte. In ihr dominierte die BVP mit einem Stimmanteil von 35 Prozent und 66 Landtagsabgeordneten. Da die MSPD sofort nach dem Wahltag Eisner die Gefolgschaft aufkündigte, war sein Rücktritt als Ministerpräsident unvermeidlich.

Ob Bayern auch dann in den Strudel einer zweiten Revolution geraten wäre, die zu zwei kurzlebigen Räterepubliken führte, wenn der zum Rücktritt entschlossene Ministerpräsident am 21. Februar 1919 das Landtagsgebäude lebend erreicht hätte, ist eine offene Frage. Der Mord an Eisner unmittelbar vor dem Zusammentritt des neugewählten Parlaments, die gewaltsame Sprengung des Landtags sofort nach dem Attentat und die ihm folgenden Unruhen überall in Bayern leiteten jedenfalls eine neue Phase des revolutionären Machtkampfes ein, an dessen Ende die Konterrevolution gesiegt hatte und das ganze Land zum Aufmarschgebiet des deutschen Frühfaschismus geworden war.

Die räterepublikanische Initialzündung

Hatte im Januar und Februar 1919 noch die Meinung dominiert, daß das revolutionäre Mandat der Räte mit dem Zusammentritt des Landtags erlöschen werde und ihre Tage somit gezählt seien, so kam es nach dem Eisner-Mord nochmals zu einer rätedemokratischen Initialzündung. Jetzt mehrten sich auch in der MSPD die Stimmen, die für die Bildung einer sozialistischen Einheitsfront plädierten, um dem Vormarsch der Reaktion ein Bollwerk entgegenzustellen. Dabei vermischten sich die Enttäuschung über das Wahlergebnis mit der Empörung über das Attentat und der allgemeinen Unzufriedenheit über die versandete Revolution. Viele Sozialdemokraten distanzierten sich nun von der parlamentarischen Stillhalte- und Kompromißpolitik ihrer Parteiführung und drängten auf eine breitere demokratische Fundierung des ungefestigten Freistaates. Erneut rückte die Frage Rätedemokratie oder Parlamentarismus an die Spitze der politischen Tagesordnung.

Die sich nun abzeichnende Entfremdung zwischen Führung und Basis der MSPD war folgenreich, weil die Mehrheitssozialdemokratie in eine innere Zerreißprobe geriet und einen politischen Schlingerkurs verfolgte, der sie rechts und links anecken ließ: Gemäßigte Wähler kehrten der Partei den Rücken, weil diese ihre Hoffnungen auf eine Stabilisierung der Lage enttäuschte; Arbeiterwähler wanderten zu den radikalen Linksparteien USPD und KPD ab, weil sich die MSPD der antirevolutionären Machtverschiebung nicht entschlossen entgegenstellte, sondern sie durch ihr hartes Vorgehen gegen alle außerparlamentarischen Aktivitäten geradezu heraufbeschwor.

Deshalb stand die nach komplizierten Verhandlungen zwischen Unabhängigen, Mehrheitssozialdemokraten, Rätekongreß und bürgerlichen Parteien gebildete Minderheitsregierung unter dem mehrheitssozialdemokratischen Ministerpräsidenten Johannes Hoffmann, der im Kabinett Eisners Kultusminister gewesen war, von vornherein zwischen allen Fronten. Ihre parlamentarische Überlebensfähigkeit hing von der Tolerierung durch den Liberalismus und den politischen Katholizismus ab, ihre außerparlamentarische Macht basierte auf einem brüchigen Stillhalteabkommen mit den wieder erstarkten Räten. Seit Mitte März 1919 zeichnete sich die Konfrontation der unterschiedlichen Kräfte ab. Die Doppelherrschaft einer Räterepublik in München und einer Landtagsrepublik in Bamberg rückte näher.

Die kurze Phase der Koexistenz von Räten und Parlament war Anfang April 1919 beendet, als sich in Augsburg ein Rätekongreß mit großer Mehrheit für die Gründung einer bayerischen Räterepublik aussprach. Da die Regierung Hoffmann an der Einberufung des Landtags festhielt, begann nun die Zeit des offenen Bürgerkriegs. Das Kabinett und der Landtag verließen die Regierungsmetropole und suchten im oberfränkischen Bamberg Zuflucht. München wurde zum Zentrum des Räteradikalismus, in dem linkssozialistische, kommunistische und anarchistische Strömungen zu einer explosiven Mischung zusammenflossen. Die buchstäblich kopflose Mehrheitssozialdemokratie – ihr Vorsitzender Auer war nach dem Eisner-Attentat im Landtag niedergeschossen und schwer verletzt worden – sympathisierte in Südbayern mit der Räterepublik. Gleichzeitig lehnte eine in Nürnberg tagende Landeskonferenz der Partei mit klarer Mehrheit die Räteherrschaft ab. Auch die Kabinettsmitglieder der MSPD verfolgten verschiedene Wege.

Während zwei Minister für eine friedliche Verständigung mit den Räten eintraten, war Ministerpräsident Hoffmann entschlossen, von Nordbayern aus den Münchener Radikalismus zu bekämpfen und notfalls mit militärischen Mitteln niederzuwerfen. Der innere Zustand der MSPD war ebenso desolat wie die Lage des von ihr mitregierten Landes.

Konzeptionslosigkeit wurde im April 1919 zum Signum der bayerischen Politik in München wie in Bamberg. Die emphatische Proklamierung der »Räterepublik Baiern« in der Nacht vom 6. auf 7. April war ein Akt der Improvisation, getragen von humanistisch motivierten Anarchisten ohne klare Regierungsziele und ohne politischen Rückhalt in der Arbeiterbewegung. Weder die MSPD noch die KPD unterstützten dieses Experiment, das den einen zu radikal und den anderen zu kraftlos erschien. Nach sechs Tagen nahm die KPD die Dinge selbst in die Hand und löste am 13. April die von ihr als »Scheinräterepublik« verspottete erste Räterepublik durch eine kommunistische Räterepublik, die Republik Baiern, ab. Aber auch ihre »Diktatur des Proletariats« stand auf tönernen Füßen und führte vom Beginn an einen aussichtslosen Kampf, aus dem nur der Extremismus als Sieger hervorgehen konnte. Der Versuch, die russische Oktoberrevolution zu kopieren, scheiterte in den ersten Maitagen in einem Blutbad.

Die »Befreiung« Münchens durch Regierungstruppen und rechte Freikorps war nicht nur für die junge KPD eine verheerende Niederlage, in der sie ihre profiliertesten Köpfe verlor, sie wurde auch für die MSPD zu einem Fiasko. Ihr Überleben als Regierungspartei hatten bewaffnete Verbände erkämpft, die von Haß und Rachsucht getrieben wurden und ihren Sieg über die radikale Linke als erste erfolgreiche Schlacht der antirepublikanischen Gegenoffensive feierten. Fortan lastete auf der Regierung Hoffmann und der Parteiführung der MSPD der Vorwurf, bei der Niederwerfung der Münchener Räterepublik ein widernatürliches Bündnis geschlossen zu haben, das die bayerische Republik ihren Feinden auslieferte. Auch wenn dieser Vorwurf den Motiven der Bamberger Regierung nicht gerecht wurde, die den Parlamentarismus gegen den Putschismus verteidigen wollte, so bleibt als Fazit doch festzuhalten, daß die MSPD-Führung und ihre Kabinettsmitglieder Geburtshelfer der »Ordnungszelle Bayern« waren. Beide hatten im Frühjahr 1919 mit ihrer konzeptionslosen und widersprüchlichen Politik den Boden für den weiteren Vormarsch der Gegenrevolution in Bayern bereitet.

Die Regierung Hoffmann – zwischen Republik und Reaktion

In den Monaten zwischen Mai 1919 und März 1920 stand Bayern nicht mehr im Brennpunkt des nationalen Interesses und fand – scheinbar – zu geordneten politischen Verhältnissen zurück. Zunächst ging es der MSPD und ihrem Ministerpräsidenten Hoffmann darum, die Ergebnisse der Revolution in einer neuen Landesverfassung festzuschreiben, wobei man rätedemokratische Komponenten ablehnte und repräsentativ-parlamentarische Prinzipien zur Grundlage machte. Damit wollte man einerseits die Phase der direktdemokratischen Experimente endgültig beenden und andererseits eine Rückkehr zur Monarchie, wie sie katholischer und protestantischer Konservativismus anstrebten, verhindern. Die Verwirklichung des Gedankens der Volkssouveränität und die Beseitigung aller adeligen Vorrechte konnten von den bayerischen Sozialdemokraten in den Verfassungsberatungen durchgesetzt werden; dies definierte auch die deutsche Reichsverfassung von Weimar.

Umstritten war das zukünftige Verhältnis von Staat und Kirche. Hoffmann, der schon als Kultusminister im Kabinett Eisner eine antiklerikale Politik verfochten hatte, trat nun für eine klare Trennung von Staat und Kirche ein. In dieser Frage standen er und seine Partei jedoch einer geschlossenen Front des protestantischen und des katholischen Lagers gegenüber. Da die bayerische Verfassung das Reichsrecht respektieren mußte, das keine völlige Trennung des Staates von den Kirchen erlaubte, mußte die MSPD schließlich einlenken. Doch das ohnehin gestörte Verhältnis zu den Kirchen verschlechterte sich noch mehr. Der Klerus wurde zum Kristallisationskern einer breiten Oppositionsbewegung gegen die Kirchenpolitik der Mehrheitssozialdemokratie.

Wenig glücklich taktierte Hoffmann auch als entschiedener Unitarist bei der Regelung des Verhältnisses von Reich und Ländern. Die Weimarer Verfassung hatte dem Reich den Vorrang in der Gesetzgebung eingeräumt und damit die Eigenständigkeit der Gliedstaaten kräftig zurückgestutzt. Eine darüber hinausgehende Angleichung Bayerns an das Reich war gegen den Widerstand der extrem föderalistischen Bayerischen Volkspartei nicht zu verwirklichen, zumal die BVP seit Mai 1919 dem Kabinett Hoffmann angehörte. Dies mußte der Ministerpräsident letztlich akzeptieren, nachdem er den Koalitionskompromiß einem unitarischen Härtetest unterworfen und dabei seine Karten fast überreizt hatte.

Die breite parlamentarische Zustimmung zur endgültigen Verfassungsurkunde des Freistaats Bayern (Bamberger Verfassung) vom 14. August 1919 – lediglich die drei Abgeordneten der USPD lehnten sie ab – konnte als Sieg der Republik über die Reaktion gedeutet werden.

Doch es handelte sich, wie die nächsten Monate zeigen sollten, um einen Scheinsieg. Bereits im Herbst 1919 kam es zu einer schweren Koalitionskrise, in der die Flügelparteien im Kabinett, die MSPD und die BVP, nur mit Mühe die Fortführung ihres Zweckbündnisses zur Stabilisierung des Landes vereinbarten. Beide Parteien hielt nur die Furcht vor neuen bürgerkriegsähnlichen Unruhen von der Aufkündigung ihrer Notehe ab. Während man in der BVP laut über eine eindeutige Rechtsorientierung der bayerischen Politik nachdachte, mit der die Wende von 1918/19 endgültig rückgängig gemacht werden sollte, distanzierte man sich im Lager der Sozialdemokratie von den eigenen Ministern und forderte von ihnen mehr Prinzipientreue. Dies hieß im Klartext, daß sich große Teile der bayerischen Sozialdemokratie in der Opposition wohler als in der Regierung fühlten.

Wie regierungsmüde die Sozialdemokratie in Bayern war, offenbarte sich im März 1920, als Ministerpräsident Hoffmann der Parteiräson den Vorrang vor der Staatsräson gab und am Tag nach Beginn des Kapp-Putsches in Berlin zurücktrat. Er wollte sich nicht zur Galionsfigur einer Militärdiktatur in Bayern machen lassen, die sich hier auf Reichswehr, Landespolizei und Einwohnerwehren stützen konnte. Mit dieser Entscheidung, die das geringe Machtbewußtsein des Ministerpräsidenten ebenso dokumentierte wie die Meinungsunterschiede in seiner Partei, wo man zwischen einem Arrangement mit den Militärs und der Mobilisierung zum Generalstreik hin und her schwankte, räumte die MSPD kampflos das Feld. Sie verließ am 14. März 1920 die ungeliebte Koalitionsregierung und ermöglichte damit die scheinlegale Amtsübernahme durch Gustav von Kahr, dessen Eignung als Regierungschef sich vor allem darauf gründete, daß er ein Vertrauensmann der reaktionären Rechten war.

Bayern – die Bastion der Republikfeinde

Dieser im Windschatten des Kapp-Putsches vollzogene Regierungswechsel hatte weitreichende Folgen. Die Flucht aus der Verantwortung führte die bayerische Sozialdemokratie in die Opposition, wo sie bis zum Ende der Weimarer Republik blieb, während die zusammen mit Kahr ans Ruder gekommene weißblaue und deutschnationale Rechte zur dominierenden Kraft im Land wurde. Seit März 1920 entwickelte sich der Freistaat Bayern zum Freihafen der antirepublikanischen Fronde, deren politisches Spektrum vom Faschismus bis zum Monarchismus reichte und die in der »feinen« Gesellschaft Münchens festen Rückhalt besaß. Der Name Bayern war fortan verbunden mit einer restaurativ-reaktionären Politik; das Land verdiente sich den zweifelhaften Ruhm, eine Bastion der Republikfeinde zu sein, die sich hier zum Sturm auf die Weimarer Demokratie sammelten. Dies zeigten Vorgeschichte, Verlauf und Folgen des Hitlerputsches im November 1923 mit aller Deutlichkeit:

Das hauptsächlich von der Sozialdemokratie verkörperte republikanische Bayern geriet ab 1920 in eine aussichtslose Minderheitsposition und war bis 1932 nach jeder Landtagswahl mit einer Machtkonstellation konfrontiert, die eine Rückkehr in die Regierungsverantwortung ausschloß. Am Anfang dieser Entwicklung stand die Wahlschlappe von 1920, als die MSPD von ihren 61 Mandaten des Jahres 1919 36 verlor. Das Anwachsen der USPD von drei auf 20 Mandate konnte diesen Aderlaß der Sozialdemokraten nur zum Teil ausgleichen, belegte aber die Enttäuschung vieler Arbeiterwähler über die sozialdemokratische Politik in Bayern. Vier Jahre später erhielt die SPD nur noch 23 Mandate, obwohl sich die USPD inzwischen aufgelöst hatte und teils in der KPD (1924 neun Abgeordnete), teils in der SPD aufgegangen war. 1928 und 1932 bestätigten die Landtagswahlen die Marginalisierung der SPD, deren Mandate von einem Viertel der Sitze (1928) auf ein Sechstel (1932) zurückgingen.

Ähnlich war das Bild bei den Reichstagswahlen. Hier hinkten die bayerischen Sozialdemokraten immer hinter dem Reichsdurchschnitt her und bewegten sich in der Bandbreite zwischen 15 und 20 Prozent. Nur 1928 wurde diese Quote mit 23,7 Prozent geringfügig überschritten. Da auch die KPD die Schwäche der SPD nicht kompensieren konnte – ihr Stimmanteil blieb bei allen Wahlen in Bayern deutlich unter 10 Prozent –, war das konservativ-autoritäre Regierungskartell aus politischem Katholizismus, Deutschnationalen und Bauernbündlern bis zum Beginn der dreißiger Jahre nie gefährdet.

Als gemäßigte Linkspartei hatte die SPD in Bayern einen schweren Stand. Ganz offensichtlich fand ihre Politik der schrittweisen Reformen und des pragmatischen Interessenausgleichs im radikal aufgeheizten Klima der bayerischen Innenpolitik zu wenig Resonanz. Dies war schon in der Revolution 1918/19 so gewesen, als sich die SPD wegen ihrer antiradikalen Grundhaltung von Teilen der Arbeiterschaft entfremdete. Dies war aber ihr Dilemma nach dem Regierungswechsel von 1920, als in Bayern die Rechte die Politik bestimmte. In einem Land, das innerhalb weniger Jahre durch die Wechselbäder des Links- und des Rechtsradikalismus ging, hatte es die politische Mitte sicherlich schwer. Es fehlte der SPD aber auch an Politikern, die ihren Kurs der republikanischen Vernunft überzeugend verkörpern und mit Nachdruck hätten verfolgen können. Deshalb blieb die bayerische SPD in den zwanziger Jahren eine ebenso ehrenwerte wie einflußreiche Oppositionspartei.

Erst nach dem Durchbruch der NSDAP zur Massenpartei,

die bei den Landtagswahlen von 1932 mit 43 Mandaten knapp hinter der BVP (45 Mandate) ins Ziel ging, wäre ein schwarz-rotes Koalitionsbündnis möglich gewesen. Aber zu diesem Zeitpunkt versprach man sich in den Reihen des politischen Katholizismus nichts mehr von einer demokratisch-parlamentarischen Stabilisierung Bayerns mit Hilfe der SPD. Seit 1920 gründete der innerparteiliche Konsens dieser weiß-blauen Regierungspartei auf einem halsstarrigen Föderalismus, dessen Grenzen zum Separatismus fließend waren, und auf einem dogmatischen Antisozialismus, der ihr eine Annäherung an die Sozialdemokratie selbst in der Todeskrise der Demokratie unmöglich machte.

Die republikanische Ohnmacht der bayerischen Sozialdemokratie und die autoritäre Selbstgefälligkeit des politischen Katholizismus ließen den Nationalsozialismus zum lachenden Dritten werden. Im März 1933 liquidierten die Nationalsozialisten das republikanische ebenso wie das weiß-blaue Bayern, ohne auf nennenswerte Gegenwehr zu stoßen. Der Freistaat war am Ende, Bayern wurde als Land gleichgeschaltet. Das Nein der Sozialdemokraten zu den Ermächtigungsgesetzen im Reichstag am 23. März 1933 und im bayerischen Landtag am 29. April 1933 konnte die Errichtung des Terrorregimes ebensowenig verhindern wie die zeitweilige Anbiederung des politischen Katholizismus an die neuen Machthaber.

Das Scheitern des Freistaates

Warum im Freistaat Bayern das Ziel einer demokratischen Neuordnung des Landes zwischen 1918 und 1933 verfehlt wurde, ist auch im Rückblick nicht mit einer einfachen Formel zu beantworten. Von der republikanischen Aufbruchstimmung am Ende des Ersten Weltkrieges war schon anderthalb Jahre später, als sich das restaurative »Kahr-Bayern« etablierte, kaum noch etwas vorhanden. Die politische Linke hatte in diesem Zeitraum eine beispiellose selbstzerstörerische Energie entfesselt und war mehr durch ihre Konzeptions- und Kopflosigkeit aufgefallen als durch entschlossenes Handeln. Das eröffnete der im November 1918 völlig diskreditierten politischen Rechten die Chance zur schnellen Regeneration. Ihre Rückkehr auf die politische Bühne begünstigte die MSPD mit ihrer Revolutions- und Rätepolitik, die sich von Eisner distanzierte, ohne eine klare republikanische Alternative zu besitzen. Schon im Frühjahr 1919 befand sich die MSPD in der Defensive, außerparlamentarisch von linksradikalen Umsturzversuchen herausgefordert, parlamentarisch vom politischen Katholizismus gezügelt. Aus ihrer Rolle als provisorische Regierungspartei fand die MSPD nicht heraus, weil es ihr an Selbstvertrauen und Durchsetzungskraft fehlte. Die Resignation ihres Ministerpräsidenten Hoffmann im März 1920 war die logische Folge.

Auf der anderen Seite des politischen Spektrums dominierte ein machtbewußter Konservativismus, der sich nach links strikt abgrenzte und nach rechts weit öffnete. Nach dem Schock der räterepublikanischen Experimente hatte nicht nur das »alte Bayern« über das »andere Bayern« gesiegt, sondern war zugleich der Weg zu einem dauerhaften Bündnis von Bürgertum und Sozialdemokratie versperrt. Das in den Apriltagen von 1919 zutiefst erschütterte Vertrauen in ihre Regierungsfähigkeit konnten die Führer der MSPD durch ein demonstrativ staatsloyales Wohlverhalten nicht mehr wiedergewinnen. Da Protestantismus und Katholizismus in Bayern aus ihrer antirepublikanischen Grundeinstellung kein Hehl machten und da die Bayerische Volkspartei im Schatten der Kirchtürme zur stabilsten politischen Kraft des Landes wurde, war ein Brückenbau zwischen der laizistischen und unitarischen SPD und der konfessionstreuen und föderalistischen BVP seit 1920 nicht mehr möglich.

Dies wäre aber die Voraussetzung für ein wirksames Bollwerk gegen den Nationalsozialismus gewesen. Er überwand 1933 in einem Doppelschlag Sozialdemokratie und politischen Katholizismus, ohne sich von schwarz-braunen Koalitionsangeboten aus den Reihen der BVP irritieren zu lassen. Die in den knapp anderthalb Jahrzehnten der Weimarer Republik versäumten Gelegenheiten, aus Bayern einen wirklichen Freistaat zu machen, konnten nach der Errichtung der NS-Diktatur vom Widerstand nicht mehr in die Realität zurückgeholt werden.

Zeittafel

vor 1914	Sozialdemokraten, Liberale und Bauernbund drängen auf eine demokratische Reform der Verfassung.
18.9.1917	SPD stellt Reformantrag im Landtag (Volksstaat anstelle des Obrigkeitsstaates).
6.10.1917	*Bolschewistische Revolution in Rußland.*
19.12.1917	Reformantrag der SPD scheitert im Landtag.
28.1.1918	Eisner ruft zum Streik gegen den Krieg auf. Beginn der »Januarstreiks« in wichtigen Industriezentren.
1.2.1918	Verhaftung Eisners wegen Streikagitation.
3.2.1918	Ende der Streiks.
10.10.1918	*Fränkische Tagespost* fordert Rücktritt des Kaisers.
14.10.1918	Eisner wird als USPD-Kandidat für Nachwahl aus der Haft entlassen (MSPD-Kandidat ist Erhard Auer).
23.10.1918	Eisner beginnt Serie von Wahlversammlungen und fordert eine deutsche Republik.
1.11.1918	*Sturz der Habsburgischen Monarchie.*
2.11.1918	Reform-Abkommen zw. Regierung und Parteien: Verhältniswahlrecht für alle, Parlamentarisierung usw. Erlaß Ludwig III. Neubildung der Regierung einschl. MSPD-Minister vorgesehen.
3.11.1918	USPD-Kundgebung auf der Theresienwiese. Letzte Besprechung Eisners mit radikalen Bauernführern auf dem Zollhof in Pfaffenberg bei Straubing.
4.11.1918	*Matrosenaufstand in Kiel.*
6.11.1918	Erste Besprechung der neuen Kgl. Regierung.
7.11.1918	Friedenskundgebung von Gewerkschaften, MSPD (mit Auer) und USPD (Eisner) auf der Theresienwiese. Eisner ruft zur Aktion auf, Ludwig Gandorfer die Bauern zur Teilnahme. Forderungen nach Waffenstillstand und Rücktritt des Kaisers. Revolutionärer USPD-Zug durch München. Bildung von Arbeiter- und Soldatenräten. Aufruf Eisners »An die Bevölkerung Münchens mit *Proklamation des »Freistaats Bayern«* und des allgem. Wahlrechts (auch für Frauen).
8.11.1918	Provisor. Nationalrat tritt im Landtag zusammen.

	Bildung einer Revolutionsregierung aus USPD und MSPD. Eisner Ministerpräsident. Auer Innenminister. Sozialministerium eingerichtet.
	König Ludwig III.flieht über Wildenwart nach Anif.
9.11.1918	*Revolution in Berlin.*
	Sturz des Kaisers. Ausrufung der Deutschen Republik.
10.11.1918	Waffenstillstand.
	Tödlicher Autounfall Ludwig Gandorfers.
13.11.1918	Ludwig III. hebt Treueid auf. Faktischer Machtverzicht.
5.12.1918	Wahlproklamation der Regierung für Landtagswahl.
4.1.1919	Vorläuf. Staatsgrundgesetz (Interimsverfassung).
12.1.1919	Bayer. Landtagswahlen (erstmals Frauenwahlrecht).
19.1.1919	Wahlen zur Deutschen Nationalversammlung.
21.2.1919	Eröffnung des Landtags. Eisner will nach Wahlniederlage zurücktreten. Ermordung Eisners. Verwundung Auers. Sprengung des Landtags. Beginnende Radikalisierung. Wachsende Spannungen.
25.2.1919	Zentralrat der Republik unter Niekisch, später Toller. Gegen Wiederzusammentritt des Landtags. »Zweite Revolution«.
1.3.1919	Regierungsbildung von MSPD, USPD und Bauernbund.
18.3.1919	Landtag bestätigt die neue Regierung Hoffmann.
21.3.1919	*Errichtung der Räterepublik Ungarn.*
7.4.1919	»Dritte Revolution«. Zusammentritt des Landtags durch Ausrufung der »Räterepublik Baiern« verhindert. Regierung Hoffmann und Landtag weichen über Nürnberg nach Bamberg aus.
13.4.1919	»Vierte Revolution«. Nach versuchtem Palmsonntagsputsch von Soldaten gegen die Räterepublik Ausrufung einer Kommunistischen Räterepublik. Straßenkämpfe. Bildung einer Roten Armee. Beginn der militärischen Niederringung von außen.
16.4.1919	Abwehr in Schlacht bei Dachau.
20.4.1919	Besetzung Augsburgs.
29.4.1919	Diktatur der Roten Armee unter Egelhofer.
30.4.1919	Erschießung von Gefangenen im Luitpoldgymnasium. Zehn Opfer.
1.5.1919	Beginn der Liquidation. Weiße Truppen besetzen München. Blutiger Bürgerkrieg. Über 1000 Tote.
21.5.1919	Landtag tritt in Bamberg zusammen.
31.5.1919	Koalitionsregierung Hoffmann unter Einbeziehung bürgerlicher Parteien.

14.8.1919	Unterzeichnung der Verfassung des Freistaats (»Bamberger Verfassung«).
14.3.1920	Rücktritt der Regierung Hoffmann. Beginn der Restaurationsphase unter Ministerpräsident von Kahr.
29.4.1933	Ermächtigungsgesetz in Bayern setzt Kern der Freistaatsverfassung außer Kraft.
8.5.1945	*Ende des Zweiten Weltkriegs.*
2.12.1946	Neue Bayerische Verfassung Wilhelm Hoegners bestimmt Bayern in Art. 1 wieder zum »Freistaat« und in Art. 2 zum »Volksstaat«.

Bibliographische Nachweise

Renate Schmidt: Rede beim Festakt der BayernSPD zum 75. Gründungstag des Freistaates Bayern, 7.11.1993, im Herkulessaal der Münchner Residenz

Carl Amery: Festvortrag ebd.

Holger Goblirsch: Überarbeiteter Hörfunkbeitrag in der Reihe »Vor 75 Jahren: Die Revolution in Bayern«, Bayer. Rundfunk, 2. Programm, 6. November 1993

Karl Bosl: Vortrag bei der Kurt-Eisner-Matinee des Bayerischen Seminars für Politik e. V., München, 17.5.1992, im Volkstheater München

Karl Otmar Frhr. von Aretin: Nachdruck aus *Nation, Staat und Demokratie in Deutschland. Ausgewählte Beiträge zur Zeitgeschichte von Karl Otmar Freiherr von Aretin. Zum 70. Geburtstag des Verfassers*, hrsg. von Andreas Kunz und Martin Vogt. Veröffentlichung des Instituts für Europäische Geschichte Mainz, Abt. Universalgeschichte, Beiheft 27, Mainz: Verlag Philipp von Zabern, 1993

Freya Eisner: Nachdruck aus *Die Zeit*, Nr. 8, 18. Februar 1994

Michael Lotterschmid / Hartmut Mehringer: Nachdruck aus *Von der Klassenbewegung zur Volkspartei. Wegmarken der bayerischen Sozialdemokratie 1892–1992*, hrsg. von Hartmut Mehringer. Schriftenreihe der Georg-von-Vollmar-Akademie, Band 5. München: Verlag K. G. Saur, 1992

Max Huber: Gekürzter Nachdruck aus dem *Jahresbericht des Burkhart-Gymnasiums Mallersdorf-Pfaffenberg 1982/83*

Richard W. Dill: Gekürzter Nachdruck aus dem *Jahresbericht des Historischen Vereins für Straubing und Umgebung,* Jg. 91 (1989)

Ellen Beumelburg: Überarbeiteter Nachdruck aus *Von der Klassenbewegung zur Volkspartei* (siehe oben)

Hans-Günter Richardi: Nachdruck aus der *Süddeutschen Zeitung*, Nr. 79, 7. April 1994

Ernst Piper: Originalbeitrag

Klaus Schönhoven: Nachdruck aus *Von der Klassenbewegung zur Volkspartei* (siehe oben)

Die Autoren

CARL AMERY (Christian Mayer), geb. 1922, lebt in München. Studium der Romanistik, Anglistik, Literaturtheorie und Geschichte in München und Washington. Schriftsteller. Autor u. a. von Essays, Romanen, Dramen, Hörspielen. Vors. des Schriftstellerverbands 1976/77 und des (west) -deutschen PEN 1989–1991. Veröffentl. u. a. *Das Ende der Vorsehung* (1972), *Leb wohl, geliebtes Volk der Bayern* (1980) und *Bileams Esel* (1991).

KARL-OTMAR FRHR. VON ARETIN, Dr. phil., geb. 1973, lebt in München. Studium der Geschichte und Kunstgeschichte in München. Assist. Max-Planck-Institut für Geschichte in Göttingen, Prof. für Neuere Geschichte an der TH Darmstadt, 1968 Dir. des Inst. für Europäische Geschichte in Mainz. Seit 1987 Hauptschriftleiter der Neuen Deutschen Biographie.

ELLEN BEUMELBURG, geb. 1942, lebt in München. Studium der Geschichte, Anglistik und Sozialkunde in München. Ausgebildete Gymnasiallehrerin. Tätig u. a. in der Erwachsenenbildung. Veröffentl.: *Der Wandel des Menschenbildes vom Mittelalter zur Neuzeit* (1989) und Hrsg. *Beatrice Webb. Pilgerfahrt nach Moskau. Die Reise einer Fabierin in die Sowjetunion* (1994).

KARL BOSL (1908–1993), Dr. phil., Schuldienst, 1953–1960 Universität Würzburg. 1960 bis 1976 Prof. für Landesgeschichte an der Universität München. Langjähr. Vors. der Kommission für bayer. Landesgeschichte bei der Bayer. Akademie der Wissenschaften. Hrsg. *Bayern im Umbruch. Die Revolution von 1918, ihre Voraussetzung, ihr Verlauf und ihre Folgen* (1969) und *Bosls Bayerische Biographie* (1983 u. 1988).

RICHARD DILL, Dr. phil., geb. 1932, lebt in München. Studierte Geschichte und Öffentliches Recht in Bonn, Erlangen, München und Norfolk/Virginia. Redakteur beim Bayer. Rundfunk. Referent bei der

UNESCO in Paris. Seit 1965 Koordinator Ausland bei der ARD-Programmdirektion in München. Lehraufträge im In- und Ausland und Veröffentlichungen zur Landesgeschichte.

FREYA EISNER, Dr. phil., lebt in München. Studium der Geschichte und Polit. Wissenschaft in Bremen. Rundfunkautorin und Rezensentin politischer Bücher. Veröffentl. u. a. *Kurt Eisner: Die Politik des libertären Sozialismus* (1979) und *Zwischen Kapitalismus und Kommunismus. Kurt Eisners Dritter Weg* (vorauss. 1994).

HOLGER GOBLIRSCH, geb. 1948, lebt in München. Studierte Geschichte, Englisch und Politik in Erlangen und Heidelberg. Zunächst Zeitungsredakteur. Seit 1971 beim Bayer. Rundfunk (Hörfunk), Redakteur für Innenpolitik und Kommentator (u. a. zur bayer. Landespolitik). Autor zahlreicher Sendungen zu Politik und Zeitgeschichte.

MAX HUBER, geb. 1949, lebt in Schierling/Ndb. Studium der Geschichte, Germanistik und Geographie in Regensburg. Gymnasiallehrer am Burkhart-Gymnasium in Mallersdorff-Pfaffenberg und Referent für Erdkunde am Staatsinstitut für Schulpädagogik und Bildungsforschung in München.

HARTMUT MEHRINGER, Dr. habil., geb. 1944, lebt in Krailling. Studium der Geschichte in Erlangen, Paris und Amsterdam. Leiter der Außenstelle Potsdam des Instituts für Zeitgeschichte München. Veröffentl. u. a. *Waldemar von Knoeringen. Eine politische Biographie* (1989), Hrsg. *Von der Klassenbewegung zur Volkspartei. Wegmarken der bayer. Sozialdemokratie 1892–1992* (1992).

MICHAEL LOTTERSCHMID, geb. 1948, lebt in München. Studium der Geschichte und Politik in München. Leiter des Bürgermeisterbüros Fürstenfeldbruck. Veröffentl. zur Geschichte der bayer. SPD.

ERNST PIPER, Dr. phil., geb. 1952, lebt in München. Studium der Geschichte und Philosophie in München und Berlin. Verleger und Publizist. Zahlreiche historische Veröffentlichungen, zuletzt (zusammen mit Reinhard Bauer) *München. Die Geschichte einer Stadt.*

HANS-GÜNTER RICHARDI, geb. 1939, lebt in Dachau. Seit 1971 Redakteur der Süddeutschen Zeitung in München. Autor zeitgeschichtl. Werke, u. a. *Schule der Gewalt – Die Anfänge des Konzentrationslagers Dachau 1933–1934* (1983), *Hitler und seine Hintermänner* (1991) und *Bomber über München* (1992).

RENATE SCHMIDT, geb. 1943, lebt in Nürnberg. Nach langjähriger Tätigkeit in der Wirtschaft als Systemanalytikerin und als hauptamtl. Betriebsrätin 1980–1994 Mitglied des Bundestages. 1990–1994 Bundestagsvizepräsidentin. Seit 1991 Vors. der Bayern SPD. Veröffentl. u. a. *Mut zur Menschlichkeit* (1993).

KLAUS SCHÖNHOVEN, Dr. phil., geb. 1942, lebt in Eisingen/Ufr. Studium der Geschichte und Germanistik in Würzburg und München. Prof. für Politische Wiss. und Zeitgeschichte an der Univers. Mannheim. Veröffentl. u. a. *Die Bayerische Volkspartei 1924–1932* (1972) und *Die deutschen Gewerkschaften* (1987).

Münchner Leben

Im Dunst aus Bier, Rauch und Volk

Arbeit und Leben in München von 1840 bis 1945
Ein Lesebuch. Herausgegeben von Reinhard Bauer,
Günther Gerstenberg und Wolfgang Peschel.
320 Seiten. Serie Piper 1017

Die Geschichte des Alltags rückt immer mehr in den Blickpunkt des Interesses: Wie lebten die Menschen früher wirklich? Im vorliegenden Lesebuch sind am interessanten Beispiel München informative und zugleich oft spannende Texte über Arbeit und Leben zusammengetragen. Durch die überwiegend unveröffentlichten Bild- und Textdokumente entsteht ein ebenso dichtes wie authentisches Bild der »guten alten Zeit«, die für breite Bevölkerungsschichten so gut nicht war.

Lauter gemähte Wiesen für die Reaktion

Die erste Hälfte des 19. Jahrhunderts
in den Tagebüchern Johann Andreas Schmellers
Herausgegeben von Reinhard Bauer und Ursula Münchhoff.
323 Seiten mit 12 Abbildungen. Serie Piper 884

Johann Andreas Schmeller war nicht nur der neben Jacob Grimm bedeutendste Sprachforscher des 19. Jahrhunderts, sondern auch ein hellsichtiger politischer Beobachter seiner Zeit. In seinen Tagebüchern, die er rund fünfzig Jahre lang führte, hielt er die großen Ereignisse – von den Befreiungskriegen 1813/15 bis zur Märzrevolution 1848 – ebenso fest wie das Alltags- und Gesellschaftsleben des Biedermeier in München.

München – Stadt der Frauen

Kampf für Frieden und Gleichberechtigung 1800–1945
Ein Lesebuch. Herausgegeben von Eva Maria Volland und Reinhard Bauer.
224 Seiten mit 20 Abbildungen. Serie Piper 1006

Dieses Buch beleuchtet anhand authentischer Texte das Leben der Münchnerinnen aller Schichten von der Mitte des 19. bis zur Mitte des 20. Jahrhunderts. Das vorliegende Buch bringt Frauengeschichte, die weitgehend vergessen wurde, ans Tageslicht.